职业教育课程改革创新教材（电子商务专业）

网络营销实务

张卫民　钟小春　主编

龚晓芳　郑丽宣　副主编

张　婷　宋燕子　郑建红　参编

王荣明　齐　岩

電子工業出版社

Publishing House of Electronics Industry

北京 • BEIJING

内容简介

在互联网经济快速发展的今天，网络营销以其快捷、方便等特点逐步取代传统营销已成当下一大趋势，掌握网络营销技能可以提高企业的竞争能力。

本书在内容编排上实行“项目导向、任务驱动”的模式，切合职业教育的培养目标，侧重技能，强化实训。内容涵盖了网络营销的基础知识、应用及相关操作技能，包括：网络调研、搜索引擎营销、网络广告营销、电子邮件营销、网络论坛营销、网络博客营销、微营销、即时通信营销、网络营销策划 9 个项目。

本书可作为中、高职学校电子商务相关专业的教材和教学参考书，也可作为社会在职人员学习网络营销或参加相关职业资格认证使用。

图书在版编目（CIP）数据

网络营销实务 / 张卫民，钟小春主编. —北京：电子工业出版社，2016.7

ISBN 978-7-121-29075-6

Ⅰ. ①网… Ⅱ. ①张…②钟… Ⅲ. ①网络营销－中等专业学校－教材 Ⅳ. ①F713.36

中国版本图书馆 CIP 数据核字（2016）第 132496 号

策划编辑：关雅莉

责任编辑：郝黎明

印　　刷：涿州市京南印刷厂

装　　订：涿州市京南印刷厂

出版发行：电子工业出版社

北京市海淀区万寿路 173 信箱　邮编　100036

开　　本：787×1 092　1/16　印张：15.5　字数：393.6　千字

版　　次：2016 年 7 月第 1 版

印　　次：2020 年 9 月第 7 次印刷

定　　价：32.00 元

凡所购买电子工业出版社图书有缺损问题，请向购买书店调换。若书店售缺，请与本社发行部联系，联系及邮购电话：（010）88254888，88258888。

质量投诉请发邮件至 zlts@phei.com.cn，盗版侵权举报请发邮件至 dbqq@phei.com.cn。

本书咨询联系方式：（010）88254617。

前　言

这是一个充满变革与创新的时代，网络营销人每天做的是前人没有做过的事，关键字排名、团购、微营销……很多概念可能我们刚刚知道便已经过时，但不变的是我们对网络营销事业的信心与追求。

《网络营销》是一门交叉性学科，是电子商务专业及营销专业必修的一门核心主干课程，有很强的理论综合性和实践性。《网络营销》的编写者遵循“够用与实用”的原则，对网络营销的基础知识、技能进行筛选与整合，教学项目的编排突出实践环节。教材按照“项目背景—学习目标—任务要求—知识准备—任务实施—任务评价—知识拓展—拓展实训”的设计编排思路，图文并茂，技能操作步骤清晰，简单易懂。通过学习，使学生了解并掌握网络营销的基本理论及相关知识，锻炼和培养学生从事网络营销的技能和本领，增强学生的专业意识和专业洞察力，提高专业素质和专业品质。

本书在编写过程中力求突出以下特点：

1. 时代性。教材的选题依据行业发展现状，把握了电子商务行业的技术发展，融入网络营销的新知识、新技术、新工具、新模式，增加了当下前沿的网络营销知识与技能的学习内容，适当删减了理论知识内容。

2. 实践性。以项目为引领，以任务为驱动，在实践操作的基础上学习相关理论知识，强调做中学，做中教，更加突出了实践环节的重要性。

3. 专业性。教材内容紧密对接网络营销职业领域的典型工作任务和职业能力要求，注重学生未来工作能力的培养以及学生潜能的开发。

本书共有 9 个教学项目，参考学时为 72 学时，各项目参考学时分配见下表：

教 学 项 目	授课学时	实训学时
项目 1　网络调研	4	5
项目 2　搜索引擎营销	6	4
项目 3　网络广告营销	3	3
项目 4　电子邮件营销	4	4

续表

教 学 项 目	授课学时	实训学时
项目 5　网络论坛营销	3	3
项目 6　网络博客营销	4	4
项目 7　微营销	3	4
项目 8　即时通信营销	5	3
项目 9　网络营销策划	5	5
合　　计	72	

本书由张卫民、钟小春担任主编，龚晓芳、郑丽宣担任副主编，张婷、宋燕子、郑建红、王荣明、齐岩参编。

本书在编写过程中参考了大量文献资料，在此，对这些文献资料的原创者致以诚挚的感谢！由于编著者学识、眼界及经验的局限，书中缺点、错误在所难免，恳请读者批评指正。

编　者

2016 年 3 月

目　录

项目1

网络调研

项目背景

市场调研是企业营销链中的重要环节，没有进行市场调研很难把握市场动向，特别是当今时代发展得越来越快，信息的获取也更加重要。市场调研是发现顾客需求的最佳方法，通过调查可以获得竞争对手的资料，摸清目标市场和营销环境，为经营者细分市场、识别顾客需求、确定营销目标等提供相对准确的决策依据。如果市场调研进行得及时且迅速，销售情况必会形势大好。市场调研还可以了解顾客的潜在需求、竞争对手在顾客心目中的地位、顾客的生活方式等，这些信息的收集都有助于企业根据顾客的需求来更新产品的设计，使产品更贴近顾客的需求。如果这些信息能够在有竞争对手的前提下提早完成，企业就可以在竞争中占据优势地位，更好地提高公司的利润和企业形象。

从互联网的发展趋势看，它的普及已经众所周知，互联网时代已经进入旺盛时期；从国际互联网应用的现状方面来看，知识层次较高的工作人群和经济相对发达地区的各行各业都已全面认识到互联网的重要性，更凸显网络市场调研的必要性。在欧美等国际互联网发达国家，关于市场调研和民意调查的网上调查已经相当广泛。国外还针对网上调查开发出了一些网上调查软件。

通过近两年计算机、通信和国际互联网的发展势头来看，从现在开始探讨网上调查理论和技术是完全必要和切合实际的，网络市场调研具有很大的现实意义。

学习目标

- 了解网络市场调研的相关知识，确定市场调研的目标。
- 根据市场调研目标，拟定网络市场调研的方案。
- 熟悉网络市场调研方法，设计网络市场调查问卷。
- 掌握网上调查问卷发布，并能够运用问卷进行案例调查，收集所需信息。

任务 1.1 网络调研计划

任务要求

在市场经济条件下，企事业单位竞争日益激烈，想要提升自身知名度、提高利润，就必须学会利用各种渠道搜集所需信息，以便更好地了解市场，激发潜力，掌握主动权。本次任务要求学生了解网络市场调研的基本知识，并以家具行业为例，确定网络市场调研的目标，设计网络调研计划书。

知识准备

一、网络市场调研的概念

网络市场调研是指在互联网上针对特定营销环境进行简单的调查设计、收集资料和初步分析的活动，它为企业制定网上营销决策提供数据支持。它在当今时代的各行各业，网络市场调研的使用已经非常普遍。

二、网络市场调研的特点

网络市场调研有着其他传统市场调研不可比拟的特点和优势。

1. 高效率、低费用

网络市场调研不仅节省了传统调查中所要耗费的强大人力和物力费用，而且收集信息的速度又快又准。

2. 无时空的限制

互联网开创了全新的时代，顾客不用出门也能享受很多的贴心服务，无地区限制又拉近了每个地区的距离。网络市场调研面向全球，且可以 24 小时全天候调查，省时省力更全面。

3. 交互性

交互性是互联网的最大特色之一。调查者可以随时与被调查者进行沟通和联系，减少因调查问卷设计等不合理因素导致的调查结果偏差，有效保证调查的准确性。

4. 精确性和共享性

开放的互联网使得用户可以方便地查询所需信息，网民可针对调查内容进行查看和建议。利用互联网进行网上调查，可以有效地对所收集的信息质量实施系统进行检验和控制。

三、网络市场调研的内容

市场调研的内容主要有以下三个部分：市场需求容量调研、可控因素调研和不可控制因素调研。

1. 市场需求容量调研

市场需求容量调研主要包括：现有和潜在的需求容量；市场最大和最小需求容量；不同商品的需求特点和需求规模；不同市场空间的营销机会，以及企业的和竞争对手的现有市场占有率等情况的调查分析。

2. 可控因素调研

可控因素调研主要包括：产品、价格、销售渠道和促销方式等因素的调研：

（1）产品调研。包括有关产品性能、特征和顾客对产品的意见和要求的调研；产品寿命周期调研，以了解产品所处的寿命期的阶段；产品的包装、名牌调研。

（2）价格调研。新产品价格制定或老产品价格调整所产生的效果调研；选样实施价格优惠策略的时机和实施这一策略所产生的效果调研。

（3）销售渠道调研。包括企业现有产品分销渠道状况；中间商在分销渠道中的作用及各自实力；用户对中间商尤其是代理商、零售商的印象等内容的调研。

（4）促销方式调研。主要是对人员推销、广告宣传、公共关系等促销方式的实施效果进行分析、对比。

3. 不可控制因素调研

（1）政治环境调研。包括对企业产品的主要用户所在国家或地区的政府现行政策、法令及政治形势的稳定程度等方面的调研。

（2）经济发展状况调研。主要是调查企业所面对的市场在宏观经济发展中将产生何种变化。

（3）社会文化因素调研。调查一些对市场需求变动产生影响的社会文化因素，如文化程度、职业、宗教信仰及民风、社会道德与审美意识等。

（4）技术发展状况与趋势调研。主要是为了解与本企业生产有关的技术水平状况及趋势，同时还应把握同类产品生产企业的技术水平的提高情况。

（5）竞争对手调研。主要调查竞争对手的数量、竞争对手的市场占有率及变动趋势、竞争对手已经并将要采用的营销策略、潜在的竞争对手情况等。

四、网络市场调研的基本方法

利用网络进行市场调研有两种方法：一种是直接进行的一手资料调查，即网上直接调研；另一种是利用互联网的媒体功能，在互联网上收集二手资料，即网上间接调研。

1. 网络市场直接调研

网络市场直接调研指的是为当前特定的目的在互联网上收集一手资料或原始信息的过程。直接调研的方法有四种：网上观察法、专题讨论法、在线问卷法和网上实验法。

（1）网上观察法。网上观察的实施主要是利用相关软件和人员记录登录网络浏览者的活动。相关软件能够记录浏览者在浏览企业网页时所点击的内容，浏览的时间；喜欢看什么商品网页；看商品时，先点击的是商品的价格、服务、外形还是其他人对商品的评价；是否有就相关商品和企业进行沟通的愿望等。

（2）专题讨论法。专题讨论法可通过 Usenet 新闻组、电子公告牌（BBS）或邮件列表讨论组进行。其步骤如下：

① 确定要调查的目标市场。

② 识别目标市场中要加以调查的讨论组。

③ 确定可以讨论或准备讨论的具体话题。

④ 登录相应的讨论组，通过过滤系统发现有用的信息，或创建新话题让大家讨论，从而获得有用的信息。

（3）在线问卷法。在线问卷法即请求浏览其网站的每个人参与企业的各种调查。在线问卷法可以委托专业公司进行。

（4）网上实验法。网上实验法可以通过在网络中所投放的广告内容与形式进行实验。设计几种不同的广告内容和形式在网页或者新闻组上发布，也可以利用 E-mail 传递广告。

2. 网络市场间接调研

网络市场间接调研指的是网上二手资料的收集。互联网上虽有海量的二手资料，但要找到自己需要的信息，首先，必须熟悉搜索引擎的使用；其次，要掌握专题网络信息资源的分布。

网上查找资料主要通过三种方法：利用搜索引擎；访问相关的网站，如各种专题性或综合性网站；利用相关的网上数据库。

（1）利用搜索引擎查找资料。提供一个搜索入口，根据搜索者提供的关键词，反馈出的搜索结果是与关键词相关的商机信息，如供求信息、产品信息、企业信息，以及行业动态信息，并且给予搜索者一定的信息分拣引导，最终达到满足搜索者的实际需求。

（2）访问相关网站收集资料。如果知道某一专题的信息主要集中在某些网站，可直接访问这些网站，获得所需的资料。

（3）利用网上数据库查找资料。网上数据库分付费和免费两种。在国外，市场调查用的数据库一般都是付费的。

五、网络市场调研的基本步骤

网络市场调研应遵循一定的程序，一般而言，应经过五个步骤：

1. 确定目标

虽然网络市场调研的每一步都很重要，但是调研问题的界定和调研目标的确定确实是最重要的一步。只有清楚地定义了网络市场调研的问题，确立了调研目标，才能正确地设计和实施调研。在确定调研目标的同时还要确定调研对象，网络调研对象主要包括：企业产品的消费者，企业的竞争者，上网公众，企业所在行业的管理者和行业研究机构。

2. 设计调研方案

具体内容包括确定资料来源、调查方法、调查手段和接触方式。

3. 收集信息

在调查方案确定后，市场调研人员即可通过电子邮箱向互联网上的个人主页、新闻组或者邮箱清单发出相关查询，之后就进入到收集信息阶段。与传统的调研方法相比，网络调研收集和录入信息更方便、快捷。

4. 信息整理和分析

收集得来的信息本身并没有太大意义，只有进行整理和分析后信息才变得有用。整理和分析信息这一步非常关键，需要使用一些数据分析技术，如交叉列表分析技术、概况技术、综合指标分析和动态分析等。目前国际上较为通用的分析软件有 SPSS、SAS、BMDP、Minitab 和电子表格软件。

5. 撰写调研报告

这是整个调研活动的最后一个重要阶段。报告不能是数据和资料的简单堆积，调研人员不能把大量的数字和复杂的统计技术扔到管理人员面前。正确的做法是把与市场营销决策有关的主要调查结果报告写出来，并遵循所有有关组织结构、格式和文笔流畅的写作原则。

任务实施

一、网络市场调研目标确定

（1）打开 IE 浏览页搜索网络市场调研相关实例，分析调研目标，如图 1-1 所示。

（2）根据案例分析得出市场调研目标的确定需要考虑的问题：

① 谁有可能想在网上使用你的产品或服务？

② 谁最有可能买你提供的产品或服务？

③ 在你这个行业，谁已经上网？他们在干什么？

④ 你的客户对你的竞争者的印象如何？

⑤ 在公司的日常运作中，可能要受到哪些法律、法规的约束？如何规避？

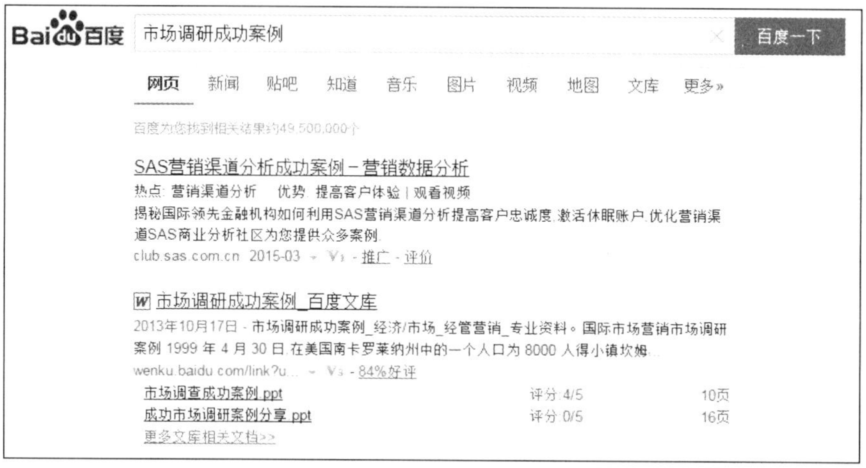

图 1-1　IE 搜索

（3）确定本行业（以家具行业为例）市场调研目标：

① 通过本次调研，了解哪些人可能使用本公司的家具。

② 通过本次调研，了解哪些人最有可能购买本公司的家具。

③ 通过本次调研，了解家具行业经营者的上网情况。

④ 通过本次调研，了解我的客户对竞争者的印象情况。

⑤ 通过本次调研，了解网上家具销售要遵守的法律法规等相关条款及相应的规避措施。

二、网络市场调研内容确定

1. 市场需求调查

（1）家具市场需求量、市场规模及市场占有率。

（2）如何运用有效的经营策略和手段。

2. 消费者购买行为调查

（1）家具消费者的家庭、地区、经济等基本情况。

（2）家具消费者的购买动机。

（3）家具消费者喜欢在何时何地购买。

3. 营销因素调查

（1）产品的调查。

（2）价格的调查。

（3）分销渠道的调查。

（4）促销策略的调查。

三、网络市场调研对象的确定

1. 企业产品的购买者或潜在客户

企业可以在客户购买其产品时建立客户信息数据库，收集产品购买者的信息，以便跟踪了解这些客户对企业产品的功能、价格及售后服务等方面的反馈信息。另外，对潜在客户的调研也很重要。企业可将访问企业站点的客户定位为潜在客户，通过多种方式了解他们对企业产品及服务的反馈信息。

2. 企业的合作者和中立者

企业的合作者和中立者也会给企业提供一些极有价值的信息和评估分析报告。

3. 企业的竞争者

企业不仅要了解客户和合作者的情况，更需要了解其竞争者的情况。企业可以通过网络进入竞争对手的站点，查询需要的信息，以准确把握自身的优势和劣势，及时调整营销策略。

四、网络市场调研方法的选择（补充下列表格）

方 法	理 由
在线问卷法	（1）节省时间、经费和人力 （2）调查结果容易量化 （3）便于统计和分析 （4）可进行大规模的调查
电子邮件调查法	电子邮件法是一种主动调查法，一定程度上可以对用户成分加以选择，并节约被访问者的上网时间，如果调查对象选择适当且调查表设计合理，往往可以获得相对较高的问卷回收率
网上搜索法	搜索引擎使用自动索引软件来发现、收集并标引网页。建立数据库，以 Web 形式给用户提供一个检索界面，供用户以关键词、词组或短语等检索项查询与提问匹配的记录
网站搜索法	网上每天都出现大量的市场信息，即使功能最强大的搜索引擎，也不可能将所有信息都检索出来，而且很多有价值的信息并不是随便可以检索得到的。网上市场调研作为企业日常资料收集工作的一个过程，就需要对一些提供信息的网站进行定期跟踪，对有价值的信息及时收集并记录。如果知道某一专题的信息主要集中在哪些网站，企业可直接访问这些网站，获得所需的资料
我们的意见	
我们最终确定的调研方法	

五、网络市场调研人员分工、进度及经费预算的安排

1. 人员分工安排表

工作安排	负责人
督导工作	
审核工作	
调查工作	

2. 调研进度表

具体时间	调研工作内容

3. 经费预算表

项目	预算
市场需求调查	
消费者行为调查	
营销因素调查	
企业竞争者调查	
合计	

六、网络市场调研策划案的撰写

（1）认识网络市场调研策划案的主要内容构成，如图 1-2 所示。

一、　前言
二、　调研目的
三、　调查内容
四、　调研对象
五、　调研方法
六、　调研程序及安排
七、　调研经费预算
八、　附调研问卷及相关问卷

图 1-2　市场调研策划书构成

（2）撰写网络市场调研策划案。

任务评价

学习成果评价表

评价内容	评价方式			评价等级
	自评	小组评议	教师评议	
准备情况（预习、资料的收集）				A. 准备好； B. 准备一般； C. 没有准备
知识技能掌握情况				A. 真正理解并掌握； B. 初步理解； C. 参与有关活动
任务完成情况（包括成果的展示）				A.好；B.一般；C.未完成
认真的学习态度 （听讲、讨论、课堂发言、操作活动）				A.认真；B.一般；C.不认真
善于与同学合作				A.能；B.一般；C.不足
思维的条理性 （表达意见有条理，解决问题过程清楚）				A.强；B.一般；C.不足
思维的创造性 （提出和别人不同的问题，或用不同的方法解决问题）				A.强；B.一般；C.不足
信息技术素养				A.强；B.一般；C.不足
小计				
总评				
被评价人自我反思				

说明：1. 评价内容前四项 A 为 15 分，B 为 12 分，C 为 8 分；后四项 A 为 10 分，B 为 8 分，C 为 6 分。

2. 总评＝自评×30%＋组评×30%＋师评×40%。

3. 85 分以上为优秀，75～85 为良好，60～75 分为合格，60 分以下尚需努力。

知识拓展

采乐洗发水营销发展调研方案

一、调研背景

近年来，宝洁公司凭借其强大的品牌运作能力以及资金实力，牢牢地坐稳了洗发水市场的第一把交椅。但是随着竞争加剧，局势慢慢发生了变化，联合利华强势跟进，夏士莲、力士等多个洗发水品牌从宝洁手中夺走了不少消费者。花王旗下品牌奥妮和舒蕾占据了中端市场，而低端的市场则归属了拉芳、亮荘、蒂花之秀、好迪等后起之秀。至此，中国洗发水行业呈现出一个典型的金字塔形品牌格局。通过市场细分，西安杨森于2002 年推出了采乐，在药品和洗发水两个行业找到了一个交叉点。为了提高其在全国重点城市中的占有率，并为今后的营销发展计划提供科学的依据，六人行市场调查公司将在全国的重点城市进行一次专项市场营销调查。

二、调研目的

本次市场调研工作的主要目标是：

（1）分析采乐洗发水的前期营销计划（包括销售渠道、媒体投放、产品终端和产品情况）以及消费者的产品期望，明确自身的优势和劣势，以及面临的机会和威胁。

（2）了解消费者对去屑洗发药的认知，探察对去屑洗发药的接受程度。

（3）了解产品的知名度以及美誉度，确定今后营销计划的重点。

三、调研内容

根据上述调研目的，我们确定本次调研的主要内容：

（1）针对其营销计划进行全面的分析，从而为今后的营销计划提供科学的依据。本部分所需要的主要信息点：

① 消费者对于采乐洗发药的使用情况——是否用过，满意度，以及认为产品的哪方面更加吸引消费者。

② 对采乐前期营销计划情况的了解——怎样知道采乐的，通过什么渠道购买到采乐的，是否遇到买不到采乐的情况，使用采乐后的感觉，以及认为产品需要改进的地方。

③ 消费者对于去头屑这方面的认知。

（2）了解消费者的观念，以及对采乐前期推广的深入程度做一个调查。

（3）对产品前期的销售宣传做一个调查，需掌握的主要信息点：

① 对于采乐的了解程度——是否知道以及是否使用过。

② 对于采乐印象的评价（五分法）

此外，我们还将收集包括消费者的年龄、性别、收入、职业，以及包括消费者的发质在内的背景资料以备统计分析之用。

四、目标被访者定义

本次调查是针对前期的营销计划实施情况的一个效果回馈，因此我们在样本定义时要遵循以下原则：一是样本要有广泛的代表性。以期能够基本反映消费者对采乐洗发药的看法，以及能反映采乐前期营销计划的实施情况；二是样本要有针对性。由于采乐属于日用品，而且主要是针对有头屑的人，还有它的价格也较高，所以就需要消费者有一定的购买和支付能力。因此此次调查主要是针对有使用经验的人，主要在全国的重点城市做调查。

基于以上原则，我们建议采用如下标准甄选目标被访者：

（1）20—45周岁的城市居民。

（2）本人及亲属不在相应的单位工作（如市场调查公司、广告公司以及洗发水行业等）。

（3）在过去的六个月内未接受或参加过任何形式的相关市场营销调研。

五、数据收集方法

本项目的资料收集方法如下：

回答问卷的时间控制在半个小时左右，问卷经双方商讨确定之后正式启用。

问卷抽样方法：在北京、哈尔滨、上海、广州、长沙、成都、西安7个城市中各选择400人作为调查对象；在每个城市的电话簿中随机选择400个号码，打电话核实受访者；在不断淘汰受访者的情况下，多次随机选择，直到选够400人为止。

采用结构性问卷进行入户调查。

六、样本量

根据以往经验，最大允许误差应控制在小于±2%，考虑到统计分析对样本量的要求和成本方面的经济性，我们建议本次研究所需要的样本量为每个城市400个。

七、质量控制与复核（复核就是再一次检查问卷的真实性）

（1）本次访问复核率为30%，其中15%电话复核，15%实地复核。

（2）我们将实行一票否决权，即如果发现访问员一份问卷作弊，那么该访问员的所有问卷都作废。

八、数据录入与处理

参与此项目的所有数据录入及编码人员将参与问卷的制作与调查培训；在录入过程中需抽取10%的样本处理采用进行录入复核，以保证录入质量；采用SPSS软件进行数据处理。

九、研究时间安排

时间安排表见表1-1（自项目确定之日起）。

表1-1 时间安排表

	一周	二周	三周	四周	五周	六周	七周	八周
方案与问卷设计								
问卷试访								
调查实施								
数据处理								
报告撰写与发布								

十、报告提交

由六人行市场调查公司向西安杨森公司提交调研报告一份及所有的原始问卷，并根据市场调研报告和数据进行分析。如有需要，我们将向西安杨森公司作口头汇报。

十一、费用预算

项目费用预算约为6.7万元，其用途如表1-2所示。

表1-2 费用预算表 单位：万元

1	问卷设计，问卷印刷	2.0
2	调查与复核费用	1.0
3	数据处理（编码，录入，处理，分析）	1.5
4	地区市调查公司代理费用	1.4
5	差旅及其他杂费	0.8
合计		6.7

拓展实训

美的公司新推出一款除霾高效对抗 PM2.5 变频空调，请你站在美的公司营销主管的角度，为他设计一份网络市场调研策划方案，获取重要信息，在日益激烈的竞争市场中抢占家电空调新市场。

任务 1.2 网络调研实施

任务要求

随着互联网的日益发展，网络营销调研应运而生，成为收集营销信息最强大的工具之一。本次任务要求学生根据网络市场营销策划方案，实施网络市场调研。以网络市场调查问卷为主要方法，完成网络市场调查问卷的设计与发布，并能够对收集的信息进行整理分析。

知识准备

一、调查问卷

调查问卷又称调查表或询问表，是以问题的形式系统地记载调查内容的一种印件。问卷可以是表格式、卡片式或簿记式。设计问卷，是询问调查的关键。

完美的问卷必须具备两个功能，即能将问题传达给被问的人和使被问者乐于回答。要完成这两个功能，在设计问卷时应当遵循一定的原则和程序，运用一定的技巧。

二、调查问卷的设计原则

（1）主题明确。根据主题，从实际出发拟题，明确问题目的，突出重点，省去可有可无的问题。

（2）结构合理、逻辑性强。问题的排列应有一定的逻辑顺序，符合应答者的思维程序。一般是先易后难、先简后繁、先具体后抽象。

（3）通俗易懂。问卷应使应答者一目了然，并愿意如实回答。问卷中语气要亲切，符合应答者的理解能力和认识能力，避免使用专业术语。对敏感性问题采取一定的技巧调查，使问卷具有合理性和可答性，避免主观性和暗示性，以免答案失真。

（4）控制问卷的长度。回答问卷的时间控制在 20 分钟左右，问卷中既不浪费一个问句，也不遗漏一个问句。

（5）便于资料的校验、整理和统计。

三、调查问卷的基本结构

一般包括三个部分，即标题及标题说明、调查内容（问题）和结束语。

（1）标题及标题说明是调查者向被调查者写的简短信，主要说明调查的目的、意义、选择方法以及填答说明等，一般放在问卷的开头。

（2）问卷的调查内容主要包括各类问题，问题的回答方式及指导语，这是调查问卷的主体，也是问卷设计的主要内容。

问卷中的问答题，从形式上看，可分为开放式、封闭式和混合型三大类。封闭式问答题既提问题，又给出若干答案，被调查者只需在选中的答案中打“√”。开放式问答题只提问题，不给具体答案，要求被调查者根据自己的实际情况自由作答。混合型问答题，又称半封闭型问答题，是在采用封闭型问答题的同时，最后再附上一项开放式问题。至于指导语，也就是回答说明，用来指导被调查者回答问题的各种解释和说明。

（3）结束语一般放在问卷的最后面，对被调查者表示感谢，也可征询一下被调查者对问卷设计和问卷调查本身的看法和感受，要诚恳亲切。

四、在线问卷发布的主要途径

（1）将问卷放置在自己网站上，等待访问者访问时填写问卷。

（2）通过 E-mail 方式将问卷发送给被调查者，被调查者完成后再通过 E-mail 将问卷返回。

（3）在相应的讨论组中发布问卷信息，或者调查题目。

任务实施

一、认识调查问卷

（1）在网上搜索浏览，明确优质问卷的标准，如图 1-3 所示。

图 1-3　优质标准搜索

知识链接

一份优质问卷的标准

（一）问题表述设计的要求

① 问题的用词必须规范；②问题的内容必须具体；③问题的设计必须中立。

（二）问题题型设计的要求

问题题型的设计一般有：封闭型、开放型和混合型三种基本类型。

（三）问题排序设计的要求

① 被调查者熟悉的、简单易懂的问题放在前面；比较生疏、较难回答的问题放在后面。

② 把能引起被调查者兴趣的问题放在前面，把容易引起被调查者紧张和顾虑的问题放在后面。

③ 把开放式问题放在问卷的结尾部分。

④ 先问行为方面的问题；再问态度方面的问题；最后问有关个人的背景资料。

⑤ 按一定逻辑顺序排列问题。

（2）参照标准收集一份优秀调查问卷（可粘贴，可截图）。

宁波视觉冲击电子图文设计有限公司

——市场调查问卷

您好：

感谢您在百忙之中，接受我们的调查。本次问卷是为了了解电子图文的有关资讯。方便我们为市场提供更好的服务。

完成本次调查，您将免费获得本公司为您提供的简约型 PPT 制作与美化服务一次。欢迎光临本公司的网站 www.smileguest.com。

性别：　男□　　　女□　　　　　联系方式：＿＿＿＿＿＿＿＿

1. 您的职业是：

A. 商业人士　　B. 教师　　C. 作家　　D. 大学生　　E. 其他

2. 您在制作 PPT 课件时，经常采用以下哪种方式进行制作：

A. 自己　　B. 朋友　　C. 广告公司（实体店）　　D. 网上请人代作

3. 在一年内，您制作 PPT 的次数是：

A. 0 次　　B. 1～5 次　　C. 6～10次　　D. 11～20 次

E. 其他＿＿＿＿(次数)

4. 您一般制作 PPT 的页数是多少？

A. 5 张以下　　B. 5～10 张　　C. 11～15 张

D. 16～20 张　　E. 更多________

5. 您对现在使用的 PPT 设计满意程度：

A. 不满意　　B. 一般　　C. 满意　　D. 非常满意

6. 您知道什么是电子图文（网上 PPT 封面和文稿处理等）？

A. 知道　　B. 不知道

7. 您最希望获得的 PPT 服务是：

A. 制作　　B. 美化　　C. 制作与美化　　D. 其他____________

8. 您制作的 PPT 一般用在什么场合：

A. 上课　　B. 报告　　C. 公司介绍　　D. 产品演示

E. 其他__________

9. 您在网上购买过 PPT 等电子图文服务吗？

A. 有　　B. 没有

10. 您对电子图文了解后，会选择在网上购买电子图文服务吗？

A. 会　　B. 不会

11. 您认为电子图文前景如何？

A. 好　　B. 不好

12. 您最希望获得下列哪项电子图文服务？

A. PPT 制作与美化　　B. 封面设计与美化

C. 文稿的处理　　D. 海报和招贴画

E. 照片的拍摄及处理　　F. 各类贺卡的制作

G. 其他__________

13. 您对网上订制电子图文的态度是怎样？

A. 接受并尝试过　　B. 接受却还未尝试　　C. 认为不可信

14. 关于电子图文这一行业，您觉得有发展前景吗？

A. 不了解，没接触过　　B. 有一定的发展空间

C. 没有可发展的空间　　D. 不清楚

15. 对于电子图文，您是否排斥？

A. 是　　B. 否　　C. 不知道

16. 在网上销售哪些是您可以考虑接受的？（多选题）

A. 照片处理　　B. 封面、插图等设计

C. PPT 制作及流程图的设计　　D. 节日贺卡、海报、招贴画的设计与制作

E. 其他

17. 在网上购买电子图文，您最担心的问题是？

A. 诚信问题　　B. 质量问题　　C. 服务问题

D. 价格问题　　E. 其他

18. 您能接受的网上 PPT 制作价位是多少（每页的价格）：

A. 5 元/页　　B. 10 元/页　　C. 15 元/页

D. 20 元/页　　　　　　　E. 其他________

19. 在网上购买 PPT 时，您会接受以下哪种 PPT 预览方式?

A. 页面增加水印　　　　　　B. PPT 以视频形式展示

C. 降低分辨率的 PPT　　　　D. 其他____________

20. 您认为在网上开设电子图文公司应重点解决什么问题?

【结束访问】谢谢您的配合 ！

我们的评价：此问卷符合在线调查问卷的表述要求、题型要求和排序要求，所以是一份优质问卷。

（3）分析调查问卷结构，截图或粘贴说明。

① 问卷可分为直接提问（如图 1-4 所示）和间接提问。

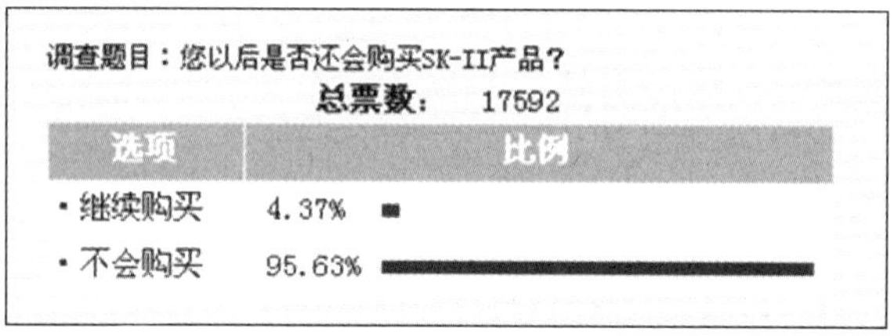

图 1-4　直接提问

② 间接提问可以分为两类，即结构性提问（如图 1-5 所示）和非结构性提问（如图 1-6 所示）。结构性提问要求得到简短特定的回答，适宜于了解消费者对企业或品牌的看法或意见；非结构性提问回答人有较大的回答自由。

下列各品牌牙膏，你最喜欢哪一种？请在该品牌后打“√”。

中华（　）　佳洁士（　）　蓝天（　）　两面针（　）　高露洁（　）

图 1-5　结构性提问

①字句联想。例如，当你决定购买一台计算机时，首先考虑的品牌是________。

②图画测试。就是问卷上印有图画，请被调查者作出解释。

③完成小故事。就是问卷上有不完全的简短小故事，要求被调查者补充完整。

图 1-6　非结构性提问

二、设计调研问卷

1. 搜索网上现有的在线调研系统

问卷调查系统，是针对网络用户进行问卷调查，实现对问卷信息的管理，提供更加简单，方便的操作平台，对相关信息进行网上调查；一方面，用户可以通过注册用户，进行问卷搜索、添加、填写、修改密码等操作；另一方面管理员管理模块主要包括：问卷管理、注册用户管理、系统管理，质量控制和数据统计。

在线调研网站有很多，如中国调查网（见图 1-7）、91 问问（见图 1-8）、问卷星（见图 1-9）等。

图 1-7 中国调查网

图 1-8 91 问问

图 1-9 问卷星

其他在线调研系统：

____

____。

2. 设计在线调研问卷

（1）一份完整的网上调查问卷通常包括以下几个部分。

调研说明：说明由谁执行此项调查、调查目的、意义何在，如图 1-10 所示。

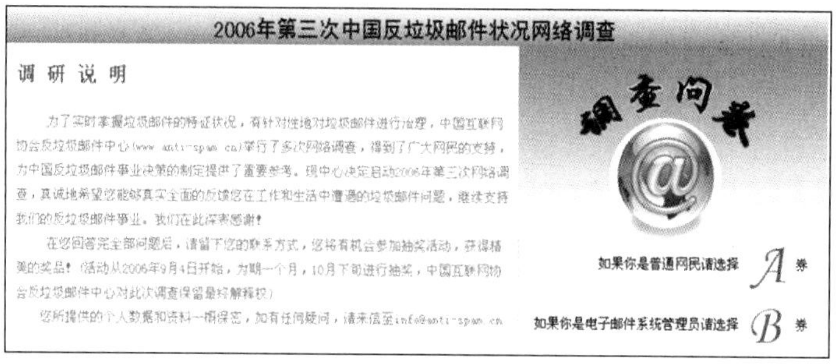

图 1-10　调研说明

调研内容：包括问题和备选答案，是问卷的核心部分，如图 1-11 所示。

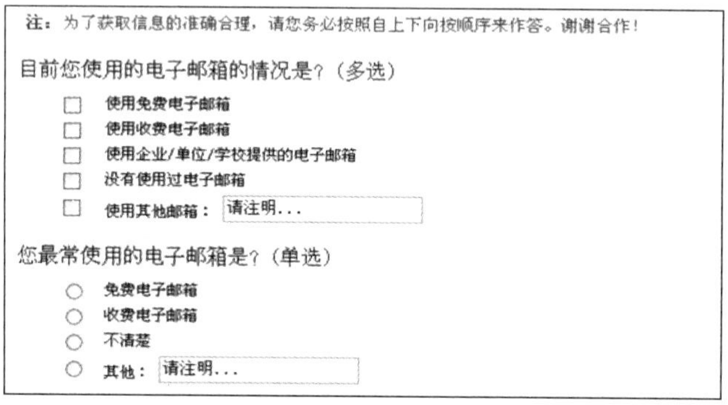

图 1-11　调研内容

被调查者个人信息：目的在于一方面了解被调查者的基本状况，另一方面也是为了向参与调查者提供奖励、感谢等，如图 1-12 所示。

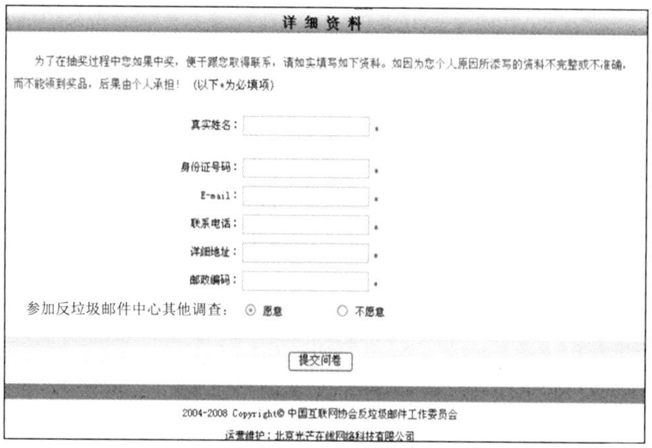

图 1-12　个人信息

（2）问题的设计方法如下：

封闭式问题：包括两项选择法、多项选择法、程度量法（见图 1-13）和排序法（见图 1-14）。

问：您觉得这种牌子的彩电价格如何？

答：a. 很贵　　b. 贵　　c. 适中　　d. 便宜　　e.太便宜了

图 1-13　程度量法

问：请您按喜欢的程度将下列答案按第一、第二、第三排序排列：_，_，_。

答：a. 古典音乐　　b. 流行音乐　　c. 摇滚乐

图 1-14　排序法

开放式问题：您对本品牌彩电有什么意见？

混合式问题（半封闭式问题）：

问：您购买这种保健品的原因是什么？

答：a.电视广告说得合情合理　　b.朋友、家人推荐　　c. 医生/医务人员推荐

d.电视保健专题介绍　　e.自己身体原因　　f. 其他（具体写出）

（3）问题的形成。

① 填空式：您的实足年龄：______________ 岁。

② 是否式：您是待业青年吗？　是□　　否□

③ 多项选择式：您的文化程度是（　　）

A. 小学及以下　　B. 初中　　C. 高中　　D. 大专及以上

④ 矩阵式：当询问若干个具有相同答案形式的问题时，可以将其设计成矩阵形式，如图 1-15 所示。

例：您觉得下列环境问题在您居住的城市中是否严重（在每一行的适当方框中打√）？

	很严重	比较严重	不太严重	不严重	不知道
(1)噪声	□	□	□	□	□
(2)烟尘	□	□	□	□	□
(3)污水	□	□	□	□	□
(4)垃圾	□	□	□	□	□
(5)有害气体	□	□	□	□	□

图 1-15　矩阵式问题

⑤ 表格式：表格式与矩阵式十分相似，比如将上例变成表格式为（如图 1-16 所示）：

例：您觉得下列环境问题在您居住的城市中是否严重（在每一行合适的格中打√）？

	很严重	比较严重	不太严重	不严重	不知道
(1)噪声					
(2)烟尘					
(3)污水					
(4)垃圾					
(5)有害气体					

图 1-16　表格式问题

知识链接

在线问卷调查设计的注意事项

- 问卷设计要主题明确，问题应简短扼要、少而精。
- 避免建立在假设前提基础上的问题，如“你家的电视机是TCL牌还是康佳牌？”。
- 所提问题不应有误导或偏见，不要诱导人们回答问题，应是能在记忆范围内回答的，如“在我们的调查中我们发现许多访问者更愿意购买TCL手机，您喜欢哪一种品牌的手机？”。
- 避免询问被调查者敏感或者是尴尬的问题。
- 在问卷中多采用封闭式提问法。
- 不要把两种或两种以上的问题放在一个问题中，如“你认为这个网站是否易于浏览且有吸引力”。
- 提问的意思和范围必须明确，如：“最近你从这家网上音像店购买了什么CD”。
- 尽量避免一般认为超出回答者记忆范围的提问，如“你一年前购买的色拉油是哪一家生产商的产品”。
- 以过滤性的提问方法来展开，注意问题之间的逻辑关系，如图1-17和图1-18所示。

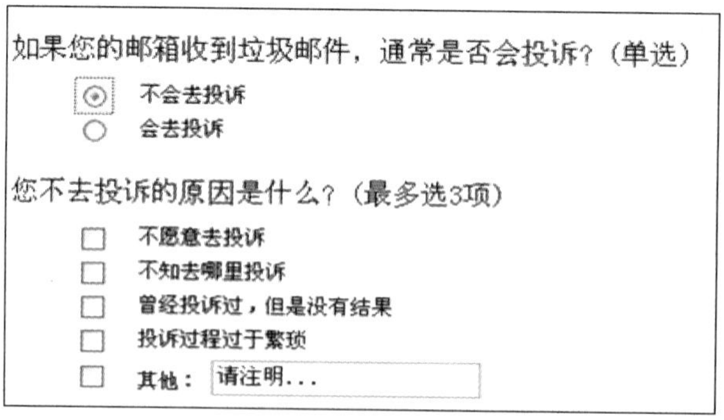
如果您的邮箱收到垃圾邮件，通常是否会投诉？（单选）
◉ 不会去投诉
○ 会去投诉
您不去投诉的原因是什么？（最多选3项）
□ 不愿意去投诉
□ 不知去哪里投诉
□ 曾经投诉过，但是没有结果
□ 投诉过程过于繁琐
□ 其他：请注明...

图 1-17　选择“不会去投诉”问题

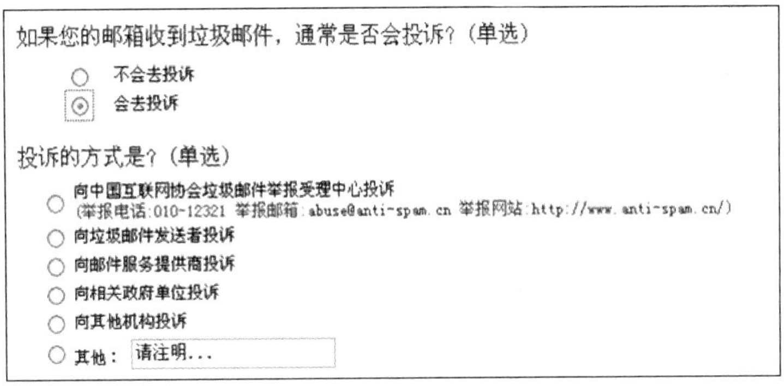

图 1-18　选择“会去投诉”问题

三、发布调研问卷

1. 使用 E-mail 来发布调查问卷（如图 1-19 所示）

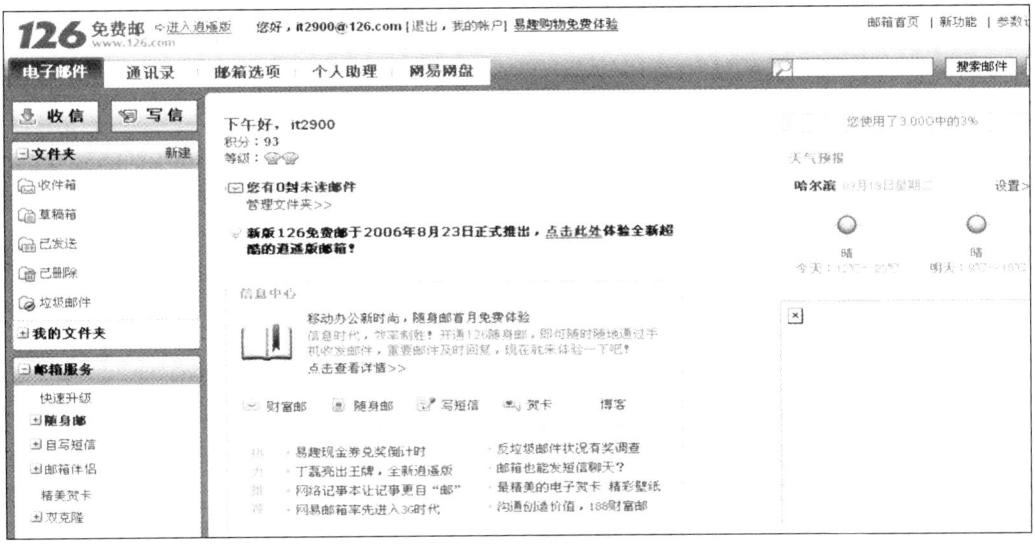

图 1-19　E-mail 发布

小贴士

通过邮件调查使用较少，因为网络用户不喜欢看到多余的电子邮件问卷，也容易遭到反垃圾邮件的堵截，以及无法检查应答错误。

2. 登录社区（BBS）发布（如图 1-20 所示）

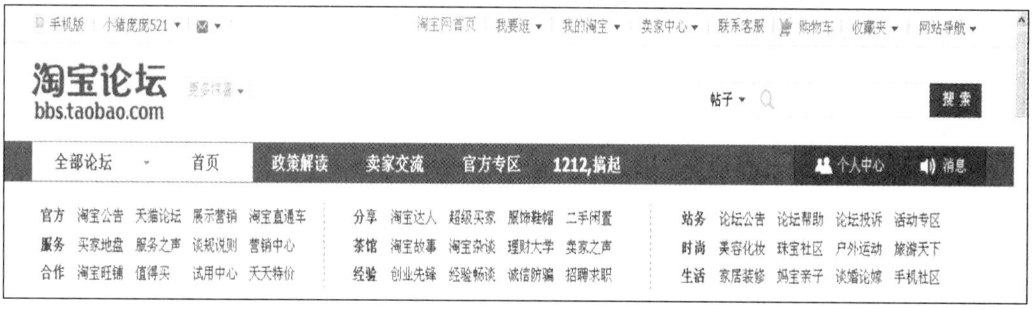

图 1-20　论坛发布

3. 通过 WWW 站点发布

（1）通过本公司网站发布，如图 1-21 所示。

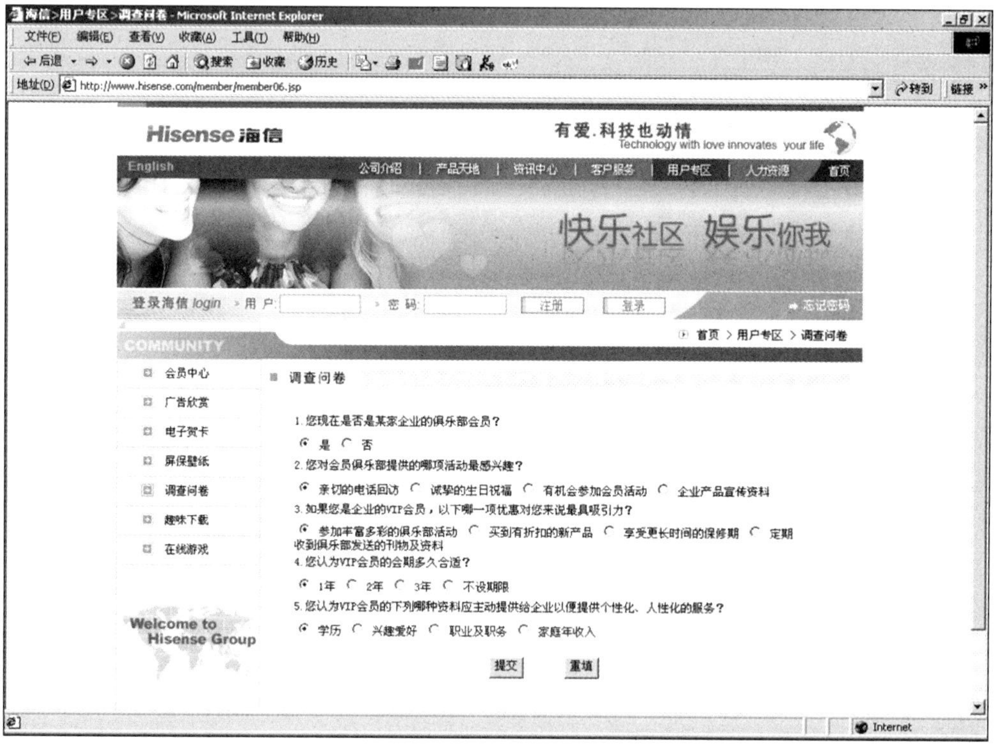

图 1-21　站点发布

（2）通过在线调研系统发布，如图 1-22 所示。

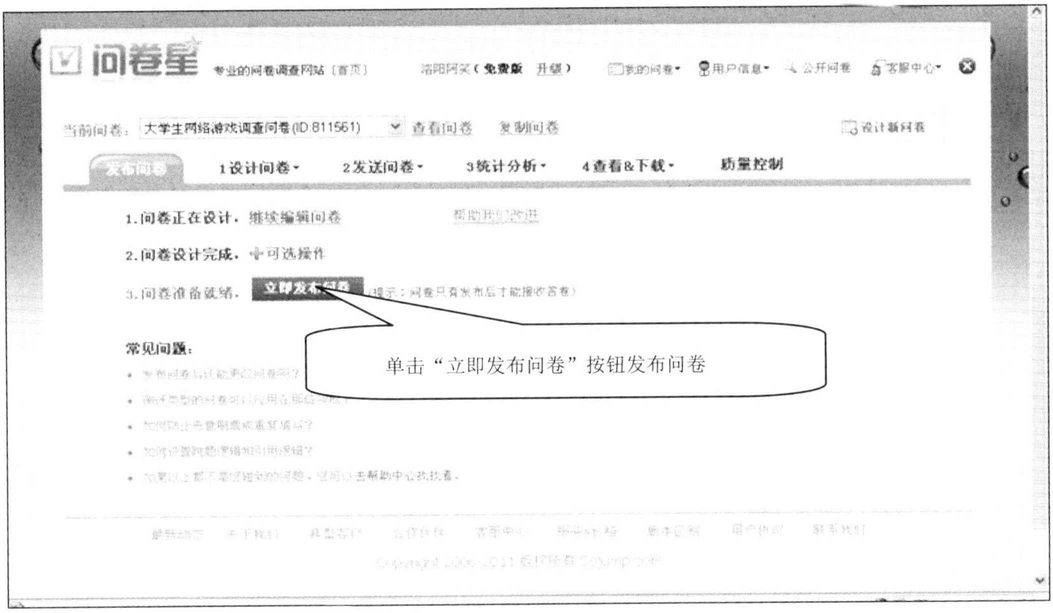

图 1-22 问卷星发布

小贴士

在线调研系统必须先注册成为注册用户方可使用在线问卷的设计与发布等功能。

（3）通过将网络市场调查外包给专业的第三方公司发布，如图 1-23 所示。

图 1-23 发布在黑龙江信息网

小贴士

在线问卷调查主要是指站点问卷调查。

任务评价

学习成果评价表

<table>
<tr><th rowspan="2">评 价 内 容</th><th colspan="3">评价方式</th><th rowspan="2">评 价 等 级</th></tr>
<tr><th>自评</th><th>小组评议</th><th>教师评议</th></tr>
<tr><td>准备情况（预习、资料的收集）</td><td></td><td></td><td></td><td>A. 准备好；
B. 准备一般；
C. 没有准备</td></tr>
<tr><td>知识技能掌握情况</td><td></td><td></td><td></td><td>A. 真正理解并掌握；
B. 初步理解；
C. 参与有关活动</td></tr>
<tr><td>任务完成情况（包括成果的展示）</td><td></td><td></td><td></td><td>A.好；B.一般；C.未完成</td></tr>
<tr><td>认真的学习态度
（听讲、讨论、课堂发言、操作活动）</td><td></td><td></td><td></td><td>A.认真；B.一般；C.不认真</td></tr>
<tr><td>善于与同学合作</td><td></td><td></td><td></td><td>A.能；B.一般；C.不足</td></tr>
<tr><td>思维的条理性
（有条理地表达意见，解决问题过程清楚）</td><td></td><td></td><td></td><td>A.强；B.一般；C.不足</td></tr>
<tr><td>思维的创造性
（提出和别人不同的问题，或用不同的方法解决问题）</td><td></td><td></td><td></td><td>A.强；B.一般；C.不足</td></tr>
<tr><td>信息技术素养</td><td></td><td></td><td></td><td>A.强；B.一般；C.不足</td></tr>
<tr><td>小　　计</td><td></td><td></td><td></td><td></td></tr>
<tr><td>总　　评</td><td colspan="4"></td></tr>
<tr><td>被评价人自我反思</td><td colspan="4"></td></tr>
</table>

说明：1. 评价内容前四项 A 为 15 分，B 为 12 分，C 为 8 分；后四项 A 为 10 分，B 为 8 分，C 为 6 分。
2. 总评=自评×30%＋组评×30%＋师评×40%。
3. 85 分以上为优秀，75～85 为良好，60～75 分为合格，60 分以下尚需努力。

知识拓展

网络市场调研数据的处理

一、数据的整理

数据的整理，就是将获取的数据进行条理化和有序化，其目的在于提高数据的价值和提取效率，发现数据的内部联系，为数据的加工做好准备。

数据整理的步骤为：

（1）确认数据的时效性，明确数据来源；

（2）去伪存真，去粗取精，初步筛选；

（3）浏览数据内容，添加明确文件名；

（4）按专题分类归档，方便搜索调用。

二、数据的分析

（1）经过整理后的数据，一般构成了多角度反映事物的基础，但若不加工，它们就是一堆杂乱的记录，不能满足决策需求。

（2）数据分析就是针对具体目的，如价格定位、购买行为模式、广告效果调研、市场供需情况、市场占有率等，选择具体角度，将数据进行加工、统计汇总后表示出来。

（3）数据分析加工，要借助数据处理软件。常用的数据处理软件：ACCESS、EXCEL、SAS。

（4）在现代信息分析中，一般要将数据表示为容易被决策者所理解的内容或有规律的图表——比较直观和易懂。

三、案例赏析：关于大学生眼镜配戴调查问卷结果的数据处理（部分截取）

南工大“眼镜”消费市场综述

市场细分：问卷第7道题综合涉及南工大的“眼镜”消费市场。

7. 您能接受的眼镜价位是多少？

A. 100元以下　　B. 100元～200元　　C. 200元～300元　　D. 300元以上

价格	容量	百分比	累积百分比
100元以下	17	9.66%	9.66%
100～200元	82	46.60%	56.26%
200～300元	48	27.27%	83.53%
300元以上	29	16.53%	100%
总计	176	100%	

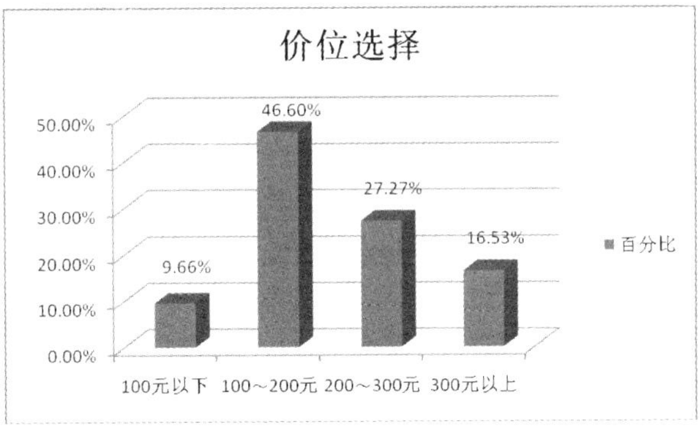

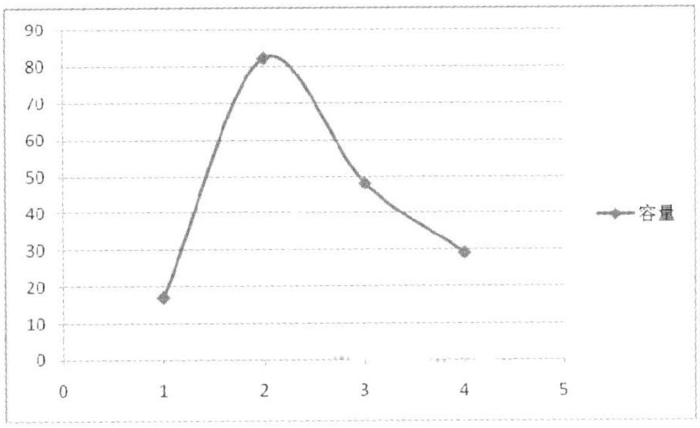

分析

根据问卷调查第 7 题中消费者对“眼镜”消费的心理价位我们将眼镜消费市场细分为低端、中端和高端，其中 100 元以下（即题目中的 A 选项）为低端消费市场；100～300 元（即题目中的 B、C 选项）为中端消费市场；300 元以上（即题目中的 D 选项）为高端消费市场。大学生对于眼镜价格的普遍接受程度是 100～200 元，所以在眼镜产品的提供方面，应更多地考虑质美价廉的选择，这就要求厂家在生产产品的时候多采用新技术，提高生产率，降低成本。

拓展实训

请为学校食堂设计一份关于学生对学校食堂满意度的调查问卷（不少于 10 个问题），将该问卷在问卷星中进行发布，过一段时间查看有没有浏览者填写该问卷，截图表示，并对调查结果作出数据分析。

任务 1.3 网络调研报告

任务要求

撰写调研报告是市场调研的最后一步，也是最关键的一步，调研报告是衡量整个调研工作好坏的唯一标准。本次任务要求学生在网络市场调研问卷发布后，了解撰写调研报告的内容，明确主题，掌握调研报告结构，完成调研报告的书写并能够进行口头表述。

知识准备

一、市场调研报告

市场调研报告是在实践中经过对某一产品客观实际情况的调查了解之后，对调查了解到的全部情况和材料进行分析研究，揭示出本质、寻找出规律、总结出经验，最后以书面形式陈述出来。

调研报告是调研结果的集中表现，能够撰写出一份高质量的调研报告，是决定调研本身成败的重要环节。撰写调研报告是一件系统而又繁琐的工作。

二、市场调研报告的准备工作

1. 选题

调研报告的主题是调研报告所要表达的中心问题和思想，是调研报告的灵魂。它的确定需要和调研的目标以及调研所获得的材料一起思考，最后得出结论。

2. 立意

调研报告的立意是提炼和确定报告的中心思想，见解要有深度，能够透过现象看到事物的本质。调研报告的内容要求精炼，突出主题和重点。

3. 选择材料

选择材料即根据选题和立意，对分析得出的数据进行进一步的筛选和整合。

4. 拟定提纲

调研报告有了主题和立意，并取舍了材料后，就可以着手拟定一份写作提纲。调研报告的主题是否突出，表现主题的层次是否清晰，材料的安排是否妥当，内在的逻辑联系是否紧密等都可以在拟定提纲中解决。

任务实施

1. 根据拟定的调研提纲，撰写调研报告

调研报告的基本组成部分：

（1）标题，如图 1-24 所示。

调研报告的标题可以作为调研报告的封面。主要内容包括调研报告的标题、委托方、调研方和提交报告日期等。标题必须准确揭示调查报告的主题思想，标题要简单明了、高度概括、题文相符，如《××市居民住宅消费需求调查报告》、《关于化妆品市场调查报告》、《××产品滞销的调查报告》等，这些标题都很简明，能吸引人。

中国互联网络发展状况统计报告

（2014 年 1 月）

CNNIC

中国互联网络信息中心

图 1-24 标题

（2）前言，如图 1-25 所示。

前言着重说明调研的主要目的、方法和意义，它关系到全文的格调和起势，是使调研主体产生兴趣、领悟要点，从而发挥调研报告作用的关键。

中国互联网络信息中心 CNNIC

前言

1997年，国家主管部门研究决定由中国互联网络信息中心（CNNIC）牵头组织有关互联网单位共同开展互联网行业发展状况调查，自1997年至今CNNIC已成功发布了32次全国互联网发展统计报告，本次报告是第33次报告。当前互联网已经成为影响我国经济社会发展、改变人民生活形态的关键行业，CNNIC的历次报告见证了中国互联网从起步到腾飞的全部历程，并且以严谨客观的数据，为政府部门、企业等各界掌握中国互联网络发展动态、制定相关决策提供了重要依据，受到各个方面的重视，被国内外广泛引用。

自1998年以来，中国互联网络信息中心形成了于每年1月和7月定期发布《中国互联网络发展状况统计报告》的惯例，第33次统计报告延续了以往内容和风格，对我国网民规模、结构特征、接入方式和网络应用等情况进行了连续的调查研究。

本年度《报告》的数据采集工作一如既往地得到了政府、企业以及社会各界的大力支持。在工业和信息化部等国家主管部门指导下，各项调查工作得以顺利进行；在各互联网单位、调查支持网站以及媒体等的热情配合下，基础资源数据采集及时完成。在此，谨对他们表示最衷心的感谢！同时也对接受第33次互联网发展状况统计调查的网民朋友表示诚挚的谢意！

中国互联网络信息中心

2014年1月

图 1-25　前言

（3）目录，如图 1-26 所示。

目录是报告中完整反映各项内容的一览表，包括题目、大标题、小标题、附件及各部分所在的页码等。

目　录

图 1-26　目录

（4）摘要，如图1-27所示。

摘要是调研报告中的内容提要，是对调研活动所得出的主要结果的概括说明。一般在完成整个报告之后再回过头来总结撰写这一部分。摘要一般要简略提及研究目的、范围和方法，重点说明研究的发现和结果。

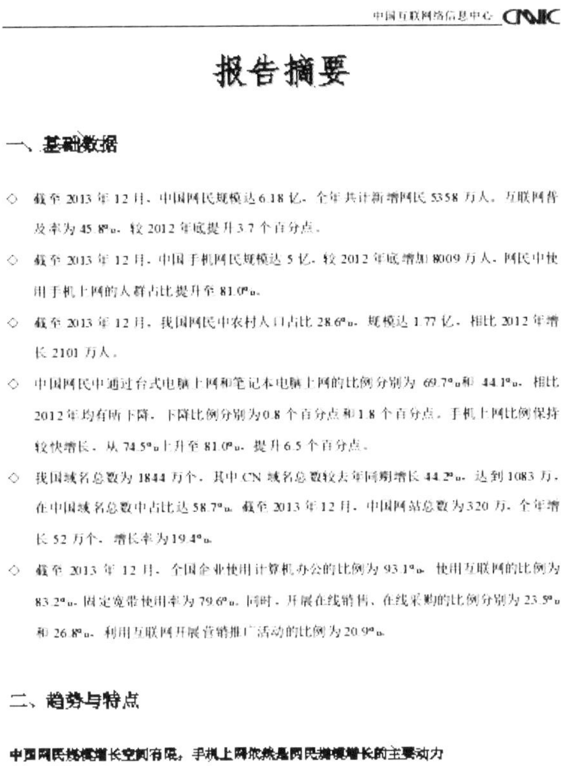

中国互联网络信息中心 CNNIC

报告摘要

一、基础数据

◇ 截至2013年12月，中国网民规模达6.18亿，全年共计新增网民5358万人。互联网普及率为45.8%，较2012年底提升3.7个百分点。

◇ 截至2013年12月，中国手机网民规模达5亿，较2012年底增加8009万人，网民中使用手机上网的人群占比提升至81.0%。

◇ 截至2013年12月，我国网民中农村人口占比28.6%，规模达1.77亿，相比2012年增长2101万人。

◇ 中国网民中通过台式电脑上网和笔记本电脑上网的比例分别为69.7%和44.1%，相比2012年均有所下降，下降比例分别为0.8个百分点和1.8个百分点。手机上网比例保持较快增长，从74.5%上升至81.0%，提升6.5个百分点。

◇ 我国域名总数为1844万个，其中CN域名总数较去年同期增长44.2%，达到1083万，在中国域名总数中占比达58.7%。截至2013年12月，中国网站总数为320万，全年增长52万个，增长率为19.4%。

◇ 截至2013年12月，全国企业使用计算机办公的比例为93.1%，使用互联网的比例为83.2%，固定宽带使用率为79.6%。同时，开展在线销售、在线采购的比例分别为23.5%和26.8%，利用互联网开展营销推广活动的比例为20.9%。

二、趋势与特点

中国网民规模增长空间有限，手机上网依然是网民规模增长的主要动力

图1-27 摘要

（5）主体，如图1-28所示。

主体即调研报告的正文，也是调研报告内容重点展开的部分。这一部分要以大量的事实、数据反映调研的真实情况，并对调研的现象做出提纲挈领的分析和评价。

主体一般包括调研介绍和调研结果两部分。调研介绍主要包括调研方法说明和报告中术语界定等内容；调研结果又分为基本情况部分和分析部分，以便于更好地陈述清楚。

（6）结束语，如图1-29所示。

结束语是调研报告的有机组成部分，是调研报告主题的自然升华和内容的收束。主要总结调研研究了什么问题，获得了什么结论，说明了什么问题。

（7）附录，如图1-30所示。

附录是指调研报告中正文没有包含或没有提及的，但又与正文有关、必须附加说明的部分。

第一章　调查介绍

一、调查方法

（一）网民个人调查

3.1 调查总体

中国有住宅固定电话（家庭电话、小灵通、宿舍电话）或者手机的 6 岁及以上常住居民。

3.1.1 样本规模

用户调查总体样本 30,000 个，其中，住宅固定电话用户、手机用户各 15,000 个，样本覆盖中国大陆 31 个省、自治区、直辖市。

3.1.2 调查总体细分

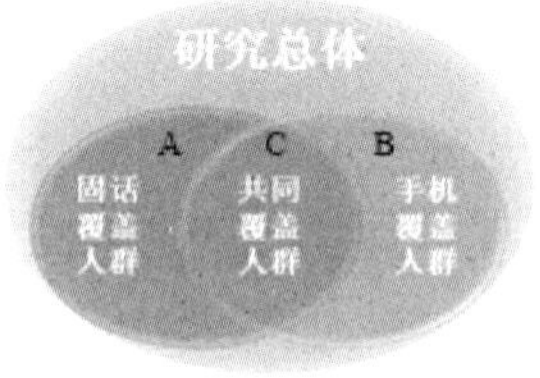

图 1-28　主体

CNNIC 中国互联网络信息中心

联网的信息化基础应用普及状况较好，但是不同规模间企业的差距依然存在。7 人及以下的微型企业计算机使用率、互联网使用率均低于全国企业平均水平，且差距明显。

◇　**电子商务使用率有待进一步提升，部分行业发展相对较快**

我国企业电子商务使用率近年来表现平稳，在线采购和在线销售的比例均维持在 25%上下。在调研中发现，虽然企业主对电子商务的意识已有所增强，但网络营销推广实效性欠缺、网销渠道与传统渠道难以协同、电子商务人才缺失等仍然是企业主普遍担心的问题，在很大程度上制约了企业电子商务发展。进一步看，制造业、批发和零售业、信息传输、计算机服务和软件业的在线采购和在线销售比例远高于其它行业，房地产业、建筑业、交通运输业、服务业电子商务的重点在于网络消息获取和品牌及产品的宣传，采购和销售仍较大程度在线下进行。

◇　**网络营销方式集中趋势突显**

从近两年趋势来看，中小企业利用即时聊天工具、搜索引擎、电子商务平台推广保持在使用率前三甲，其它网络营销方式中除论坛/BBS 使用率明显提高外均有所下降，包括电子邮件营销、网站展示广告、网络视频广告、网络联盟广告和团购。这说明目前中小企业

图 1-29　结束语

附录 1　互联网基础资源附表

附表 1　中国各地区 IPv4 地址数

地区	地址量	折合数
中国大陆	331,626,752	19A+196B+57C
中国台湾	35,375,360	2A+27B+201C
香港特区	10,280,704	156B+223C
澳门特区	324,864	4B+245C

数据来源：APNIC、中国互联网络信息中心（CNNIC）

附表 2　中国大陆 IPv4 地址按分配单位表

单位名称	地址量	折合数
中国电信集团公司	125727488	7A+126B+115C
中国联合网络通信有限公司	69732608	4A+40B+9C
中国移动通信集团公司	49905664	2A+249B+128C
中国教育和科研计算机网	16649728	254B+14C
中国铁通集团有限公司	15795200	241B+4C
国家信息中心	4194304	64B
长城宽带网络服务有限公司	2146304	32B+192C
北京教育信息网服务中心有限公司	2097152	32B
北京电信通电信工程有限公司	1725440	26B+84C
东方有线网络有限公司	1662976	25B+96C
北京方网志成科技有限公司	1261568	19B+64C
中国有线电视网络有限公司	1187840	18B+32C

图 1-30　附录

2. 根据范例撰写、修改调研报告

调研报告的撰写需要认真仔细，不是一次就能够完成的，需要经过反复的审查、推敲、修改，这些是写好调研报告不可缺少的环节。调研报告写好后，一定要经过反复推敲修改后才能定稿。无论是对内容还是对形式的修改，都要认真对待，不可忽视。

一篇好的调研报告应该是观点准确，能够用数据和事实说话；结构清晰，能够将定量和定性分析相结合；能充分体现调研报告的价值和水平的好文章。

任务评价

学习成果评价表

评　价　内　容	评价方式			评　价　等　级
	自评	小组评议	教师评议	
准备情况（预习、资料的收集）				A. 准备好；　B. 准备一般； C. 没有准备
知识技能掌握情况				A. 真正理解并掌握； B. 初步理解； C. 参与有关活动

续表

评价内容	评价方式			评价等级
	自评	小组评议	教师评议	
任务完成情况（包括成果的展示）				A. 好 ；B. 一般；C. 未完成
认真的学习态度（听讲、讨论、课堂发言、操作活动）				A. 认真；B. 一般；C. 不认真
善于与同学合作				A.能； B.一般； C. 不足
思维的条理性（表达意见有条理，解决问题过程清楚）				A.强； B.一般； C. 不足
思维的创造性（提出和别人不同的问题，或用不同的方法解决问题）				A. 强； B. 一般； C. 不足
信息技术素养				A. 强； B. 一般； C. 不足
小　计				
总　评				
被评价人自我反思				

说明：1. 评价内容前四项 A 为 15 分，B 为 12 分，C 为 8 分；后四项 A 为 10 分，B 为 8 分，C 为 6 分。

2. 总评=自评×30% + 组评×30% + 师评×40%。

3. 85 分以上为优秀，75～85 为良好，60～75 分为合格，60 分以下尚需努力。

知识拓展

调查报告的口头汇报

与书面报告相比，口头报告更加直接与清晰。口头报告能够用生动的语言对调研内容进行介绍，也能对有疑问的地方进行及时的回答。

有效的口头汇报应以听众为核心。汇报者在汇报时要考虑听众的教育背景、时间因素、态度、偏好等，针对相关的词语、概念和某些数字进行适当的解释。

口头汇报要达到的目的有两个方面：首先是要形成良好的沟通；其次是要说服听众。为了达成良好的沟通，必须要了解影响沟通的因素，如噪声、注意力集中度、选择性知觉等。在进行汇报时，尽量减少噪声，引起听众的兴趣等。口头汇报的最终目的是要说服听众，但不是说要歪曲事实，而是要通过调查的发现来强化调查的结论和建议。

在准备口头汇报的过程中，调查者应时刻注意以下几个问题：

（1）数据的真正含义是什么？

（2）我们能从数据中获得些什么？

（3）在现有的条件下，我们应做什么？

（4）将来如何才能进一步提高这类研究水平？

（5）如何能使这些信息得到更有效的运用？

以下是在进行口头汇报之前应准备的辅助材料:

（1）汇报提要：除自己外，其他的听众最好也有一份汇报资料的主要部分和主要结论的提要，但注意在汇报提要中最好不出现统计资料和图表。

（2）视觉辅助：视觉辅助是指依靠现代化的手段，如投影仪、幻灯机等。调研人员能根据听众所提出的问题，展示出“如果……那么”的假设情况。摘要、结论和建议也应制作成可视材料。

口头汇报的步骤主要是：选择PPT模板—制作PPT—PPT调试—汇报讲稿。

拓展实训

撰写学校食堂满意度问卷调查报告，并进行修改与润饰，制作PPT，准备口头阐述调研报告。

项目2

搜索引擎营销

项目背景

2013 年 1 月 15 日，中国互联网络信息中心（CNNIC）在京发布第 31 次《中国互联网络发展状况统计报告》。报告显示，截至 2012 年年底，我国网民规模达到 5.64 亿，互联网普及率为 42.1%。目前实体经济普遍走低，中国网络广告市场持续高速发展，规模占比不断攀升，主要行业网络广告投放费用持续上升，网络营销的发展趋势持续高涨。

网络营销的实现离不开互联网技术，而搜索引擎在互联网中的作用举足轻重，被称为互联网之神。2013 年我国搜索引擎用户规模达到 4.9 亿，使用率为 79.3%，市场规模为 393.2 亿元，一半以上的中国网民首先选择使用搜索引擎来查找信息。搜索引擎自诞生以来，一方面由于搜索引擎方法操作简单方便，另一方面用户主动创造了被营销的机会，产生了一门学问，即搜索引擎营销。

目前，搜索引擎营销已成为国内仅次于许可电子邮件营销的第二大网络营销手段，已被越来越多的生产商、分销商、批发商和零售商所采用，并成为一种重要的网络营销手段。

学习目标

- 了解搜索引擎的相关知识，会使用搜索引擎进行商务信息搜集。
- 了解竞价广告的相关知识，会使用百度投放关键字广告。
- 了解搜索引擎优化的相关知识，会进行单个网页的优化。

任务 2.1　商务信息搜集

任务要求

Internet 是一个信息的海洋，网络资源无穷无尽，如何在信息的海洋中快速找到自己想要的信息，已经是摆在每一个网民面前最现实的问题。本任务要求学生能区分各款搜索引擎，在进行不同的搜索任务时选择合适的搜索引擎，能针对搜索的内容进行搜索关键字的优化，从而迅速搜索相关网络商务信息，掌握相关的营销咨询。

知识准备

一、网络商务信息的含义

信息：是指反映客观事物的可传递的知识，是人们对数据进行相应处理后产生的对特定对象有用的结果。

商务信息：通常指的是商业信息、情报、数据、密码和知识等。

网络商务信息：限定商务信息传递的媒体和途径。

二、网络商务信息的特点

（1）实效性强，更新及时，传递速度快。

（2）准确性高，信息传递的中间环节减少。

（3）计算机存储，便于储存、查找和检索。

（4）具有时效性、知识性、可流动性、可处理性和可再生性。

三、网络商务信息的作用

（1）营销决策和计划的基础。

（2）营销管理和控制的依据。

（3）对于企业的战略管理、市场研究和新产品开发等具有重要的意义。

四、网络商务信息的分级

（1）免费商务信息：主要是社会公益类信息；对人们具有普遍服务意义的信息；只占 5%左右。

（2）收取较低费用的商务信息：属于一般性的普通类信息；采集、加工、整理和更新容易；占 10%～20%；收取基本的服务费，不追求利润。

（3）收取标准信息费的商务信息：属于知识、经济类的信息；其采集、加工、整理和更新较复杂，要花费一定的费用；同时信息的使用价值较高，提供的服务层次较深；大约占 60%,是信息服务商最主要的服务范围。

（4）优质优价的商务信息：具有极高的使用价值的专用信息；是信息库中成本费用最高的一类信息；可为用户提供更深层次的服务，能给用户带来极大收益。

任务实施

一、认识搜索引擎

1. 搜索引擎工作原理

搜索引擎是 Internet 上进行信息资源搜索和定位的基本工具，是为了帮助用户从成千上万个网站中快速有效地查询，找到想要的信息而出现的。如果说 Internet 上的信息浩如烟海，那么搜索引擎就是海洋中的导航灯。只有通过搜索引擎的查询结果，用户才会知道信息所处的网上地点，然后，再去该地点获得相关的详细资料。对浏览者而言是如何掌握搜索引擎的使用方法去找到自己想要的信息；而对营销的企业而言却是如何利用搜索引擎，让更多的浏览者找到自己。

2. 搜索引擎的分类

（1）按照信息搜集方法分类。

① 目录式搜索引擎（Directory Search Engine）。

目录式搜索引擎是以人工方式或半自动方式搜集信息，由编辑员查看信息之后，人工形成信息摘要，并将信息置于事先确定的分类框架中。信息大多面向网站，提供目录浏览服务和直接检索服务。该类搜索引擎因为加入了人的智能，所以信息准确、导航质量高，缺点是需要人工介入、维护量大、信息量少、信息更新不及时。这类搜索引擎的代表是：Yahoo、LookSmart、Open Directory、Go Guide 等。

② 机器人搜索引擎（Crawler-Based Search Engine）。

机器人搜索引擎由一个称为蜘蛛（Spider）的机器人程序以某种策略自动地在互联网中搜集和发现信息，由索引器为搜集到的信息建立索引，由检索器根据用户的查询输入检索索引库，并将查询结果返回给用户，服务方式是面向网页的全文检索服务。该类搜索引擎的优点是信息量大、更新及时、无须人工干预；缺点是返回信息过多，有很多无关信息，用户必须从结果中进行筛选。这类搜索引擎的代表是：AltaVista、Northern Light、Excite、Infoseek、Inktomi、FAST、Lycos、Google；国内代表为：“天网”、悠游、OpenFind 等。

③ 元搜索引擎（Meta Search Engine）。

这类搜索引擎没有自己的数据，而是将用户的查询请求同时向多个搜索引擎递交，将返回的结果进行重复排除、重新排序等处理后，作为自己的结果返回给用户，服务方式为面向网页的全文检索。这类搜索引擎的优点是返回结果的信息量更大、更全；缺点是不能够充分使用所使用的搜索引擎的功能，用户需要做更多的筛选。这类搜索引擎的代表是 WebCrawler、InfoMarket 等。

（2）按照服务提供的方式分类。

① 全文数据库检索引擎：将终端设备通过通信网络与计算机检索系统相联，采用人机对话方式，从主机中查找所需信息的过程。例如万方、同方、维普、CNKI、EBSCO 等。

② 非全文数据库检索引擎。

③ 主题指南类检索引擎：这类搜索引擎的代表是 Yahoo。

小贴士

全文数据库检索软件正常运作的前提是网站拥有大量的信息，因此必须依靠强大的数据库作为后盾。它能够提供完整的文献和信息检索，查全率很高。非全文数据库检索软件具有速度快、使用简便、索引量大的特点。主题指南类检索软件是目前网络检索中最常用的检索软件。这种软件查准率高，速度快，使用方便。现大部分网站都具备主题指南类检索功能。

（3）按照检索语言分类。

因特网几乎使用了世界上的所有语言，每一种语言都形成了自己独特的检索体系，比较常用的语言有英文、法文、德文、日文、俄文和中文等 。

二、熟练运用搜索引擎收集网络信息

1. 选择一款合适的搜索引擎

目前国内主流的搜索引擎有百度、360、搜狗、搜搜、谷歌、必应、有道和雅虎。

百度：是全球最大的中文搜索引擎，百度在国内稳坐搜索引擎老大。百度产品众多，如，百度知道、百度经验、百度文库、百度音乐等，每一个产品都有它独特的魅力。

360：360 是后来居上者，在利用其安全卫士横扫普通老百姓时，综合各大搜索引擎，形成自己的搜索索引库，是通过一个统一的用户界面帮助用户在多个搜索引擎中选择和利用合适的（甚至是同时利用若干个）搜索引擎来实现检索操作，是对分布于网络的多种检索工具的全局控制机制，包括新闻、网页、微博、MP3、视频、图片、地图、问答、购物、机票和汽车。360 搜索属于全文搜索引擎，这是目前广泛应用的主流搜索引擎。360 搜索包括 360 新闻、网页、360 问答、360 影视、360 图片、360 音乐、360 地图、360 百科、软件及手机应用等。

搜狗：到目前为止，搜狗的发展状态还是不错的。基于搜狐之前庞大的用户群积累和与阿里合作关系的建立，使得搜狗的发展不温不火，潜力也无可限量，小小的搜狐搞出一只搜狗，成为中国第三互联网中文搜索引擎。它采用多种战略方法打入百姓眼帘如，搜狗拼音、搜狗工具条等。

在此我们选择介绍百度搜索引擎，打开百度搜索引擎的方式很多，这里介绍两种。

（1）打开 IE 浏览器，在 IP 地址栏输入 www.baidu.com，按回车键出现百度首页，如图 2-1 所示。

图 2-1　百度首页

小贴士

图 2-1 中搜索类别的状态栏位网页，是在搜索对话框中输入关键字后显示前 10 个网页链接地址的结果页。

（2）在界面中找到网址管家栏，在管家栏分类中找到百度链接地址点击打开，或者将百度网页添加到收藏栏，在收藏栏中找到百度 logo（如图 2-2 所示），点击可打开百度首页。

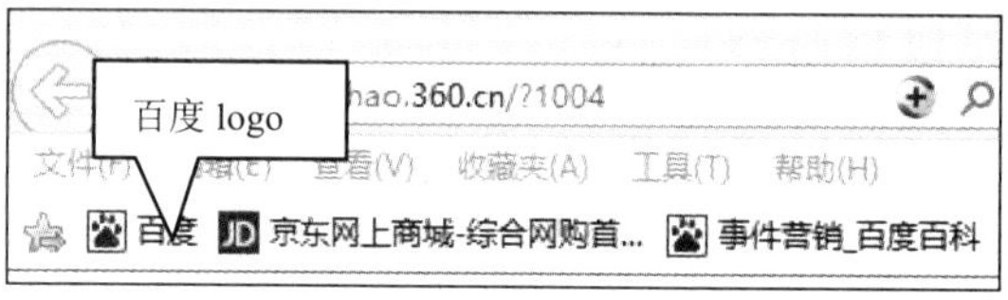

图 2-2　百度 logo

2. 确定搜索信息的类别

如网页、贴吧、知道、文库和百科等，并在搜索对话框中输入要搜索信息的关键字，进行搜索。

3. 搜索关键字的优化

（1）选择百度搜索引擎，打开高级搜索页面，如图 2-3 所示。

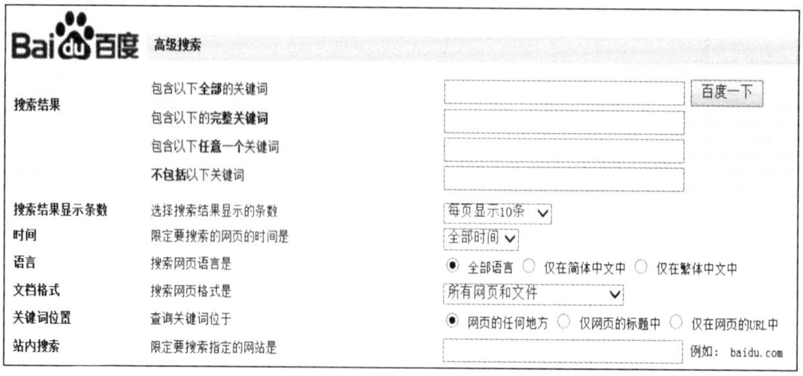

图 2-3　高级搜索页面

小贴士

高级搜索界面打开方法：在百度首页地址栏输入地址 http://www.baidu.com/gaoji/advanced.html。

（2）百度搜索引擎关键词优化。

① 搜索时排除不需要的关键词：打开高级搜索页面，在“不包括以下关键词”中输入不想要的关键词，如图 2-4 所示。

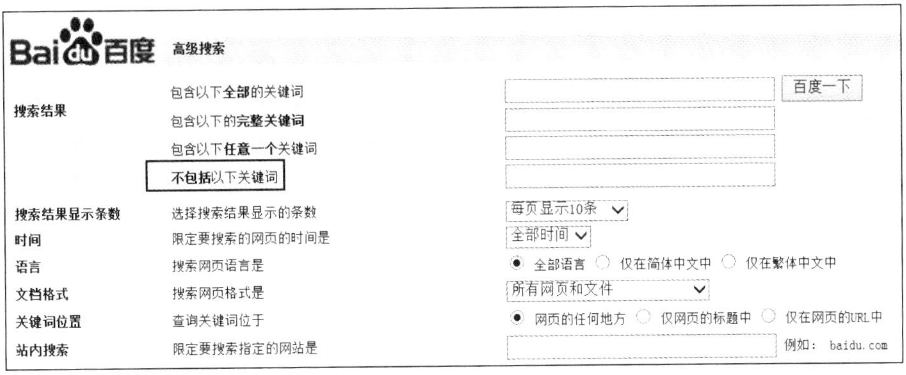

图 2-4　选择“不包括以下关键词”

② 限定搜索的时间范围：选择最近一天，最近一周，最近一月或最近一年，如图 2-5 所示。

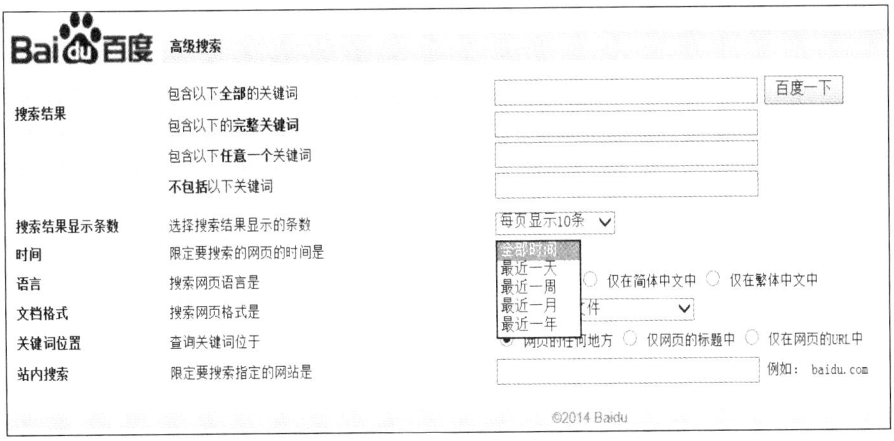

图 2-5　限定搜索时间

③ 限定搜索的网页语言：选择全部语言、仅在简体中文中或仅在繁体中文中，如图 2-6 所示。

④ 搜索时限定关键词位置：选择网页的任何地方、仅网页的标题中或仅在网页的 URL 中，如图 2-7 所示。

⑤ 搜索时限定要搜索的网站：在站内搜索里输入想要搜索的网站域名即可，如图 2-8 所示。

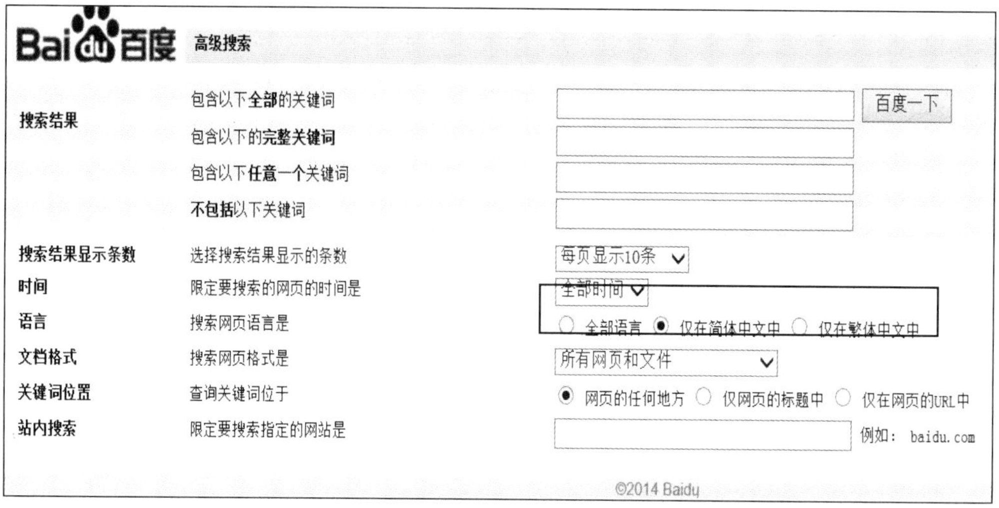

图 2-6　限定搜索语言

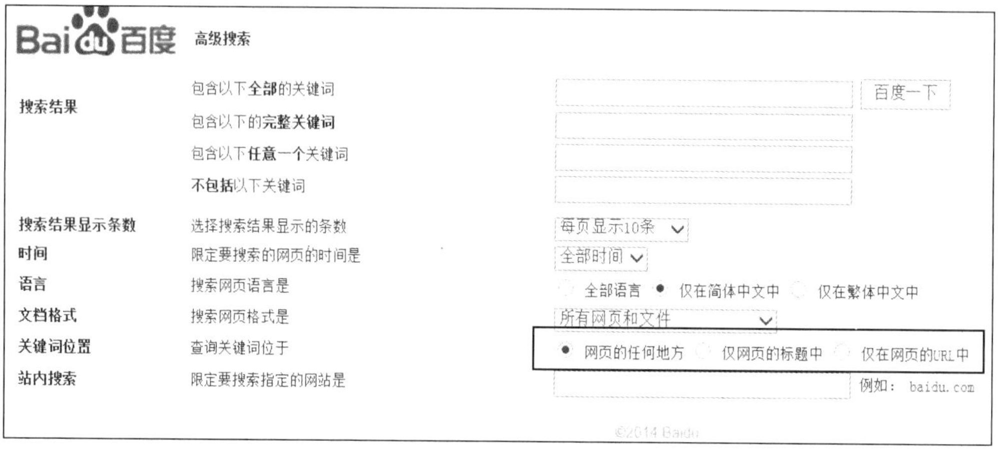

图 2-7　限定关键词位置

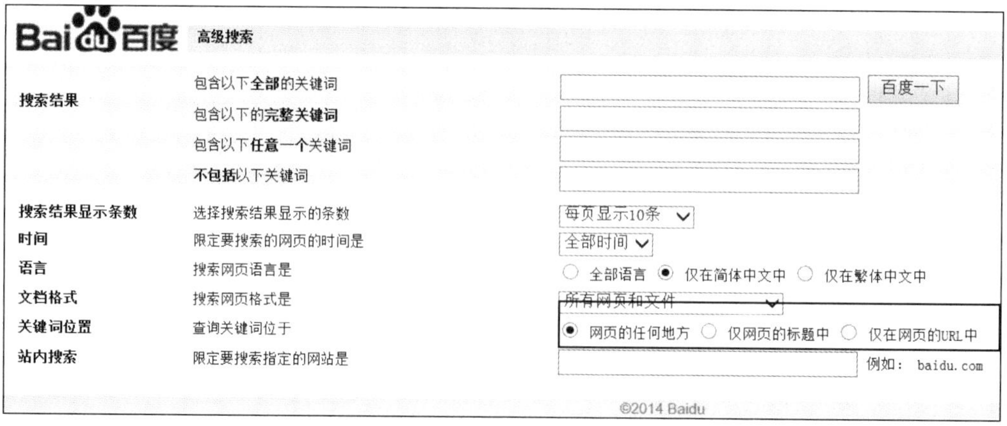

图 2-8　限定搜索网站

（3）关键词优化的快捷技巧。

① 把搜索范围限定在网页标题中，如图 2-9 所示。

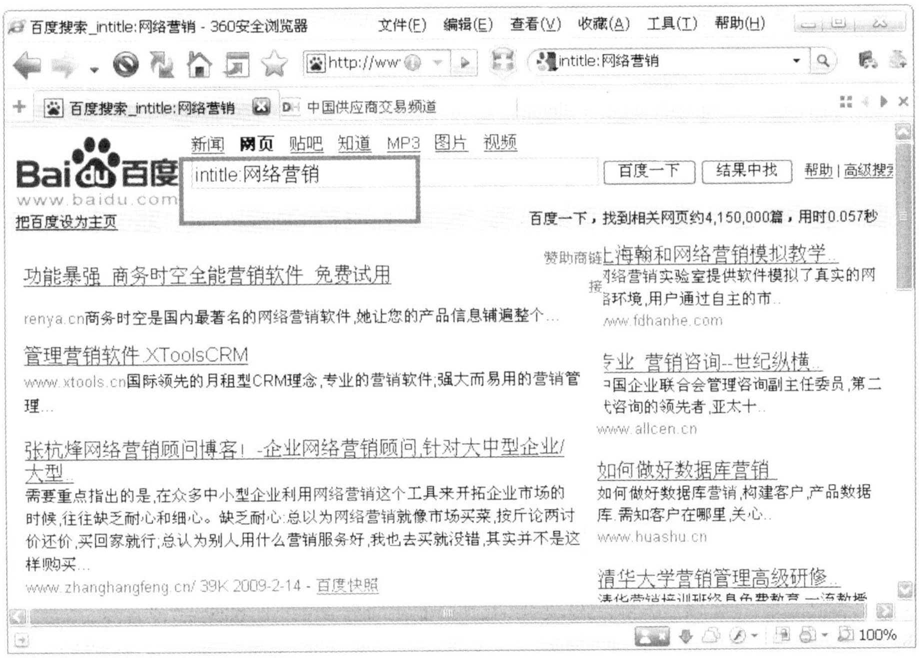

图 2-9　限定网页标题

② 把搜索范围限定在特定站点中，如图 2-10 所示。

图 2-10　限定特定站点

③ 把搜索范围限定在 url 链接中，如图 2-11 所示。

图 2-11 限定 url 链接

④ 精确匹配——双引号和书名号，如图 2-12 所示。

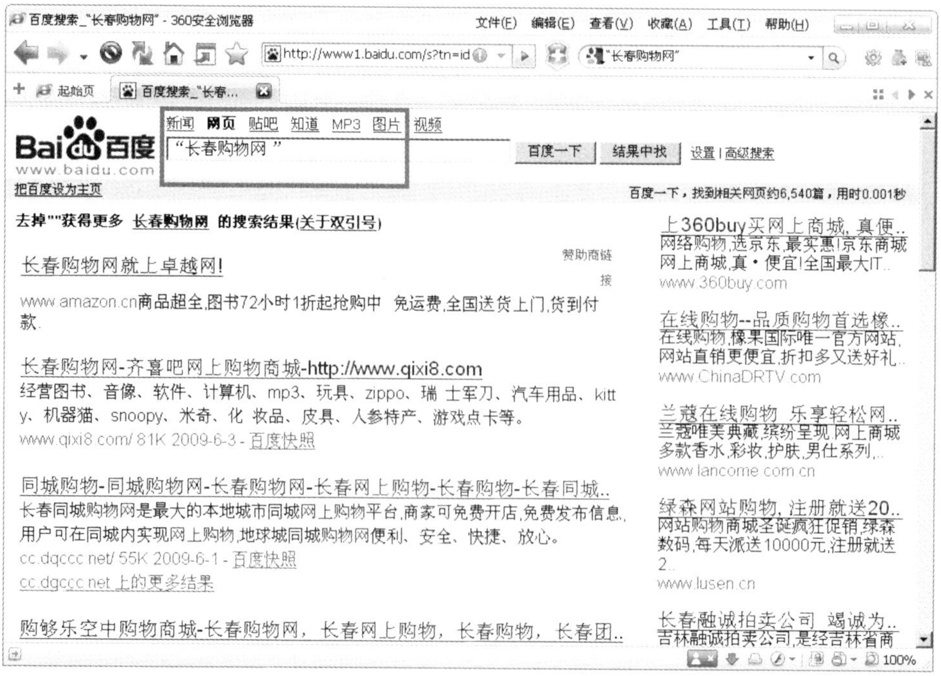

图 2-12 精确匹配

⑤ 要求搜索结果中不含特定查询词，如图 2-13 所示。

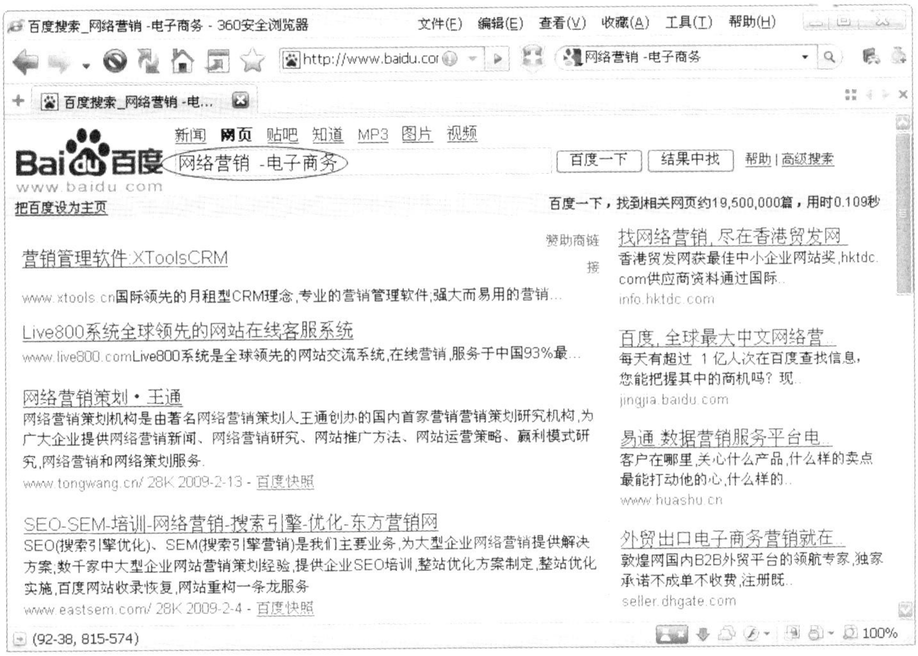

图 2-13　不含特定查询词搜索

4. 特殊搜索

(1) 中英文字典，如图 2-14 所示。

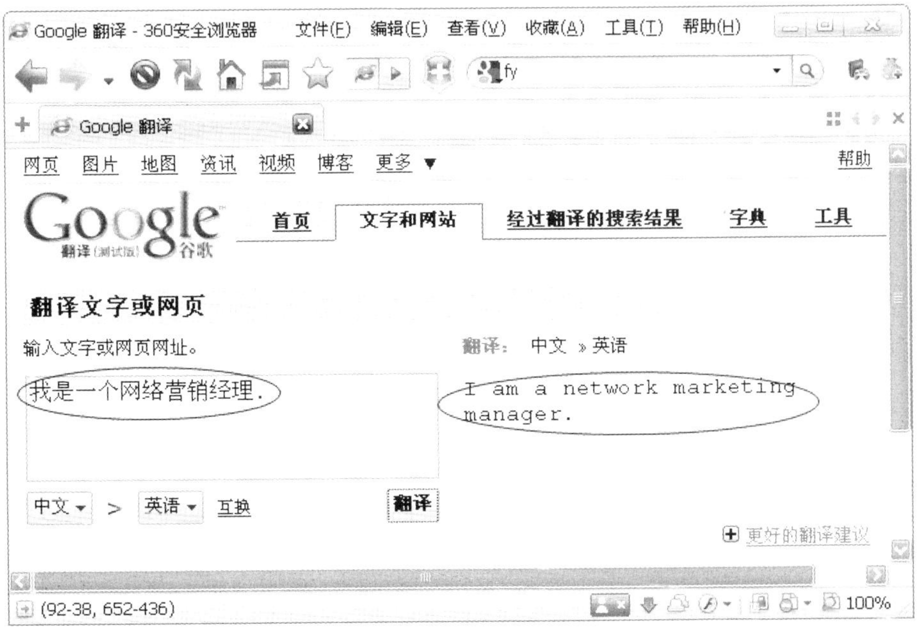

图 2-14　中英文字典

（2）查询天气，如图 2-15 所示。

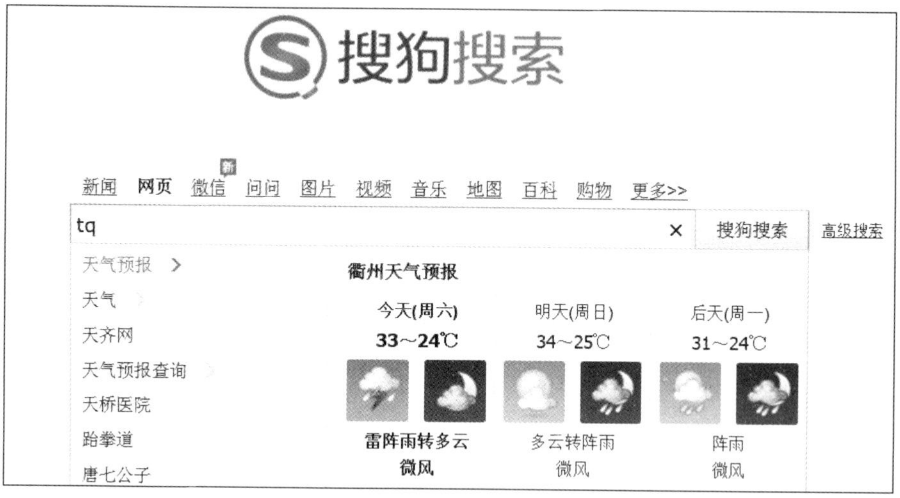

图 2-15　查询天气

（3）查询股票，如图 2-16 所示。

图 2-16　查询股票

（4）查询邮编、区号，如图 2-17 所示。

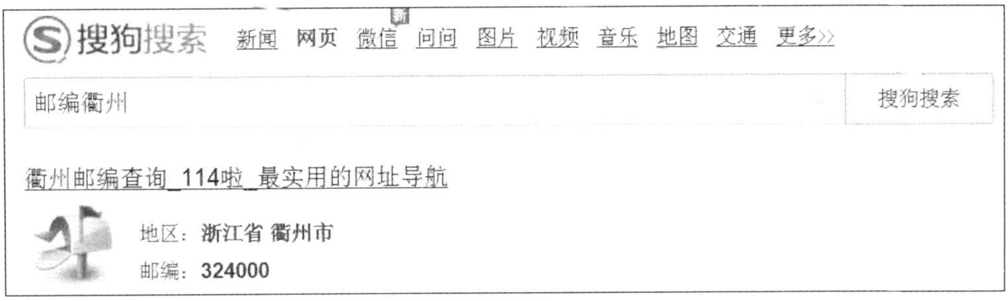

图 2-17　查询邮编

（5）查询手机号码归属地，如图 2-18 所示。

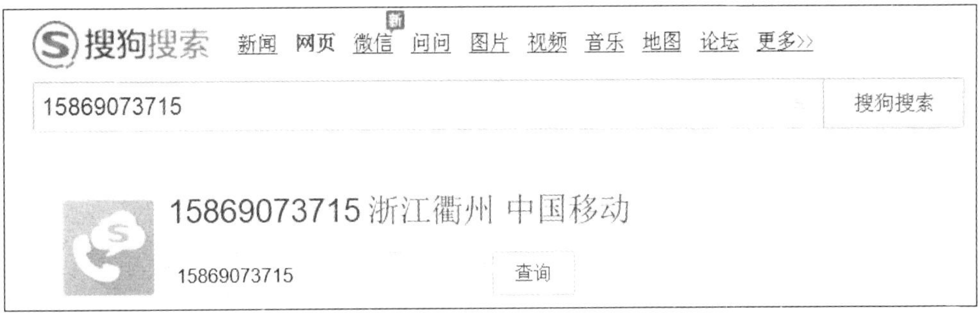

图 2-18　查询手机归属地

任务评价

学习成果评价表

评价内容	评价方式			评价等级
	自评	小组评议	教师评议	
准备情况（预习、资料的收集）				A. 准备好；　B. 准备一般； C. 没有准备
知识技能掌握情况				A. 真正理解并掌握； B. 初步理解； C. 参与有关活动
任务完成情况（包括成果的展示）				A. 好 ；B. 一般；　C. 未完成
认真的学习态度 （听讲、讨论、课堂发言、操作活动）				A. 认真；B. 一般；C. 不认真
善于与同学合作				A. 能；　B. 一般；　C. 不足
思维的条理性 （表达意见有条理，解决问题过程清楚）				A. 强；　B. 一般；　C. 不足

续表

评 价 内 容	评价方式			评 价 等 级
	自评	小组评议	教师评议	
思维的创造性（提出和别人不同的问题，或用不同的方法解决问题）				A. 强； B. 一般； C. 不足
信息技术素养				A. 强； B. 一般； C. 不足
小　计				
总　评				
被评价人自我反思				

说明：1. 评价内容前四项 A 为 15 分，B 为 12 分，C 为 8 分；后四项 A 为 10 分，B 为 8 分，C 为 6 分。
2. 总评=自评×30%＋ 组评×30%＋ 师评×40%。
3. 85 分以上为优秀，75～85 为良好，60～75 分为合格，60 分以下尚需努力。

知识拓展

商务信息搜集的其他方式

以上主要讲述了利用搜索引擎进行商务信息搜集，而事实上进行商务信息搜集的方式还有很多，如电子邮箱、新闻组及 BBS。

电子邮箱进行商务信息搜集的步骤有：

1. 获得客户电子邮件地址的方法

（1）查阅企业原有客户的通信文件或者数据库，以获得原有客户的电子邮件地址；

（2）在企业网站上建立客户留言簿供访问者留言，在每个客户留言之前，要求他们必须先行注册成为本网站的会员；

（3）在网站上建立与产品或者服务内容相关联的讨论，以吸引客户参加并留下他们的电子邮件地址；

（4）通过专门的电子邮件地址服务商租用或者购买电子邮件地址；

（5）通过专用的电子邮件地址搜集软件，在特定的范围内搜集电子邮件地址。

2. 制作网上调查问卷

网上调查问卷可以直接根据传统的市场调查问卷形式制作。问卷可由多个问题组成，问题可包括需用户输入信息的填空问题、单项选择问题、多项选择问题，并可指定必答项和非必答项。问卷生成前和生成后都可即时修改。问卷应清楚写明自己企业的所在地、通信地址和联系方式。

（1）通过电子邮件向各客户派发，方法如图 2-19 所示。

（2）汇集反馈。在自己的信箱中接收客户反馈信息，汇集反馈信件，并计算问卷返回比例，对调查问卷的相关信息进行整理，以获得目标信息。

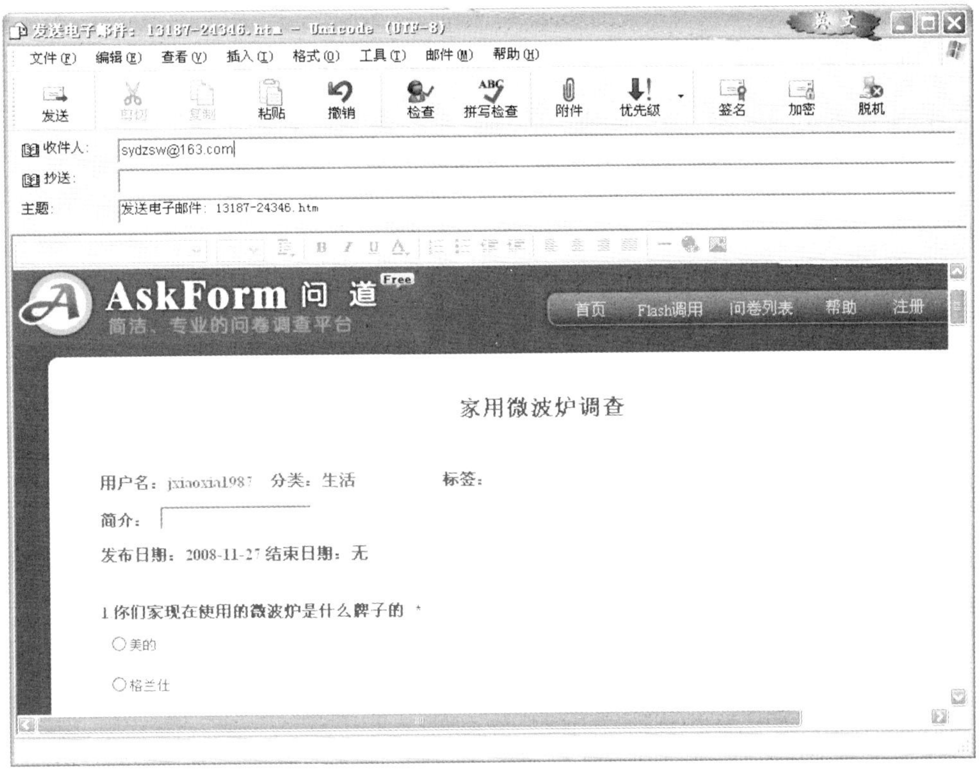

图 2-19　问卷收集

拓展实训

1. 以小组为单位利用一种搜索引擎搜集有关美的电饭煲的相关商务信息。
2. 每个同学利用电子邮件搜集关于美的电饭煲的商务信息。

任务 2.2　搜索引擎优化

任务要求

要想让网站获得相当可观的流量，并同时在百度、Google、搜狐、雅虎、MSN、SOSO 等众多的搜索引擎上名列前茅，就必须要做好网站内部的机构优化和数据整合优化。本次任务要求学生了解搜索引擎优化技术与常用方法，能对网站进行优化。

知识准备

一、搜索引擎优化的定义

英文 Search Engine Optimization，简称 SEO，它是一种利用搜索引擎的搜索规则来提高目的网站在有关搜索引擎内排名的方式。

搜索引擎优化 SEO 的本质是：优化你的网站，让搜索引擎蜘蛛（spider）更好的阅读和抓取。

二、搜索引擎优化的分类

（一）内部优化

（1）META 标签优化，如 title，keywords，description 等的优化。

（2）内部链接的优化，包括相关性链接（Tag 标签），锚文本链接，各导航链接及图片链接。

（3）网站内容更新，每天保持站内的更新（主要是文章的更新等）。

（二）外部优化

（1）外部链接类别：博客、论坛、B2B、新闻、分类信息、贴吧、知道、百科、相关信息网等尽量保持链接的多样性。

（2）外链运营：每天添加一定数量的外部链接，使关键词排名稳定提升。

（3）外链选择：与一些和自身网站相关性比较高，整体质量比较好的网站交换友情链接，巩固稳定关键词排名。

三、搜索引擎优化的目的

（1）随着网络的发展，网站的数量已经数以亿计，互联网上的信息量呈爆炸性增长，加大了人们寻找目标信息的难度，而搜索引擎的出现给人们寻找信息带来了极大的便利，已经成为不可或缺的上网工具。

（2）根据人们的使用习惯和心理，在搜索引擎中排名越靠前的网站，被点击的几率就越大；相反，排名越靠后，得到的搜索流量就越少。据统计，在全球 500 强的公司中，有 90%以上的公司在公司网站中导入了 SEO 技术。

（3）一般的网络公司因缺乏专业的营销知识和理念，仅从技术的角度出发为您建造网站，美工只管将您的网站设计漂亮，程序员只管实现您要求的功能模块，这样做出来的网站是有缺陷的，不符合搜索引擎的收录要求，所以必须对网站进行全面的针对性优化。

四、搜索引擎优化的技术

搜索引擎优化技术，可分为两大类：白帽技术与黑帽技术。

白帽技术（Whitehat）：在搜索引擎优化行业中，使用正规的符合搜索引擎网站质量规范的手段和方式，使网站在搜索引擎中的关键词获得良好的自然排名称为白帽技术。白帽技术是较为流行的网络营销方式，主要目的是增加特定关键词的曝光率以增加网站的能见度，进而增加销售的机会。白帽技术分为站外 SEO 和站内 SEO 两种。SEO 的主要工作是通过了解各类搜索引擎如何抓取互联网页面、如何进行索引以及如何确定其对某一特定关键词的搜索结果排名等技术，来对网页进行相关的优化，使其提高搜索引擎排名，从而提高网站访问量，最终提升网站的销售能力或宣传能力的技术。

黑帽技术（Blackhat）：黑帽技术是指通过一些类似作弊的方法或技术手段，以不符合主流搜索引擎优化发行方针规定的手法来获得短时间内较好的搜索引擎优化的一种技术。黑帽 SEO 获利的主要特点就是短平快，为了短期内的利益而采用的作弊方法，同时随时会因为搜索引擎算法的改变而面临惩罚。

五、搜索引擎优化的常用方法

（1）SEO 的设置（SEO 设置中三个重要的参数：title、keywords、description）；
（2）文章标题优化；
（3）内链优化；
（4）明确目标关键词；
（5）“与众相同”的原创内容；
（6）外链的发布。

任务实施

1. 主题（title）的优化

网页的 title 在 SEO 优化中占有重要位置，title 示例代码如下：

```
<title>分类目录_搜索引擎_新浪网</title>
<title>教育就业_搜索引擎_新浪网</title>
<title>网上教育_教育就业_搜索引擎_新浪网</title>
<title>研究生教育_网上教育_教育就业_搜索引擎_新浪网</title>
```

本例是一个较为规范的 title 写法，title 通常的命名方式应该是“当前网页主题_栏目名称_网站名称”，在对 title 的设置中应遵循以下原则：

（1）应尽量用简洁的主题介绍当前页面的内容，切忌用过多重复的关键字来定义主题，这种做法通常适得其反，搜索引擎会认为这是一种作弊行为。所以，定义的关键字要在内容中有所体现。

（2）不同网页的主题内容一定要不同，不可以千篇一律。

（3）主题中应尽量体现当前页和网站的从属关系，如上面示例代码所示。

2. 关键字分析和选择

关键字分析和选择是 SEO 的重点。在全文搜索引擎刚兴起时，搜索引擎很重视标签中的内容，不过现在由于网络蜘蛛算法改进中的内容对于 SEO 的优先级已经显得不太重要了，但是标签中的内容还是有它存在的意义。

如下网站栏目代码所示：<META name="keywords" content="优秀个人网站欣赏，优秀个人主页欣赏，网站欣赏，主页欣赏">

<META name="description" Content="优秀个人网站欣赏，优秀个人主页欣赏，网站欣赏，主页欣赏">本例是经过网站重构后的网易主页中的标签内容，在 Google 中搜索“个人网站”显示的结果如图 2-20 所示。网络蜘蛛会自动检查“Description”即网站内容描述中的内容，作为显示结果中网站的描述。

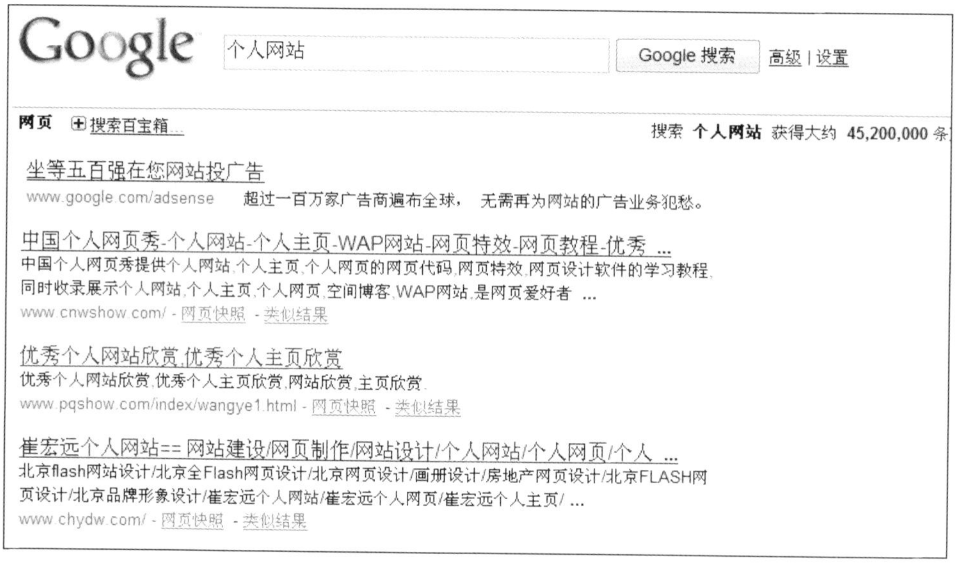

图 2-20　显示结果

知识链接

META 标签在搜索结果中的作用

网络蜘蛛把更多的精力放在分析网页的具体内容中，所以要想获得好的 SEO，必须要保证网页内容的质量，杜绝错别字和复制其他网页内容的情况。根据用户的搜索习惯，用户输入的关键字有四种类型：重要关键字、重要关键字+热门关键字、广义关键字、广义关键字+热门关键字+重要关键字。因此，在设置网页文件内容时，应尽量在不影响文章流畅的前提下，保证这些关键字都出现并且注意出现的密度。

同时还应该通过关键字分析工具，查看网站关键字在搜索结果中的位置，随时调整优化，如图 2-21 所示。

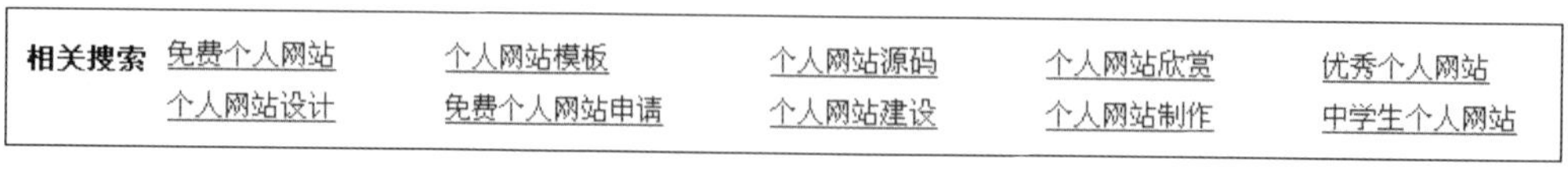

图 2-21　“个人网站”搜索结果

3. 网站的导出链接

网站的导出链接相当于网站对其他网站的投票。在设置导出链接时要注意控制导出链接的数量和质量。如果网站链接的其他网站 PR 值很低或者有作弊现象，将影响当前网站在搜索引擎中的排名，所以要慎重使用导出链接。

4. 网站的导入链接

导入链接是影响网站在搜索引擎中排名的重要因素，因此要获得尽可能多的高质量的外部链接，通过导入链接分析工具查询网站被链接情况。当源网站链接目标网站时，网络蜘蛛检查源网站就会发现目标网站地址，并迅速抓取目标网站内容。对新建立的网站而言，得到高质量网站的链接，可能比主动提交给搜索引擎网站有更好的效果，建议用户采用交换链接的方式获取导入链接。网站应尽量在少付出导出链接的情况下，获得更多的导入链接。解决这个问题的关键，还是网站自身的质量和专业性。另外，在选择导入链接时，应选择可以和网站形成互补或上下文关系的链接。

5. 网站的内部链接

网站的内部链接是网站内页面间的彼此链接，从网站优化角度来看，应建立完整的内部链接，保证每页都会有返回主页的链接。应经常检查内部链接情况，防止出现无效链接。

6. 提交网址

通过建立外部链接可以被大部分网络蜘蛛抓取，但还是有必要提交网址到各个搜索引擎、ODP 目录以及与其他有价值的网站建立链接。

（1）提交到搜索引擎。

建立网站之初，可以先将网站地址提交到搜索引擎中，尽管搜索引擎对新网址提交处理周期很长，但相对于与其他外部网站建立链接而言，这种方式是最容易的。

Google 的网址提交入口：http://www.google.com/addurl/

百度的网址提交入口 http://www.baidu.com/search/url_submit.html

中文雅虎的网址提交入口 http://search.help.cn.yahoo.com/h4_4.html

（2）提交到开放式目录库。

开放式目录 ODP（Open Directory Project）是由自愿者审核编辑网址的目录式搜索引擎。全文搜索引擎直接使用 ODP 的数据库，而且全文搜索引擎对来自 DMOZ 等 ODP 的网址，都给予很高的 PR。因此，能将网站提交到 DMOZ 是提高网站排名的一个重要手段，但 DMOZ 编辑对提交的网址审核是较严格的，所以在提交前，一定要保证网站链接完整，并且内容本身具有价值，同时在填写网站介绍时，要用简洁的语句说明主题，不要添加太多形容词。

任务评价

学习成果评价表

评价内容	评价方式			评价等级
	自评	小组评议	教师评议	
准备情况（预习、资料的收集）				A. 准备好；　B. 准备一般； C. 没有准备
知识技能掌握情况				A. 真正理解并掌握； B. 初步理解； C. 参与有关活动
任务完成情况（包括成果的展示）				A. 好 ；B. 一般； C. 未完成
认真的学习态度 （听讲、讨论、课堂发言、操作活动）				A. 认真；B. 一般；C. 不认真
善于与同学合作				A. 能； B. 一般； C. 不足
思维的条理性 （表达意见有条理，解决问题过程清楚）				A. 强； B. 一般； C. 不足
思维的创造性 （提出和别人不同的问题，或用不同的方法解决问题）				A. 强； B. 一般； C. 不足
信息技术素养				A. 强； B. 一般； C. 不足
小　计				
总　评				
被评价人自我反思				

说明：1. 评价内容前四项 A 为 15 分，B 为 12 分，C 为 8 分；后四项 A 为 10 分，B 为 8 分，C 为 6 分。
2. 总评=自评×30%＋ 组评×30%＋ 师评×40%。
3. 85 分以上为优秀，75～85 为良好，60～75 分为合格，60 分以下尚需努力。

知识拓展

一份简单的搜索引擎优化解决方案

SEO 工作除了外链的发布，内容的采集之外，最经常做的应该就是研究分析，分析网站各个时间段的流量，IP、PV，网站日志，外链发布等。作为一个优秀的 SEO，不仅要会分析自己的网站，也要学会分析其他人的网站，这样才能够更加清楚地认识到自己网站的优缺点。“知己知彼，方能百战百胜。”这句流传千古的话不是没有道理的。

对于网站的具体分析如下：网站收录、外链情况、网站布局、网站结构、关键词、网站内容质量等，我们通过一个综合的分析基本能得到一个数据，做得好的我们可以学习，做得不好的我们可以注意自己网站有没有这种情况。

一、用户体验，不能为 SEO 而 SEO

SEO 要注意一件事情：我们做 SEO，不能为 SEO 而去 SEO。说起来很拗口，其实道理很简单，做 SEO 的同时要顾全用户体验，个人觉得用户体验的重要程度更甚于 SEO，网站页面美观度做得好不好直接影响用户的第一感觉，美工做得好，看上去就会让人觉得很舒服，用户才有留下来的可能，一个好的 SEO 往往很注重用户的体验，会在优化与体验中找到一个合理的平衡点。

二、网站 SEO 综合数据的分析

通常网站 SEO 优化方面非常关注的几个指标：PR 值、快照更新、相关域和收录量、外链数量和质量以及分类目录的收录量、关键词排名等，如果这些指标值越高，那么该网站的权重值也就越高，就算网站被降权，网站恢复的时间也不一样，比如 SEO 研究中心和 51 招工网两个网站同样被降权，研究中心的网站重新做一下内容，几天就救起来了，51 招工网说不定从此就没有翻身的机会了。

（1）PR 值。谷歌 PR 值，是最直接的权重表现。一个 PR5 的网站给你一个单链说不定比 10 个 PR4 的网站给的权重都多。

（2）快照更新日期。快照更新速度快的网站，说明搜索引擎对这个网站的关注程度高。经常爬行这个网站，那网站新上线的数据说不定都能做到秒收。

（3）相关域和收录。这里解释一下百度相关域"domain: www.dzglsb.net "命令查询出来的数据就是相关域，这个数据是把所有带有 URL 的数据网站全部列出来，而不是把所有的有效链接列出来。一个网站的收录量越多，从侧面说明 SEO 做得越好，但只有收录量并不能说明问题，例如，一个网站收录 10 万个页面，但它总的页面有上千万那就简直太糟了。虽然有点夸张，但是很直接地说明别人网站的总信息量无所知晓，光看收录无法定义网站 SEO 的优劣。

（4）外链。一般大家认为外链越多越好，这点也许没错，但外链不仅要有数量更要有质量。

（5）关键词排名。看一下网站关键词排名，有一点需要和大家说明，在 keywords 里面出现的不一定是主要关键词，title 上出现的，是那个网站更加精准的关键词。一般来说关键词排名越靠前，网站 SEO 就做的越好。

三、网站内部分析

内部分析包括 robots.txt 网站内部结构是否合理，内链设置是否合理，是否有 404 等错误页面，等等。查看源代码：右键点击网站页面空白处，查看网页源代码，就能看到页面的代码了。通过源码可以看到网页是如何布局及一些各种标签、JS 的使用是否合理。代码分析有哪些呢？

（1）源代码是否够简洁，有无过于冗长，是否正确做好 robot.txt。

（2）是否采用了 div+css，div+css 使代码更简洁，合理的标签使用更有利于搜索引擎机器人的爬行和抓取，但是过多的 DIV 嵌套不利于搜索引擎机器人的爬行。

（3）HTML 结构的头部（Head）是否做了优化，主要体现在标题（title）、描述是否合理，标题要突出主题兼顾关键词又不能有堆积，描述是否做到自然。

（4）网页 JS 的使用，JS 搜索不能抓取，不宜大量使用，但合理使用 JS 可以减少网页源码。

（5）URL 使用是否合理，URL 参数是否过长，过于复杂，是否用好 rel="nofollow"。

拓展实训

在网上申请一个免费域名和虚拟主机空间，制作一个简单商务网站，并将网站收录到百度搜索引擎中，比较优化前后你的网站在百度搜索引擎中的排名。

项目3

网络广告营销

项目背景

随着网络技术的突飞猛进，网络日益深入到人民的日常生活中，网络信息的快速传播为企业的发展提供了一条便捷的途径，也为不断发展的新型营销模式指明了新的方向。然而互联网的广泛普及也影响着人们的传统观念，传统商业模式的供求关系也因受互联网影响而不断改变。在互联网中，各种厂商纷纷使用了新的服务方式和宣传手段，以便能取得最佳的营销效果和收益。作为新型的传播媒体——网络广告，成为了消费者在网络中最新接受到的服务方式和最直面的宣传。

目前网络广告的市场正在以惊人的速度增长，网络广告发挥的作用显得越来越重要。以致广告界认为互联网络将超越路牌，成为传统四大媒体（电视、广播、报纸、杂志）之后的第五大媒体。因而众多国际级的广告公司都成立了专门的“网络媒体分部”，以开拓网络广告的巨大市场。

学习目标

- 了解网络广告，识别网络广告的形式。
- 掌握如何设计网络广告，学会正确投放网络广告。

任务 3.1　网络广告设计

任务要求

当今世界充满竞争，广告成了人们宣传的最好方式，广告也同样充满艺术。本次任务要求学生在了解网络广告的基础上，学会根据给定的内容设计不同形式的网络广告。

知识准备

一、网络广告的定义

网络广告简单地说就是在网络平台上投放的广告。它是利用网站上的广告横幅、文本链接及多媒体的方法，在互联网上刊登或发布广告，通过网络传递到互联网用户的一种高科技广告运作方式。

它是广告主为了推销自己的产品或服务在互联网上向目标群体进行有偿的信息传达，从而引起群体和广告主之间信息交流的活动。简言之，网络广告是指利用国际互联网这种载体，通过图文或多媒体方式，发布的盈利性商业广告，是在网络上发布的有偿信息传播。

二、网络广告的特点

网络广告具有传播范围广、交互性强、针对性强、受众数量可准确统计、实时、灵活、成本低、强烈的感官性，网络广告具有强制性和用户主导性的双重属性，网络广告需要依附于有价值的信息和服务载体等特点。

三、网络广告的优点

（1）覆盖面广，观众基数大，传播范围广。

（2）不受时间限制，广告效果持久。

（3）形式灵活，互动性强。

（4）分类检索，广告针对性强。

（5）制作简捷，广告费用低。

（6）可以准确地统计受众数量。

四、网络广告的五要素

网络广告主要包括网络广告主、网络广告讯息、网络广告媒介、网络广告受众和广告效果五要素，简单概括如下：

（1）广告的主体：就是发布广告的人，简称广告发布者。

（2）广告的内容：一个广告必须要有自己的内容否则就不成广告了。

（3）广告的媒介：广告要想让大家知道，必须得放到看得到的地方才行，比如新浪网的首页，大家在打开新浪网的时候第一眼就能看到各大广告商在上面打的广告了。

（4）广告的客体：就是广大的受众人群。广告是非常智能化的，新浪网的广告大部分是针对那些对某一类事物有兴趣的人群，当某些特定的人群去浏览某个专业栏目时，那些广告才会被特定的人群看到。

（5）广告的费用：大部分广告都是需要钱的，而且一分钱一分货。

这五要素是在设计网络广告中必须要考虑的要素，只有对它们进行细致地推敲才能设计出符合主题并有创意的广告。

任务实施

（1）打开 Adobe Flash CS3 软件，如图 3-1 所示，新建 Flash 文件 AcitonScript3.0。

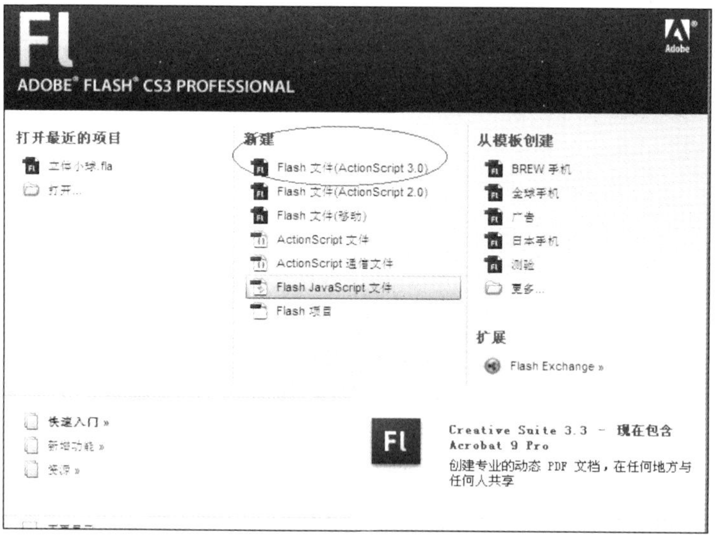

图 3-1　Adobe Flash CS3 页面

（2）执行“文件→导入→导入到舞台”命令，进行图片的导入，并在第 20 帧处，单击右键，选择“插入关键帧”，如图 3-2 所示。

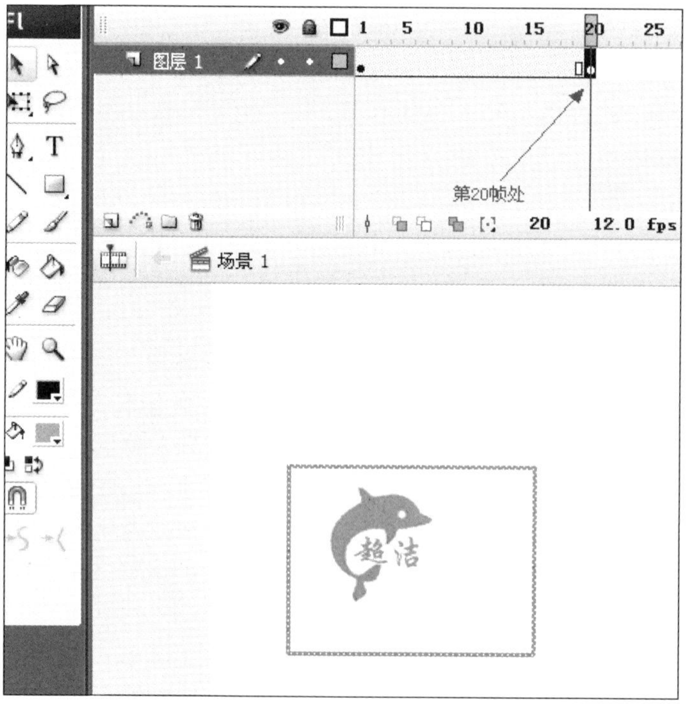

图 3-2　超洁图片导入

（3）选择锁定工具，锁定图层 1，如图 3-3 所示。

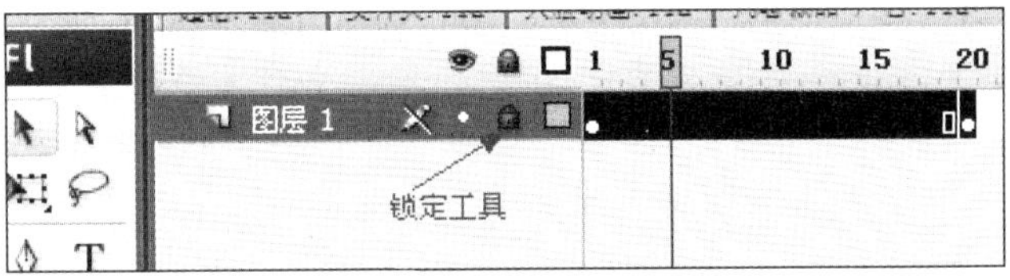

图 3-3　图层锁定

（4）新建图层 2，选择第 5 帧，在工作区内使用文字工具，输入“创造舒适的生活”宣传语，如图 3-4 所示。

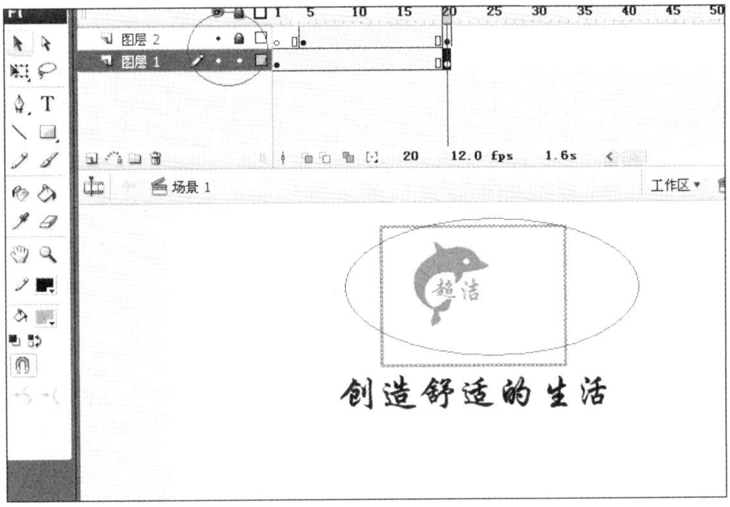

图 3-4　使用文字工具

（5）锁定图层 2，解锁并编辑图层 1，选择第 20 帧，在工作区内将“超洁图标”移动到正上方，如图 3-5 所示。

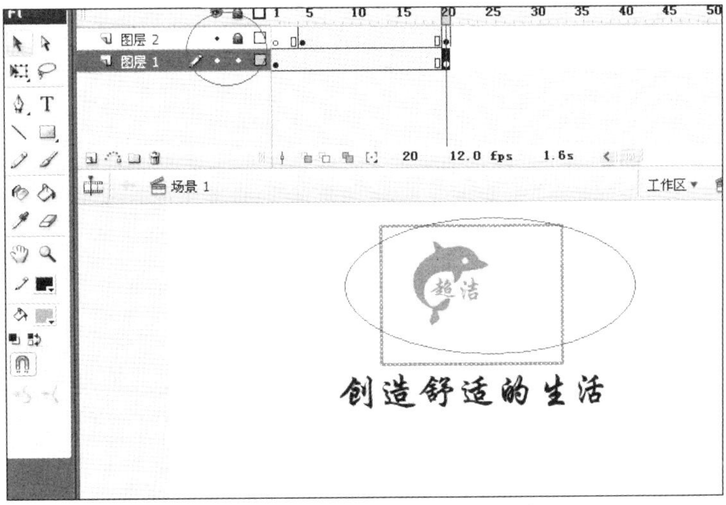

图 3-5　移动立白图标

（6）锁定图层 1，解锁并编辑图层 2，选择第 20 帧，单击右键插入关键帧，并在工作区将文字移动到超洁图标正下方，修改文字的大小和颜色（此处颜色无修改，请同学们自行修改），如图 3-6 所示。

图 3-6　移动文字与修改

（7）单击右键，选择“创建补间动画”，如图 3-7 所示。

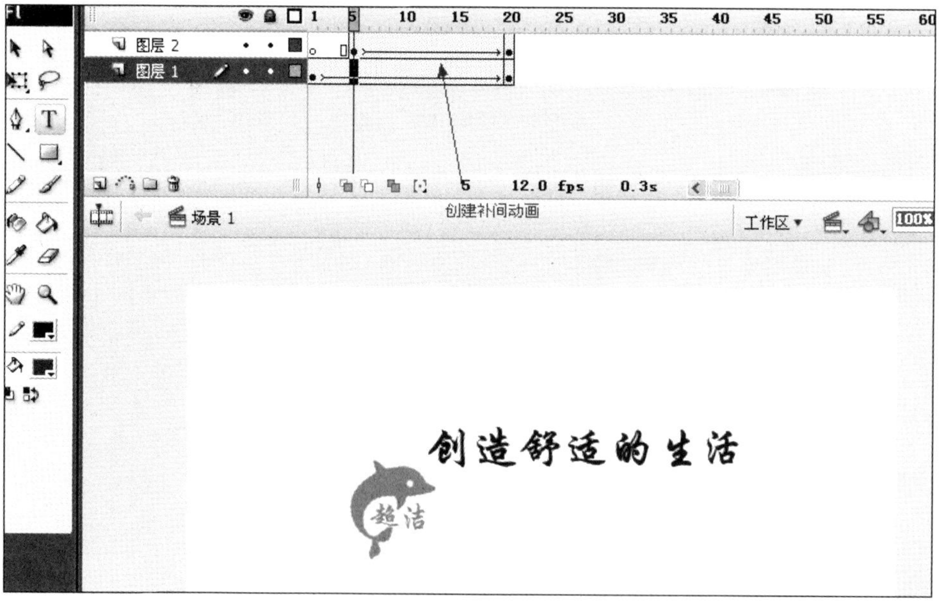

图 3-7　创建补间动画

（8）执行“控制→测试影片”命令，完成影片测试，如图 3-8 所示。

图 3-8　测试影片效果

任务评价

学习成果评价表

评 价 内 容	评价方式			评 价 等 级
	自评	小组评议	教师评议	
准备情况（预习、资料的收集）				A. 准备好；　B. 准备一般；C. 没有准备
知识技能掌握情况				A. 真正理解并掌握；B. 初步理解；C. 参与有关活动
任务完成情况（包括成果的展示）				A. 好 ；B. 一般；　C. 未完成
认真的学习态度（听讲、讨论、课堂发言、操作活动）				A. 认真；B. 一般；C. 不认真
善于与同学合作				A. 能；　B. 一般；　C. 不足
思维的条理性（表达意见有条理，解决问题过程清楚）				A. 强；　B. 一般；　C. 不足
思维的创造性（提出和别人不同的问题，或用不同的方法解决问题）				A. 强；　B. 一般；　C. 不足
信息技术素养				A. 强；　B. 一般；　C. 不足
小　　计				
总　　评				
被评价人自我反思				

说明： 1. 评价内容前四项 A 为 15 分，B 为 12 分，C 为 8 分；后四项 A 为 10 分，B 为 8 分，C 为 6 分。

2. 总评=自评×30%＋ 组评×30%＋ 师评×40%

3. 85 分以上为优秀，75～85 为良好，60～75 分为合格，60 分以下尚需努力。

知识拓展

网络广告的构成元素

网络广告的五大传达元素是文字、图像、空间、时序和声音。网络广告的表现手法与传统广告相比，虽然构成广告画面的元素大致相同，但网络广告增加了一些新的元素。相对于平面广告而言，网络广告增加了声音，而且还有画面的活动与时序的变化；相对于影视广告而言，网络广告有着影视广告无法相比的优势——空间上的层页链接。

网络广告的构成元素可以细分如下：

1. 视觉构成元素

（1）视觉文案的构成：视觉文案应该是由标题、正文、标语以及随文构成的。

① 标题（包括正题与副题）：它既是广告文案的主题，也是广告内容的诉求重点。它的作用在于吸引人们对广告的注目，留下印象，引起人们对广告的兴趣（如图 3-9 所示）。

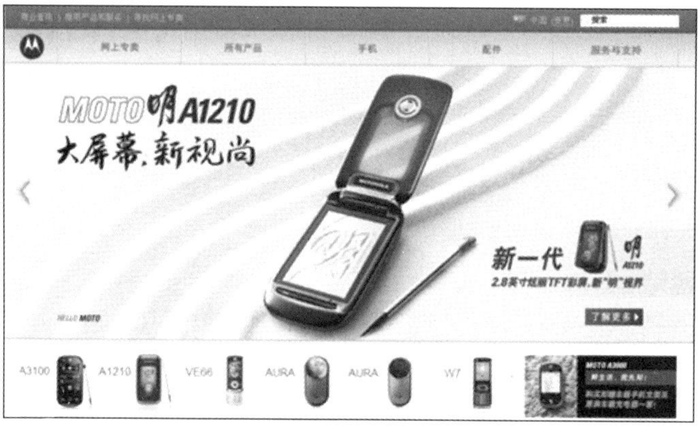

图 3-9　MOTO 明 A1210 标题醒目

② 正文：是指广告文案中处于主体地位的语言文字部分。其主要功能是，展开解释或说明广告主题，对广告信息进行较详细的介绍（如图 3-10 所示）。

图 3-10　三星上网本广告正文

③ 标语：即表现商品性质及企业风格的较为稳定的广告语句。它是战略性的语言，用以区别与其他企业精神的不同，使消费者掌握商品或服务的个性（如图 3-11 所示）。

图 3-11　美的广告标语——原来生活可以更美的

④ 随文：一般来说，随文内容涉及到企业名称及联系方式(广告主的名称、地址、电话、产品价格等)，而联系方式几乎可以说是必不可少的（如图 3–12 所示）。

图 3-12　房产广告随文清晰可见

（2）视觉画面的构成

① 图形：包括图片、照片、动画及图表。图形在网络广告中起着激发消费者情绪、使消费者理解和记住广告主题的作用（如图 3-13 所示）。

图 3-13　图形在网络广告中应用广泛

② 商标：即企业或产品的注册标志，通常以图案或文字造型来表现。由于商标制作简单，在方寸之地可以表达丰富的内涵，所以在网络广告中的出现频率是很高的（如图 3-14 所示）。

图 3-14　网络广告中的奔驰商标

③ 商品名：即商品名的标准字体，又叫合成文字或商标文字，是对商标的有力补充（如图 3-15 所示）。

④ 按钮：可以是图形、色块或文字。

⑤ 轮廓：即外框或叫框边。

2. 听觉构成元素

（1）背景音乐：与企业或产品特性相吻合的音乐。

图 3-15　商品名

（2）音响特效：与产品相关的音响。

3. 网络要素

（1）链接：通过点击可以链接到另一页面上去，实现空间的转换。

（2）时序：画面可以按照预定的顺序出现。

网络广告的这些元素，各负有不同的使命与作用。如果这些元素能够进行统一编排，那么广告的传达功能会更明确，给受众的印象会更深刻。

拓展实训

请根据所学知识帮宝洁公司设计一则网络广告，推广该企业的品牌，提高该企业的知名度。

任务 3.2 网络广告投放

任务要求

网络广告的效果能否得到最大限度的发挥，取决于网络广告的投放是否成功。本次任务要求学生了解网络广告投放的形式，学会网络广告投放效果评估。

知识准备

一、网络广告的投放形式

1. 横幅广告

横幅广告又称旗帜广告（Banner），是以 GIF、JPG、Flash 等格式建立的图像文件，定位在网页中大多用来表现广告内容。一般位于网页的最上方或中部，用户注意程度比较高。同时还可使用 Java 等语言使其产生交互性，用 shockwave 等插件工具增强表现力，是经典的网络广告形式。

2. 竖幅广告

位于网页的两侧，广告面积较大，能够展示较多的广告内容。

3. 文本链接广告

文本链接广告是以一排文字作为一个广告，点击链接可以进入相应的广告页面。这是一种对浏览者干扰最少，但却较为有效的网络广告形式。有时候，最简单的广告形式效果却是最好的。

4. 电子邮件广告

电子邮件广告具有针对性强（除非肆意滥发）、费用低的特点，且广告内容不受限制。它可以针对具体某一个人发送特定的广告，为其他网上广告方式所不及。

5. 按钮广告

按钮广告一般位于页面两侧，根据页面设置有不同的规格，动态展示客户要求的各种广告效果。

6. 浮动广告

浮动广告在页面中随机或按照特定路径飞行。

7. 插播式广告（弹出式广告）

在访客请求登录网页时强制插入一个广告页面或弹出广告窗口。

8. 其他新型广告

视频广告、路演广告、巨幅连播广告、翻页广告、祝贺广告及论坛版块广告等。

二、网络广告的投放步骤

（1）了解网络广告的分类。
（2）选择有高效果的网络广告投放方式。
（3）选择高价值的网络广告投放平台。
（4）正确把握网络广告的吸引点。
（5）增强网民与网络媒介的互动，提高网络广告效果。

三、网络广告的投放要点

1. 版位

显然，旗帜广告的最佳位置在首页的上方，该位置叫第一视点（First View），网页一打开即可看到。相对而言，网页最下面也是较好的广告位置，因为浏览过程在此暂停较长的时间，用户拖动滚动条往往一拖到底，最下面的广告必定会被看见。更为理想的情况是在页面最上面和最下面设置相同的广告。此外，靠近网页主要内容的位置也比较好，因为用户的注意力“焦点”就在边上。

2. 选择合适的网站

最适合于发布网络广告的网页当然是被访问次数最高的网页。网页的广告价值具体要通过统计数字说明。统计的主要内容是访问网页的用户数量、人次、频度等，同时也包括其他内容，如访问人员的类型、年龄、文化程度和消费习惯等。

任务实施

一、认识网络广告投放形式

打开 IE 浏览器，搜查几种常见的网络广告投放的形式，截图说明。

1. 旗帜广告

旗帜广告（BANNER）是最常见的网络广告形式，也是互联网界最为传统的广告表现形式，其形象特色早已深入人心。旗帜广告通常置于页面顶部，最先映入网络访客眼帘，创意绝妙的旗帜广告对于建立并提升客户品牌形象有着不可低估的作用，如图 3-16 所示。

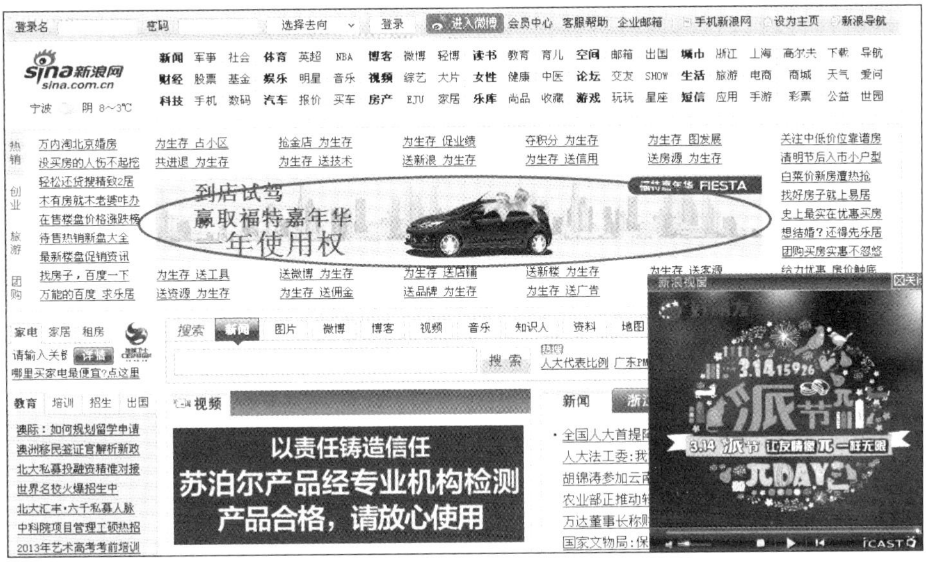

图3-16　旗帜广告

2. 按钮广告

按钮广告即图标广告，是网络广告最早的和常见的形式。通常是一个链接公司的主页或站点的公司标志，并注明“Click me”字样，希望网络浏览者来主动点选，如图3-17所示。

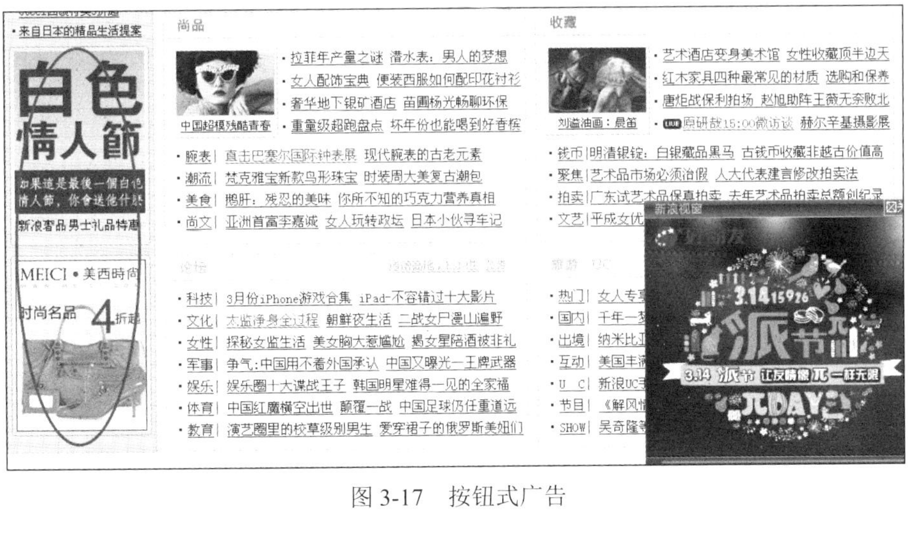

图3-17　按钮式广告

3. 插播式广告（弹出式广告）。

插播式广告有点类似电视广告，都是打断正常节目的播放，强迫观看。插播式广告有各种尺寸，有全屏的也有小窗口的，而且互动的程度也不同，从静态的到全部动态的都有。浏览者可以通过关闭窗口不看广告（电视广告是无法做到的），但是它们的出现没有任何征兆，而且肯定会被浏览者看到，如图 3-18 所示。

图 3-18 弹出式广告

4. 漂浮式广告

漂浮式广告是一种在网页页面上悬浮或移动的按钮广告形式。如图 3-19 所示。

图 3-19 漂浮式广告

二、明确网络广告投放效果评估

1. 网络广告传播效果评估的内容及指标

（1）广告曝光次数（Advertising Impression）。是指网络广告所在的网页被访问的次数，这一数字通常用 Counter（计数器）来进行统计。假如广告刊登在网页的固定位置，那么在刊登期间获得的曝光次数越高，表示该广告被看到的次数越多，获得的注意力就越多。

总体来说，得到一个广告曝光次数，并不等于得到一个广告受众的注意，只是可以从大体上来反映。

（2）点击次数与点击率（Click & Click Through Rate）。网民点击网络广告的次数就称为点击次数。点击次数可以客观准确地反映广告效果。而点击次数除以广告曝光次数，就可得到点击率（CTR），这项指标也可以用来评估网络广告效果，是广告吸引力的一个指标。

如果刊登这则广告的网页的曝光次数是5000，而网页上的广告的点击次数为500，那么点击率是10%。点击率是网络广告最基本的评价指标，也是反应网络广告最直接、最有说服力的量化指标，因为一旦浏览者点击了某个网络广告，说明他已经对广告中的产品产生了兴趣，与曝光次数相比这个指标对广告主的意义更大。

（3）网页阅读次数（Page View）。当浏览者点击网络广告之后即进入了介绍产品信息的主页或者广告主的网站，浏览者对该页面的一次浏览阅读称为一次网页阅读。而所有浏览者对这一页面的总的阅读次数就称为网页阅读次数。这个指标也可以用来衡量网络广告效果，它从侧面反映了网络广告的吸引力。

（4）转化次数与转化率（Conversion & Conversion Rate）。网络广告的最终目的是促进产品的销售，而点击次数与点击率指标并不能真正反映网络广告对产品销售情况的影响，于是，引入了转化次数与转化率的指标。“转化”被定义为受网络广告影响而形成的购买、注册或者信息需求。那么，我们推断转化次数就是由于受网络广告影响所产生的购买、注册或者信息需求行为的次数，而转化次数除以广告曝光次数，即得到转化率。

2. 网络广告经济效果评估的内容及指标

（1）网络广告收入（Income）。顾名思义，网络广告收入就是指消费者受网络广告刊登的影响产生购买而给广告主带来的销售收入。

（2）网络广告成本（Cost）。目前有以下几种网络广告的成本计算方式：

① 按千次广告播映率所支付的成本（CPM）

即千人印象成本（Cost Per Mille），通常以广告所在页面的曝光次数为收费依据。国内收费标准为人民币120～320元/CPM，就是说广告在所有客户浏览页面中显示累计超过1000次，广告主就得支付120～320元。

计算公式：CPM＝总成本/广告曝光次数*1000。

② 按千次广告点击率支付相应的成本（CPC）。该方式收费基准是CPC（Cost Per Click），即每点击成本，这里的点击是以广告图形被点击并连接到相关网址或详细内容页面1000次作为计费单位。如广告主购买了10个CPC，意味着投放的广告可被点击10,000次。从性价比上看，CPC比CPM要好一些，广告主也往往更倾向于选择这种付费方式，但其单位费用标准却比CPM要高得多。

计算公式为：CPC=总成本/广告点击次数

③ 每行动成本（Cost Per Action）。所谓每行动成本就是广告主为每个行动所付出

的成本。

计算公式为：CPA = 总成本/转化次数

例如：一定时期内一个广告主投入某产品的网络广告的费用是 6000 元，这则网络广告的曝光次数为 600,000，点击次数为 60,000，转化数为 1,200。那么这个网络广告：

千人印象成本为：CPM=6000/600000*1000=10 元

每点击成本为：CPC=6000/60000=0.1 元

每行动成本为：CPA=6000/1200=5 元

3. 网络广告效果评估所需数据的获得方式

（1）通过安装在广告商服务器上的访问统计软件获取。这种方式是目前普遍采用的，利用这类软件，广告主可及时了解在什么时间、有多少人访问过载有广告的页面，有多少人通过广告直接进入到自己的网站。一些比较流行的软件，如 AdIndex 可以跟踪网民对产品品牌印象变化的情况。同时，广告主可以通过 Cookie 技术获得每个网民的 IP 地址和消费习惯，使得网络广告在网站上刊登时更具有针对性。

（2）通过权威的广告评估机构。传统媒体一般都是根据一些权威机构发布的发行量、收听率、收视率等来衡量一家媒体的优劣，但监测网络广告效果还是一个全新的领域。为迎合这种需求，目前在美国已经有 IAB 和一些 WEB 评级机构开始充当权威检测人的角色。我国目前还没有专门的网络广告评估机构，许多广告商和广告客户已经意识到这个问题，正积极寻找第三方充任这一关键角色，如中国互联网络信息中心(CNNIC)，其提供的数据具有较高的可信度。

（3）通过客户的反馈量即通过广告投放之后网站的在线提交量和电子邮件数量增加的幅度来判断广告发布的效果。

任务评价

学习成果评价表

评 价 内 容	评价方式			评 价 等 级
	自评	小组评议	教师评议	
准备情况（预习、资料的收集）				A. 准备好；　B. 准备一般； C. 没有准备
知识技能掌握情况				A. 真正理解并掌握； B. 初步理解； C. 参与有关活动
任务完成情况（包括成果的展示）				A. 好 ；B. 一般； C. 未完成
认真的学习态度 （听讲、讨论、课堂发言、操作活动）				A. 认真；B. 一般；C. 不认真
善于与同学合作				A. 能； B. 一般； C. 不足

续表

评价内容	评价方式			评价等级
	自评	小组评议	教师评议	
思维的条理性 （表达意见有条理，解决问题过程清楚）				A. 强；B. 一般；C. 不足
思维的创造性 （提出和别人不同的问题，或用不同的方法解决问题）				A. 强；B. 一般；C. 不足
信息技术素养				A. 强；B. 一般；C. 不足
小　计				
总　评				
被评价人自我反思				

说明：1. 评价内容前四项A为15分，B为12分，C为8分；后四项A为10分，B为8分，C为6分。
2. 总评=自评×30%＋组评×30%＋师评×40%。
3. 85分以上为优秀，75～85为良好，60～75分为合格，60分以下尚需努力。

知识拓展

网络投放广告成功案例分析
——养生堂“尖叫”运动型饮料

（1）广告创意：一个单一兴趣点的广告，可以引起关注，但还无法引起思考。

深度认知，该广告成功地将目标群体的“尖叫”和他们所有的兴趣一而再、再而三地联系，让他们发现，他们可以找到不同“尖叫”的理由，形成重复认知，并加深品牌意识。

（2）广告特色：时尚创意、精确投放、重复引导，利益驱动。

（3）广告实施：该广告从目标群体的网络行为习惯入手进行媒介选择，并在不同的网站播出具有关联性的不同的“尖叫”广告，通过邮件和MINISITE通知网民不同的广告可能出现的网站，网民注册之后找出规定数量的不同的广告形式，即可获取抽奖机会。不仅最大限度地迎合了目标群体的需要，而且大大激发了目标群体的参与热情。

（4）广告投放原则：充分考察了产品上市推广覆盖面的要求，同时着重于对目标群体的网络行为进行分析，制定出有针对性的媒介策略。

（5）广告投放组合分析：

① 投放网站：新浪、盛大、搜狐、QQ、联众、5460和TOM；

② 网站选择分析：新浪和TOM覆盖了大部分的目标受众，从宣传产品形象方面来说，提升了广告的到达率；盛大是目标受众最集中的游戏类网站，该广告分布在盛大的几个主要游戏栏目中，无论是产品知名度还是受众到达率都得到了很好的推广效果；

③ QQ、联众等网站的特性是网民年轻，活动参与性高，是深入推广产品特点的很

好途径，在此推广中也获得了非常好的效果。

（6）活动效果分析：

① 在广告投放期间，活动网站平均每天的访问量为 61063 次，是网络广告中效果最好的广告之一；

② 活动获得了注册用户的性别比例与年龄区间，完全与产品的目标受众特性相吻合，充分证明了“尖叫”非常适合在网络媒体上推广；

③ 此次活动的注册用户转化率为 2%，在近期的网络活动中是属于效果非常好的。

网络作为新的传播媒体，其开放性和自由性是前所未有的。作为企业，应配合整体营销战略，发挥网络互动性、及时性、多媒体及跨时空等特征优势，策划吸引客户参与活动等网络广告形式，并根据各商业网站网民构成特征与企业目标客户的吻合度，选择网络媒体进行网络广告投放，借助网络传播优势的有力翅膀，在传播的空间自由翱翔。

出现在不同网站上不同的广告创意。

图 3-20　福特嘉年华广告

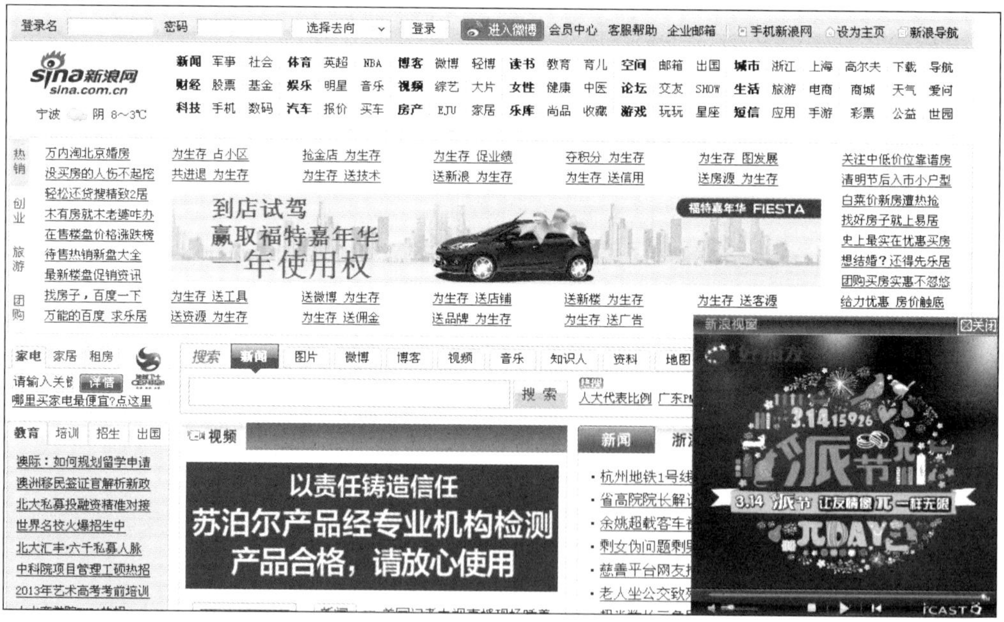

图 3-21　新浪首页弹出窗

拓展实训

请将任务 3.1 中设计的宝洁公司的广告选择正确平台投放，并进行网络广告投放效果评估。

项目4

电子邮件营销

项目背景

10年前的4月12日，美国亚利桑那州一对律师夫妇发送了一封主题为“绿卡抽奖”的邮件，这是有史料记载的第一封广告信，他们的目标是可以在网上找到此邮件的每个人。据事后透露，他们总共不过花费了20美元的上网通信费用，当即却有25000个客户对此表示出非凡的兴趣，他们第一次足不出户地赚到了10万美元“巨资”！他们的成功宣告了一个新的邮件行销时代的开始。

据统计，2010年中国个人电子邮箱用户规模达2.59亿，同比增长18.8%。邮箱用户占网名总数的比重为56.7%。由于其他网络活动往往与邮箱关联，如在线注册、网络购物、订阅服务等，因此电子邮箱用户的绝对规模仍会继续扩大。

学习目标

- 了解邮件系统的相关知识，能进行电子邮件的注册与配置。
- 了解邮箱广告的设计要求，会设计邮箱广告。
- 掌握许可营销的相关知识，能进行邮件列表的操作。

任务4.1 邮件系统配置

任务要求

电子邮件在我们的日常工作及生活中发挥着重要的作用，为我们带来了方便。本次任务要求学生认识电子邮件，了解邮件系统配置的相关知识，能进行邮箱的注册与配置。

知识准备

一、电子邮件

电子邮件（electronic mail，简称 E-mail，标志是@，也被大家昵称为“伊妹儿”）又称电子信箱、电子邮政，它是一种用电子手段提供信息交换的通信方式。它是 Internet 应用最广的服务：通过网络的电子邮件系统，用户可以用非常低廉的价格（不管发送到哪里，都只需负担电话费和网费即可），以非常快速的方式（几秒钟之内就可以发送到世界上任何你指定的目的地），与世界上任何一个角落的网络用户联系，这些电子邮件可以是文字、图像、声音等各种方式。同时，用户可以得到大量免费的新闻、专题邮件，并轻松地实现信息搜索。这是任何传统的方式也无法相比的。

正是由于电子邮件的使用简易、投递迅速、收费低廉，易于保存、全球畅通的特点，使得电子邮件被广泛地应用，它使人们的交流方式得到了极大的改变。另外，电子邮件还可以进行一对多的邮件传递，同一邮件可以一次发送给许多人。最重要的是，电子邮件是整个网间网以至所有其他网络系统中直接面向人与人之间信息交流的系统，它的数据发送方和接收方都是人，所以极大地满足了大量存在的人与人通信的需求。

二、邮件系统

电子邮件服务由专门的服务器提供，Gmail, Hotmail，网易邮箱，新浪邮箱等邮箱服务也是建立在电子邮件服务器的基础上，但是大型邮件服务商的系统一般是自主开发或是对其他技术二次开发实现的。主要的电子邮件服务器主要有以下两大块：

1. 基于 UNIX/Linux 平台的邮件系统

（1）Sendmail 邮件系统（支持 SMTP）和 dovecot 邮件系统（支持 POP3）。Sendmail 可以说是邮件的鼻祖，迄今为止有 50 多年的历史。

（2）基于 Postfix/Qmail 的邮件系统。Postfix/Qmail 技术是在 Sendmail 技术上发展起来的，迄今为止历史不超过 10 年，如网易邮箱的 MTA 是基于 Postfix 系统。

2. 基于 Windows 平台的邮件系统

（1）微软的 Exchange 邮件系统。

（2）IBM Lotus Domino 邮件系统。

（3）Scalix 邮件系统。

（4）Zimbra 邮件系统。

（5）MDeamon 邮件系统。

其中 Exchange 邮件系统由于和 Windows 整合，便于管理。是在企业中使用数量最多的邮件系统。IBM Lotus Domino 综合功能较强，大型企业使用较多，基于 Postfix 的邮件系统则需要有较强的技术力量才能实现，但是可以达到非常高的性能，而且安全性很好，同时软件是开源免费的。

三、电子邮件的收发

目前常见的电子邮件收发方式可以分为两类：POP3 Mail 及 Web-Based Mail。

（1）POP3 Mail 是传统的电子邮件信箱，通常由使用者的 ISP 提供，这种信箱的特点是必须使用专用的邮件收发软件（如 Outlook Express）才能收发邮件，且邮件收进来以后，会保存在计算机之中，方便进行分类与管理。缺点是取得账号后，必须进行邮件服务器的设定，对初学者而言，学习不易；另外要使用专用的邮件收发软件，才可以收发邮件。

（2）Web-Based Mail 的特点在于使用浏览器来收发邮件，所以我们能在可以上网的计算机上进行邮件的收发与管理。

四、电子邮件营销

电子邮件营销（邮件营销）是利用电子邮件与受众客户进行商业交流的一种直销方式。邮件营销是一个广泛的定义，凡是给潜在客户或者是客户发送电子邮件都可以被看作是电子邮件营销。然而电子邮件营销这个术语也通常涉及到以下几个方面：

（1）以加强与商人和现在客户的合作关系为目的发送邮件，从而鼓励客户忠实于自己或者重复交易。

（2）以获得新客户和使老客户立即重复购买为目的发送邮件。

（3）在发送给自己客户的邮件中添加其他公司或者本公司的广告。

（4）通过互联网发送电子邮件。

任务实施

一、注册电子邮箱

在选择电子邮件服务商之前我们要明白使用电子邮件的目的是什么，根据自己不同的目的有针对性地去选择。如果是经常和国外的客户联系，建议使用国外的电子邮箱，如 Gmail, Hotmail 等。如果是想当作网络硬盘使用，经常存放一些图片资料等，那么就应该选择存储量大的邮箱，如 Gmail，网易，Yeah mail，TOM mail，21CN mail 等都是不错的选择。

如果自己有计算机，那么最好选择支持 POP/SMTP 协议的邮箱，可以通过 Outlook，Foxmail 等邮件客户端软件将邮件下载到自己的硬盘上，这样就不用担心邮箱的大小不够用，同时还能避免别人窃取密码以后偷看你的信件。当然前提是不在服务器上保留副本，这么建议主要是从安全角度来考虑。

如果经常需要收发一些大的附件，Gmail，网易 163 mail, 126 mail, Yeah mail 等都能很好地满足要求。

这里我们以 163 mail 为例。

（1）打开 http://mail.163.com/，如图 4-1 所示。

图 4-1　163 邮箱注册页面

（2）单击“注册”，填写注册信息，带红色*的为必填项，如图 4-2 所示。

图 4-2　填写信息

小贴士

163 邮箱有三种注册方法：第 1 种是注册字母邮箱，就是随意填写一个由数字和字母组成的邮箱就可以注册了；第 2 种是注册手机号码邮箱，就是把手机号码注册成邮箱；第 3 种是注册 VIP 邮箱，这种邮箱不是免费的，最低费用为 15 元/月。

（3）输入验证码，邮箱注册成功，如图 4-3 所示。

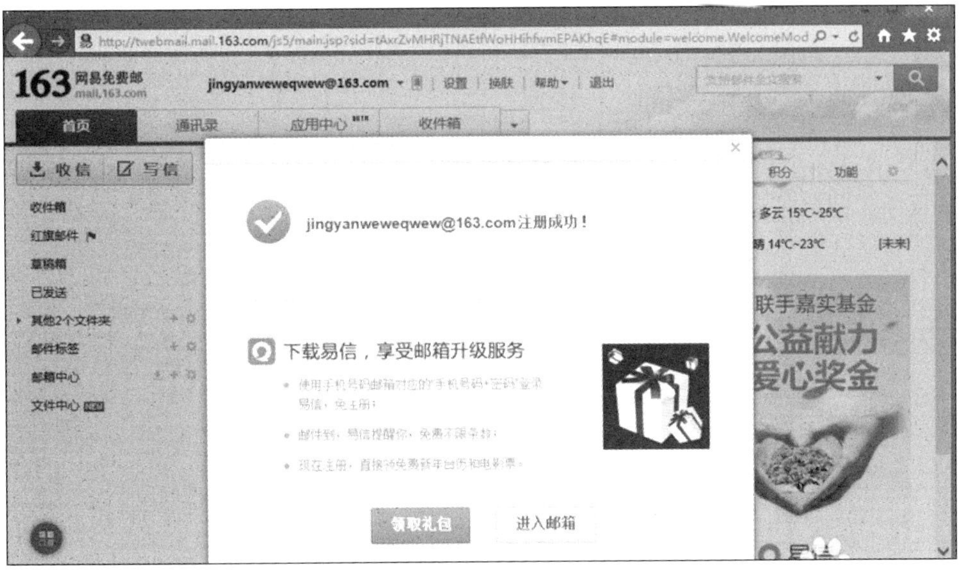

图 4-3　注册成功

二、设置电子邮箱

（1）打开电脑的控制面板，单击“邮件”图标，如图 4-4 所示。

图 4-4　邮件图标

（2）勾选“提示要使用的配置文件”，并单击“添加”按钮，如图 4-5 所示。

（3）确定后，在配置文件名称的提示框中输入: Microsoft Outlook 2007，如图 4-6 所示（这个名称可随意输入）。

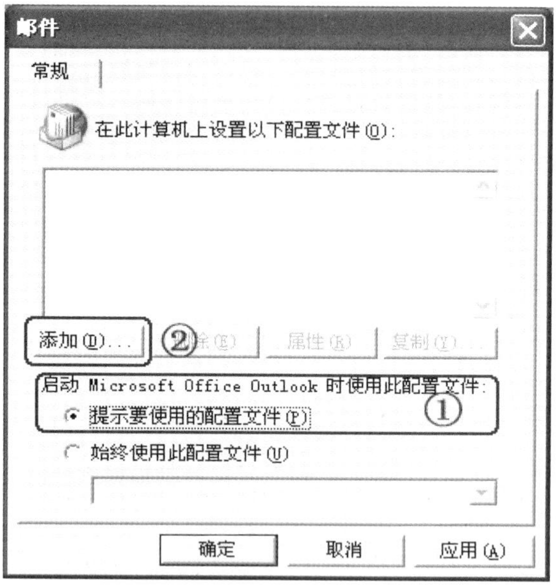

图 4-5　常规配置

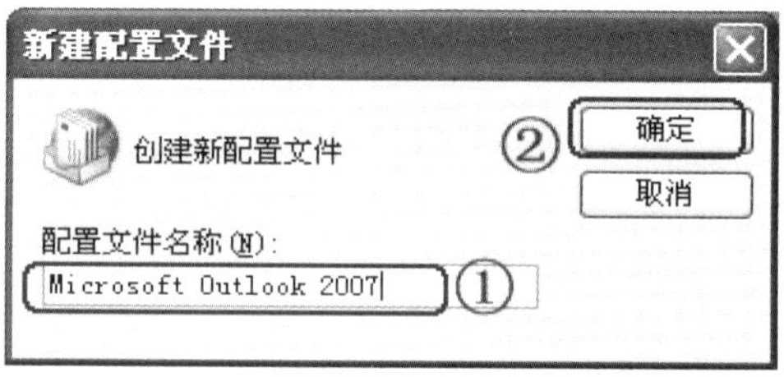

图 4-6　填写“配置文件名称”

（4）单击“确定”按钮后，勾选“Microsoft Exchange、POP3、IMAP 或 HTTP（M）”的复选框后，单击“下一步”按钮，如图 4-7 所示。

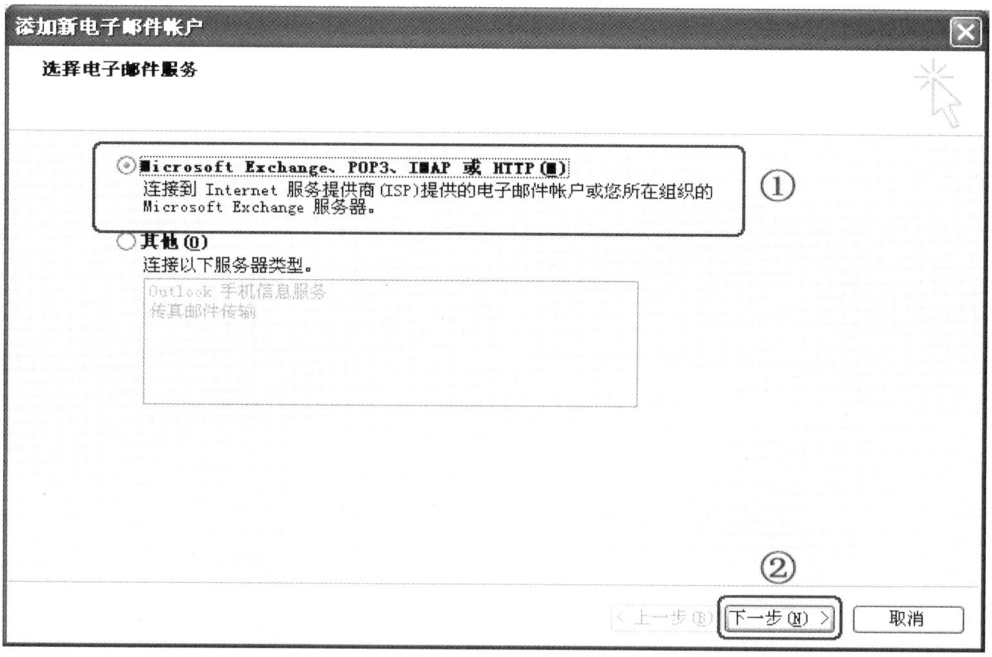

图 4-7　选择电子邮件服务

（5）勾选“手动配置服务器设置或其他服务器类型”，单击“下一步”按钮，如图 4-8 所示。

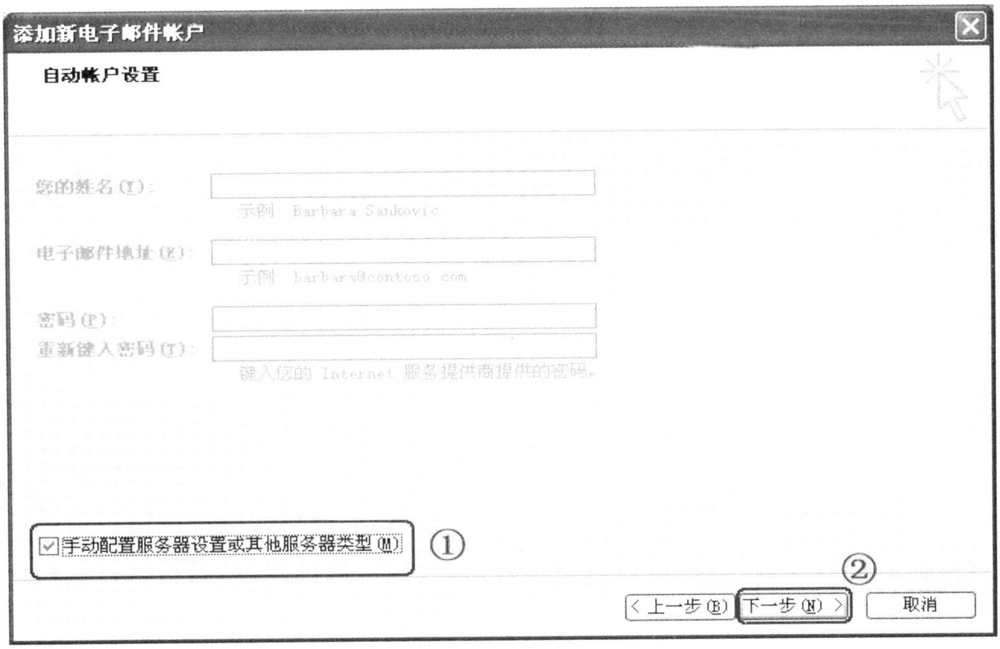

图 4-8　选择手动配置

（6）在出现的页面中勾选“Internet 电子邮件（I）复选框”，并单击“下一步”按钮，如图 4-9 所示。

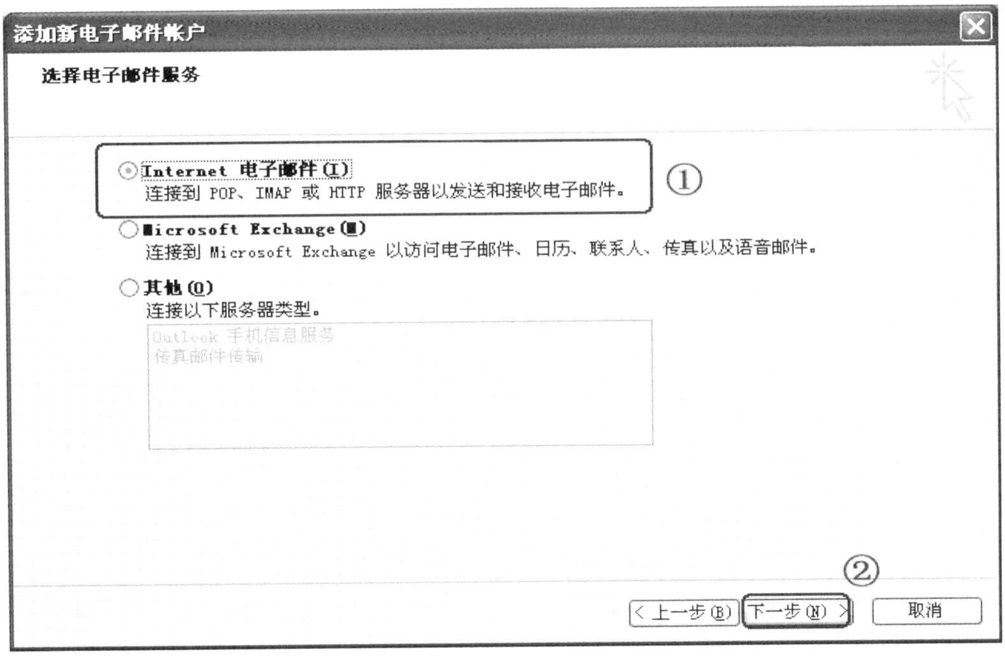

图 4-9　选择“Internet 电子邮件（I）”

（7）在出现的提示界面中输入相关资料，如图 4-10 所示。

帐户类型选择：

① 如果选择 POP3：

接收邮件服务器(I)的输入框中输入：pop.163.com；

发送邮件服务器(SMTP)(O)后的输入框中输入：smtp.163.com。

② 如果选择 IMAP：

接收邮件服务器(I)的输入框中输入：imap.163.com；

发送邮件服务器(SMTP)(O)后的输入框中输入：smtp.163.com。

在登录信息的用户名(U)的输入框中输入 VIP 邮箱地址的全称，即完整的邮箱地址：user@163.com。在密码框中输入登录邮箱的正确密码，并勾选记住密码，切记，不要选中“要求使用安全密码验证(SPA)进行登录”，然后单击“其他设置”按钮。

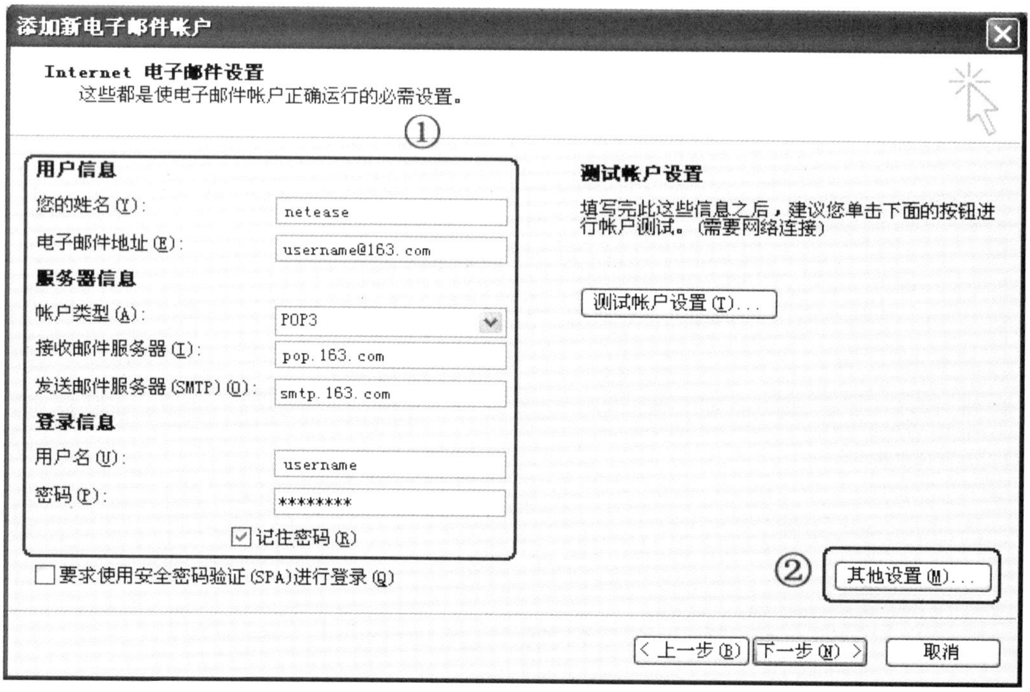

图 4-10　输入相关资料

（8）单击“其他设置”按钮后，在设置页面单击“发送服务器”，并勾选“我的发送服务器(SMTP)要求验证(O)”，同时选中“使用与接收邮件服务器相同的设置(U)”，如图 4-11 所示。

（9）单击“高级”按钮，建议把“服务器超时”的时间拉到最右侧(10 分钟)的位置，如果用户希望用 office outlook 2007 将邮件接收下来后，邮件仍然保留在服务器上，请将传递下面的“在服务器上保留邮件的副本”前面的复选框打上勾即可，如图 4-12 所示。

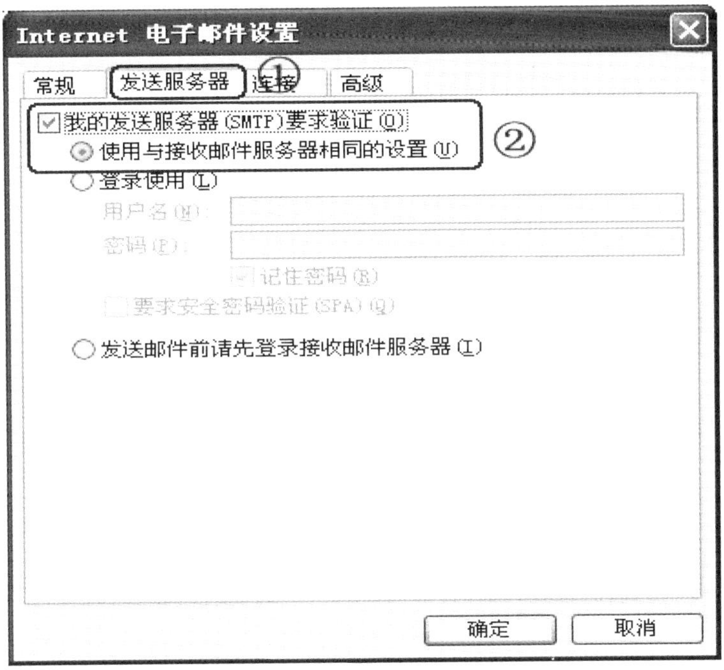

图 4-11　选择发送服务器

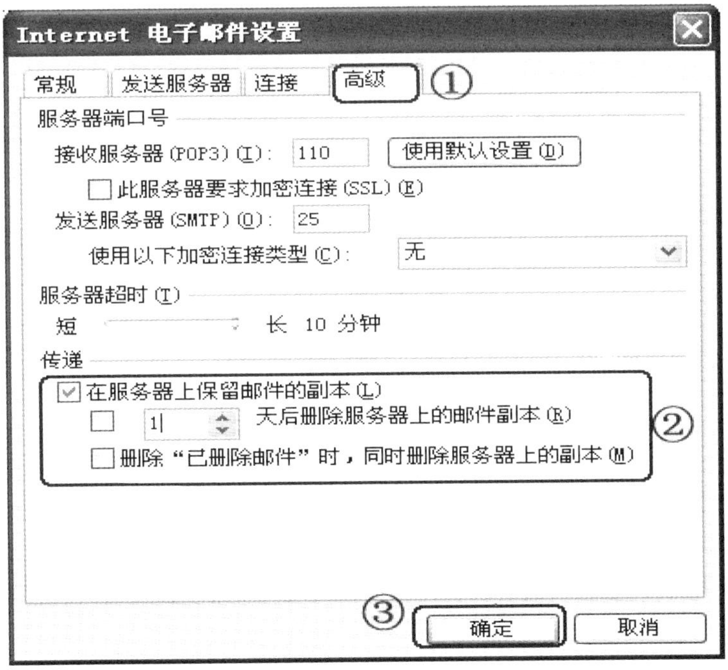

图 4-12　高级设置

（10）单击“确定”按钮，返回邮件设置界面。看到如图 4-13 所示，只要单击“关闭”按钮，然后启动 Microsoft Office Outlook 2007 就可以收发邮件了。

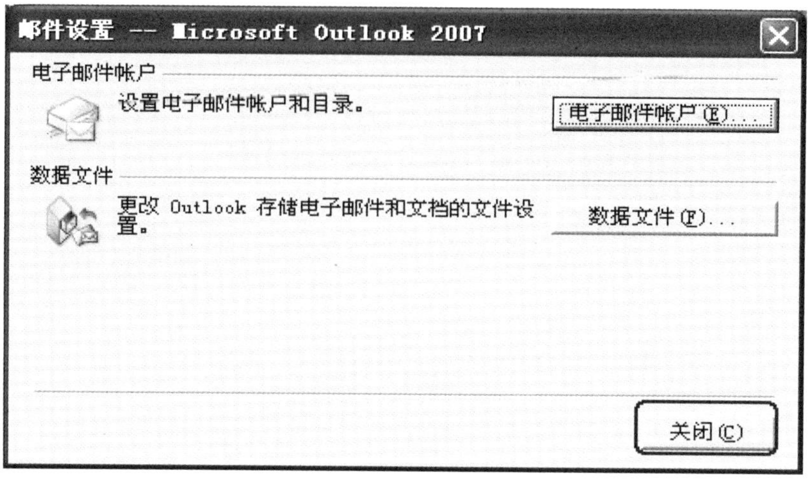

图 4-13　设置完成

知识链接

Microsoft Outlook 与 Outlook Express

outlook 是微软的群件客户端程序，除了邮件功能外还有日程安排、通讯录等，如果配合 Exchange 使用，可以实现非常强的协作功能。但 Outlook Express 仅是一个邮件客户端程序。

Microsoft Outlook 与 Outlook Express 作为客户端软件，都可用来接收邮件，如果你的邮箱支持 POP3 和 SMTP，就可以用它来接收发送邮件，而不用每次都打开网页。

任务评价

学习成果评价表

评价内容	评价方式			评价等级
	自评	小组评议	教师评议	
准备情况（预习、资料的收集）				A. 准备好；　B. 准备一般； C. 没有准备
知识技能掌握情况				A. 真正理解并掌握； B. 初步理解； C. 参与有关活动
任务完成情况（包括成果的展示）				A. 好 ；B. 一般；　C. 未完成
认真的学习态度 （听讲、讨论、课堂发言、操作活动）				A. 认真；B. 一般；C. 不认真
善于与同学合作				A. 能；　B. 一般；　C. 不足
思维的条理性 （表达意见有条理，解决问题过程清楚）				A. 强；　B. 一般；　C. 不足

续表

评价内容	评价方式			评价等级
	自评	小组评议	教师评议	
思维的创造性 （提出和别人不同的问题，或用不同的方法解决问题）				A. 强；B. 一般；C. 不足
信息技术素养				A. 强；B.一般；C. 不足
小计				
总评				
被评价人自我反思				

说明：1. 评价内容前四项A为15分，B为12分，C为8分；后四项A为10分，B为8分，C为6分。
2. 总评=自评×30%＋组评×30%＋师评×40%。
3. 85分以上为优秀，75～85为良好，60～75分为合格，60分以下尚需努力。

知识拓展

电子邮件营销常见问题

（1）电子邮件中的图片被阻挡

在订阅你的邮件通信的用户中，可能超过50%的人看不到E-mail中的图片，因为Outlook和其他电子邮件系统现在都默认不显示邮件中的图片，同时很少有人会主动去更改系统的默认设置。因此如果图片中有什么重要信息或链接，还需要通过文本的方式重复一下那些信息。

（2）重视邮件预览窗口

很多网民都有在预览窗口阅读邮件的习惯，而不是打开邮件进行阅读。这就意味着要把核心的最有价值的信息放在邮件开头几行，以避免用户一开始没有发现吸引他的信息而将邮件删除。

（3）邮件内容主题集中

不要在一封E-mail中涉及多个不同主题，将用户的注意力集中到一个点上，有助于提升客户转化率。

（4）邮件内容链接直达目标页面

搜索引擎广告的链接都强调要链接到目标页面而不一定是首页。E-mail邮件中的链接同样如此。

（5）电子邮件发送之前先E-mail给自己

测试邮件是否有效的最好方法就是先发送给自己，并且是发送到不同的邮箱系统，以了解邮件的最终展示效果是否符合自己的期望或需要作哪些改进。否则，当你已经向数以千计的用户发出邮件之后才发现邮件内容中的缺陷就为时过晚了。

拓展实训

班级成员间相互添加邮件地址，群发一封电子邮件。

任务 4.2　邮件广告设计

任务要求

随着电子邮件的使用越来越普及，电子邮件广告现已成为使用最广的网络广告形式。本次任务要求学生了解营销邮件设计的四个要素：主题、正文、发件人信息和收件人信息，并掌握设计的要求，避免企业的电子邮件沦为垃圾邮件。

知识准备

一、电子邮件广告的概念

电子邮件广告（E-mail Advertising）是指通过互联网将广告发到用户电子邮箱的网络广告形式，它针对性强，传播面广，信息量大，其形式类似于直邮广告。

二、电子邮件广告的特点

电子邮件广告具有针对性强、费用低的特点，且广告内容不受限制。其针对性强的特点，可以让企业针对具体某一用户或某一特定用户群发送特定的广告，为其他网上广告方式所不及。电子邮件是网民最经常使用的互联网工具，30%左右的网民每天上网浏览信息，但却有超过 70%的网民每天使用电子邮件，企业管理人员尤其如此。中企联合网的电子邮件广告通过向中企联合网邮局向企业用户发送带有广告的电子邮件来达到效果，分为直邮广告、邮件注脚广告。直邮广告一般采用文本格式或 html 格式，就是把一段广告性的文字或网页放在 E-mail 中间，发送给用户。

三、电子邮件广告的优点

（1）节约成本。准确地向目标消费群投放广告，节约广告成本。

（2）简单快捷。电子邮件广告的制作和维护比传统媒体简单、快捷。

（3）反应迅速。通过电子邮件广告，企业可以在短短几小时内把广告信息传递给数十万目标消费群，从而控制消费者心理的制高点，防止竞争对手捷足先登。

（4）覆盖率高。电子邮件广告发送后将存放在接收者的邮箱中，直到被删除。这意味着，电子邮件广告不会遗漏在广告活动期间没有时间留意广告的目标消费者。因此，电子邮件广告对目标市场的覆盖率远远高于其他形式的广告（包括传统广告和其他网络广告）。

（5）避免垃圾邮件。电子邮件广告商运用许可营销，预先征得邮件接收人的同意，因此广告主可以避免滥发垃圾电子邮件带来的负面影响。

四、邮件广告设计的关键

1. 字数限制

主题栏尽可能简洁，不能超过50个字符（25个汉字）。

2. 测试

利用A/B方案分别测试不同主题栏的效果。例如，零售商经常会作以下测试：向一半客户发送的邮件中，主题栏包含“免费送货”的字样；向另一半客户发送的邮件中，主题栏包含“打9折”的字样，然后观察哪种方法更有效。测试是十分重要的，但是需要注意的是，不要发送太多老套的测试信息，同时要注意“免费”这个关键字会提高垃圾邮件判定指数，并经常被服务器拦截。

3. 添加个人信息

虽然在主题栏加入用户的名字能够稍微改善营销效果，但是这个效果会随着时间的流逝而消失。一些多渠道企业，如零售商，有时采取主题栏添加地点的方法，如“某某商店开展1日促销”。

4. 加入紧急性词语

航空公司只要使用以下主题栏，就一定能获得很高的关注，如“安全警报”或者“特殊天气情况”等。“确认订购信息”和“5月份的合约已经生效”这种事务性主题信息拥有较高的点击率和打开率。

5. 让用户感觉特殊

“第一个查看秋季时装款式”等主题能够让用户感到自己很特别，是公司的特殊用户，从而吸引用户打开邮件。

6. 增强关注

在主题栏中加入公司的商标名称，如“某某公司4月份新闻”。

7. 诚实

信息要真实可信，简明扼要。换位思考用户期待什么样的信息，同时诚实地遵循用户设定的邮件发送频率。

8. 合理利用节日促销

这里要提醒的是，如果您的客户大多是男性，而今天又不是情人节、母亲节或其他法定假期，那么客户不会对您所谓的节日或庆典感兴趣。

任务实施

一、邮件广告赏析

（1）收集邮件中的促销广告，说明广告吸引之处，如图 4-14 和图 4-15 所示。

图 4-14　邮件广告 1

图 4-15　邮件广告 2

（2）邮件广告分析。

再好的系统，再好的邮件平台，如果我们发送的推广邮件内容空泛，也很容易被用户当做垃圾邮件。我们常常会有这样的经历：邮箱里面收到一封广告邮件，看一眼标题，便立刻知道是垃圾邮件，于是马上删除。反之，有时候我们虽然从这个标题看出来是营销邮件，但是这个标题告诉我们的信息正好是我们所需要的，于是点击进去看，发现这个某某产品正是我们期待已久想买的产品，又正好是促销，于是就会通过这次促销进行购买。

① 邮件主题的设计。

原则一，电子邮件主题要体现出邮件内容的精华。这样可以增加用户的信心，通过邮件主题来让用户感觉到邮件内容的价值，迅速做出打开邮件详细阅读的决定。

原则二，电子邮件主题要体现出发件人信息中无法包含的内容。发件人中除了显示的发件人名称和 E-mail 地址之外，很难容纳更为详尽的信息，对发件人的信任还需要通过邮件主题来进一步强化，将邮件主题的空间留出一部分来推广品牌是很有必要的，尤其在用户对企业品牌信任程度不高的情况下显得更重要。

原则三，电子邮件主题要体现出品牌或者产品信息。有独特价值的产品、信息或者给人印象深刻的品牌出现在邮件主题中，尽可能将重要的营销信息展示出来，即使用户不阅读邮件内容也会留下一定印象，这是可以监测到的 E-mail 效果之外获得的意外效果。

原则四，电子邮件主题要含有丰富的关键词。除了加深用户的印象之外，也是为了让用户在检索收件箱中的邮件时增加被发现的机会，因为部分用户收到邮件后并不一定马上对邮件中的信息做出回应，有些甚至可能在 1 个月之后才突然想到曾经收到过某个邮件中含有自己所需要的信息。

原则五，电子邮件主题不宜过于简单或过于复杂。尽管没有严格的标准来限制邮件主题的字数，但保持在一定的合理范围之内，既能反映出比较重要的信息，又不至于在邮件主题栏默认的宽度内看不到有价值的信息。一般来说，电子邮件主题保持在 8～20 个汉字范围内是比较合适的。

② 邮件内容的设计。

诀窍一：将公司 logo 固定在同一位置。

在每次发送营销邮件时，也要借机树立公司的品牌形象。将公司 logo 置入每封 E-mail 中是一种有效的方法。最好是将 logo 固定在同一位置，可以是 E-mail 顶部的显眼处（但不要太大，占据整个屏幕）。

诀窍二：善用 E-mail 预览框。

近期一份调查显示，70%的客户会被邮件预览吸引，进而打开邮件进行仔细阅读。这意味着你的客户或潜在客户在决定完整地打开邮件之前，或许只会注意到 E-mail 中的一部分。因此，确保你公司的 logo 及其他重要的信息都能够显示在预览窗口内。

诀窍三：使用统一字体。

在一封营销邮件中，一般建议最多使用两种字体。例如，一种字体用来撰写正文，另一种字体用来显示大小标题。可以使用诸如 Arial、TimesNewRoman 或 Verdana 等标准字体来加强通用性。因为如果使用了非常规的字体，有些客户的电脑不一定能正常识别。

诀窍四：使用不同颜色来强调重点。

在决定使用哪种颜色时，应优先考虑使用公司的基准色。持续使用一种基准色是突出公司品牌形象的关键。使用不同颜色来高亮显示邮件正文中重要的内容，能帮助浏览者更轻松地抓住重点。

诀窍五：简洁明了、突出重点。

许多客户在浏览营销邮件时都是一目十行，因此，你的 E-mail 只有几秒钟时间来决定能否吸引他们的注意力。

诀窍六：使用图片作为补充。

在营销邮件中加入图片能让 E-mail 更加生动并引人注目，从而更好地传递信息。（一张图片抵得上千言万语）。但如果图片质量太差，反而会影响浏览者对公司的印象。因此在选择图片时，要挑选那些简单、易于理解，并且与正文内容有直接关联的图片。

诀窍七：行文排版、巧用空行。

空行可以让浏览者的眼睛得到休息。否则，面对一大堆没有划分段落的文章，他们不知从何阅读。确保邮件在标题、正文与其他主要内容之间保留足够的空行。

诀窍八：切勿在图片中嵌入正文。

有些人会在接收 E-mail 时缺省关闭图片显示功能。因此，不要在图片中嵌入正文，正文内容应当单独显示。

诀窍九：简约而不简单。

在设计上有这么一句名言：简约而不简单。那些看上去整齐划一，能够明确表达信息的邮件更能获得反响。邮件营销的目的是让浏览者看后采取一些行动，例如，访问公司网站，获取一些产品信息等。一套设计良好的营销邮件应当能让潜在客户关注并采取公司所希望的行动。

诀窍十：信息有针对性。

如果邮件并没有特别让接收者感兴趣，那他们很可能忽略邮件信息，最佳方式是让邮件信息更有针对性。

③ 需要有退订。

在邮件内容的“签名”文件中，含有隐私政策和退订。这样可以让浏览者不必担心由此引起其他的垃圾邮件，并随时退订不喜欢的邮件。这不仅能够增加你的订阅率，而且公司万一被垃圾邮件抱怨调查时，它可以证明公司是一个许可营销邮件公司，而不是垃圾邮件的制造者。

二、邮件广告发送

（1）进入邮箱登录页面，输入邮箱名称和密码后单击“登录”按钮，如图 4-16 所示。

（2）进入邮箱以后，在邮箱页面左侧单击“写信”按钮，出现编辑页面，如图 4-17 所示。

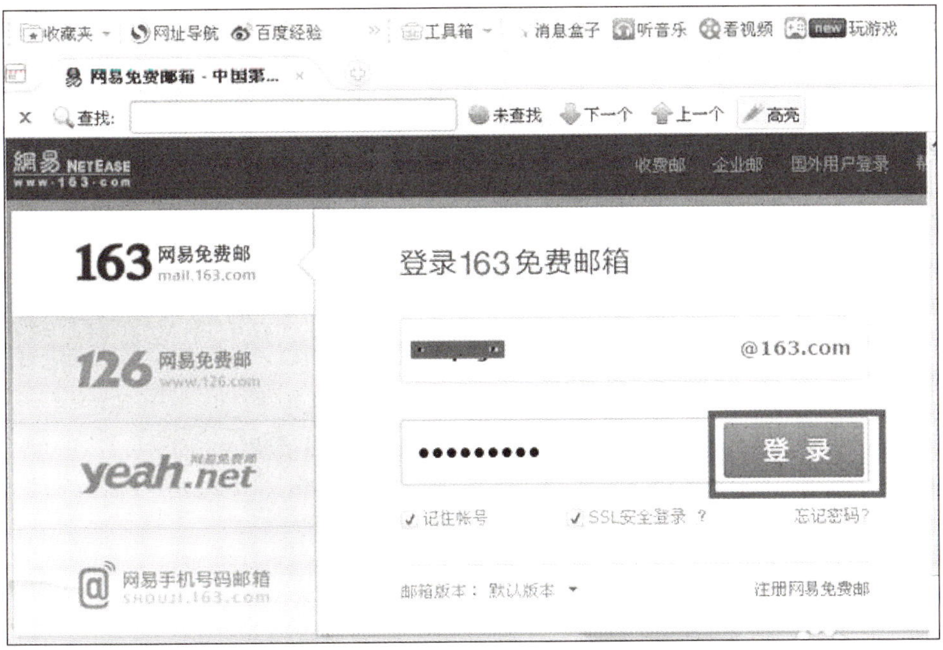

图 4-16　邮箱登录界面

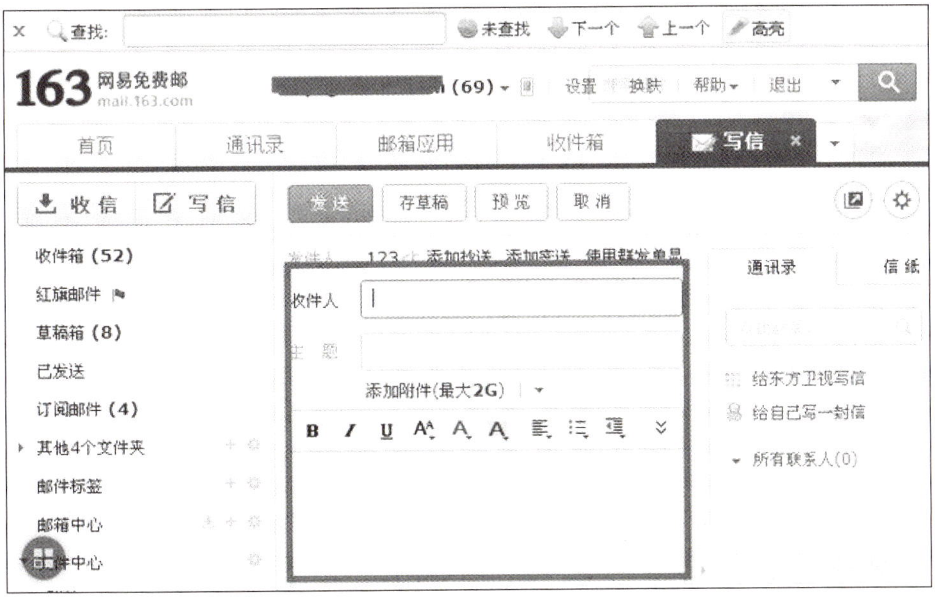

图 4-17　写信页面

（3）在主题栏目填入“浙江立白促销产品”，正文内填写准备好的“促销广告”，如图 4-18 所示。

（4）编辑后，可以单击“预览”按钮查看邮件效果，确认无误后单击“保存”按钮，对邮件进行保存，单击“发送”按钮实现立即发送，单击“定时发送”按钮，设定发送时间，如图 4-19 所示。

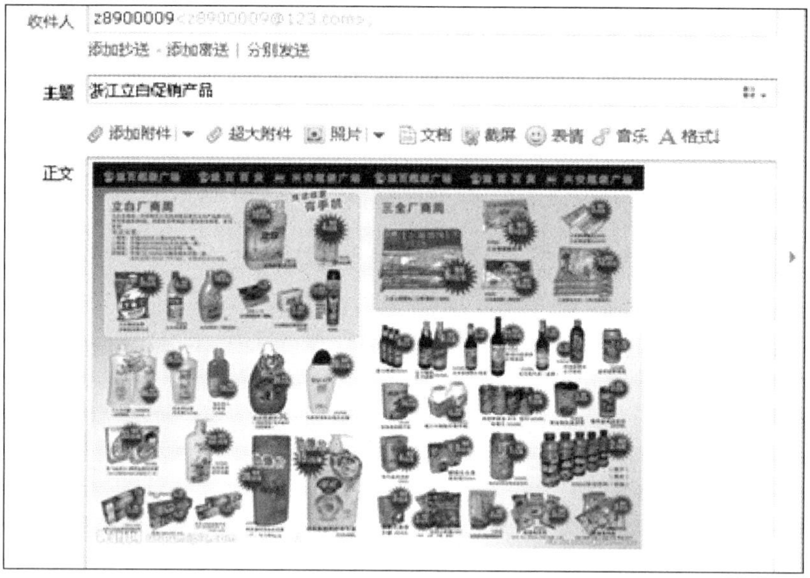

图 4-18　编辑内容

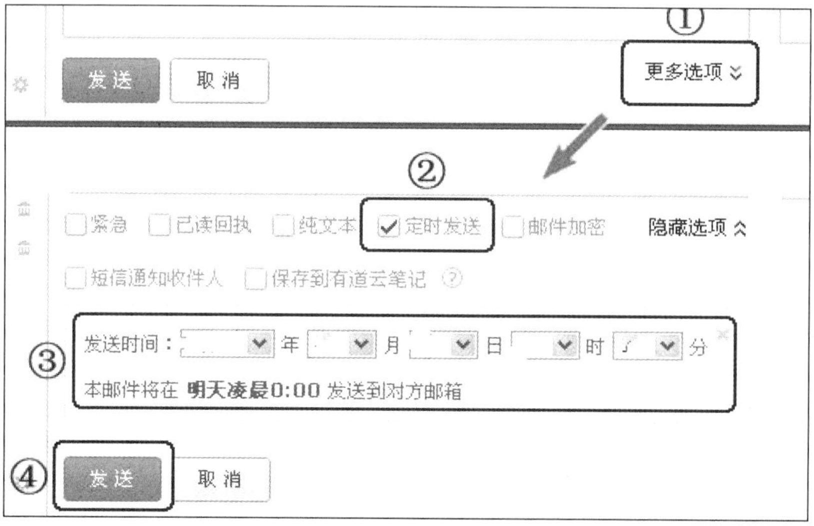

图 4-19　定时发送

小贴士

单击“发送”按钮后，页面会提示“发送的时间”以及“邮件发送前，暂时保存在草稿箱”。

如果需要修改/编辑定时发信，直接打开草稿箱中保存的这封邮件，编辑好之后再点击“发送”按钮即可；如果需要取消定时发信，直接在草稿箱中删除保存的这封邮件即可。

（5）发送成功。出现如图 4-20 所示的画面，表示邮件发送成功了。

图 4-20　发送成功

任务评价

学习成果评价表

评 价 内 容	评价方式			评 价 等 级
	自评	小组评议	教师评议	
准备情况（预习、资料的收集）				A. 准备好；　B. 准备一般； C. 没有准备
知识技能掌握情况				A. 真正理解并掌握； B. 初步理解； C. 参与有关活动
任务完成情况（包括成果的展示）				A. 好 ；B. 一般；　C. 未完成
认真的学习态度 （听讲、讨论、课堂发言、操作活动）				A. 认真；B. 一般；C. 不认真
善于与同学合作				A. 能；　B. 一般；　C. 不足
思维的条理性 （表达意见有条理，解决问题过程清楚）				A. 强；　B. 一般；　C. 不足
思维的创造性 （提出和别人不同的问题，或用不同的方法解决问题）				A. 强；　B. 一般；　C. 不足
信息技术素养				A. 强；　B. 一般；　C. 不足
小　　计				
总　　评				
被评价人自我反思				

说明： 1. 评价内容前四项 A 为 15 分，B 为 12 分，C 为 8 分；后四项 A 为 10 分，B 为 8 分，C 为 6 分。

2. 总评=自评×30%＋ 组评×30%＋ 师评×40%。

3. 85 分以上为优秀，75～85 为良好，60～75 分为合格，60 分以下尚需努力。

知识拓展

人性化的内容设计胜过冷冰冰的产品推荐

以下为微软关于 Windows 8 的 EDM 电子邮件广告。

邮件的标题：广告：Windows 8 简介（如图 4-21 所示）

标题用得如此简单直接，我想也是有足够的自信才敢这样写邮件标题。邮件内容如何？可以用赏心悦目来形容吗？

是的，妈妈和小女孩温情天真的笑脸，让我们感受到暖暖的爱和温馨。一封简洁的图文设计邮件，让我们在一路的温情中了解到 Windows 8 的所有——轻松而惬意。

希望更多的邮件营销能像这样多一点用心，多一份感动。真正让大家体会到你能为他们带来什么样的快乐，而不是一味急于求成的迸发乱撞。

图 4-21　Windows 8 广告

拓展实训

为宝洁公司设计一则促销产品广告，设计好后在班里展示评比。

任务 4.3　许可邮件营销

任务要求

在垃圾邮件盛行的今天，许可邮件营销给企业和网络营销带来了新的发展契机。本次任务要求学生了解许可邮件营销的基本知识，理解许可营销的思想和方法，并以希网网络为例，创建、管理和订阅邮件列表，掌握许可营销的实现方法和后台管理功能。

知识准备

一、许可邮件营销定义

所谓的许可电子邮件营销就是指企业在通过电子邮件向其目标消费者发送产品、服务、促销等相关信息时，事先征得了他们的“许可”。

真正的邮件营销就是指许可邮件营销。其基本思路是：通过为客户提供某些有价值的信息，如时事新闻、产品信息、免费报告以及其他为客户定制的个性化服务内容，吸引客户参与，从而收集客户的 E-mail 地址（邮件列表），在发送定制信息的同时对自己的网站、产品或服务进行宣传，在本公司没有条件实施邮件列表的情况下，也可以通过向第三方购买邮件地址、与第三方合作等方式开展 E-mail 营销，或者委托专业 E-mail 营销服务公司。

许可电子邮件营销既包括企业自行开展建立邮件列表开展的电子邮件营销活动，也包括通过专业服务商投放电子邮件广告。根据所应用的用户电子邮件地址资源的所有形式，可以分为内部列表电子邮件营销和外部列表电子邮件营销，或简称内部列表和外部列表。

二、邮件列表

邮件列表俗称 Mailing List，是 Internet 上获得特定客户群体 E-mail 地址并快速方便发送大批量电子邮件的一种工具，主要用于各种群体之间的信息交流和信息发布。

邮件列表对网站用户（会员）的邮箱地址进行统一管理，实现对会员联系邮箱地址的有效管理，如新会员邮箱添加、删除、查询和统一发送邮件等。

邮件列表具有传播广泛的特点，可以向 Internet 上数十万个用户迅速传递消息，传递的方式可以是主持人发言，自由讨论和授权发言人发言等方式；邮件列表具有使用简单方便的特点，只要你能够使用 E-mail，便可使用邮件列表。邮件列表不同于群发邮件，更不同于垃圾邮件，是在基于用户自愿加入的前提下，通过为用户提供有价值的信息，同时附带一定数量的商业信息，实现网络营销的目的。

目前，国内比较大的专业邮件列表服务商有：希网、索易、通易等。而 Sohu、163 等综合性网站也相继开通了邮件列表的服务。无论是专业性邮件列表网站，还是综合性的邮件列表网站，主要都是提供以下两种服务：

（1）提供申请成为邮件列表用户服务，即申请成为某个邮件列表的管理者，并向其他用户提供邮件列表服务。

（2）普通用户为提供订阅邮件列表服务，使订阅者成为信息的接收者。

三、获得客户许可的方式

公司在向潜在客户发送 E-mail 营销信息之前，必须获得客户的许可。获得客户许可的形式具体有三种：

（1）客户填写。客户在注册公司网站会员或申请礼品的时候，有两个可选项：一个是愿意接受公司的电子邮件广告，另一个是客户喜欢的行业或类别信息。如果同意并选择了这两个选项，那么便可称为“许可 E-mail 营销”。这是获得客户许可的主要方式。

（2）被迫许可。客户在申请邮箱的时候，“愿意接受其广告”是必选项，如果不同意，将不可能成功申请到邮箱，因此，客户申请了邮箱也就等于默许了电子邮件广告。但是，由于这种方式不够人性化，因此不建议公司采用。

（3）在行业网站中注册的邮件地址。客户所接受的 E-mail 营销，虽然没被允许，但是包含客户喜欢的、感兴趣的信息，所以即使客户没有同意注册，但至少不会不喜欢或拒绝。这虽然不能称为“许可 E-mail 营销”，但也不能称为垃圾邮件，因为它具备一定的广告价值。公司可以通过向这些行业网站购买客户的邮件地址来获得客户的许可。

四、许可邮件与垃圾邮件的区别

许可邮件与垃圾邮件有着本质的区别，它们之间最大的不同在于：

垃圾邮件会顽固的、持续的、以一种流氓式的、让人厌恶的方式发送到你的电子邮箱，这些垃圾信息对你没有任何用处，而你却无法拒绝它们。

而对于许可邮件来说，则可以从周期性的邮件中获得你需要的、有价值的信息和资源，如果邮件内容对你没有什么帮助，你可以随时自由的拒绝来自发送方的邮件。

五、许可邮件营销必须具备的条件

（1）邮件发送方在发送电子邮件之前必须经过接收方的同意，也就说只能发送 opt-in email。

（2）营销邮件列表中的 E-mail 联系人即邮件接收方可以随时自由加入和自由退出邮件列表。

（3）保证邮件列表中的 E-mail 联系人的信息私有化，不能以任何方式共享或出售私人信息给第三方。

（4）发送方应尊重接收方的意愿，周期性地传递有价值的信息和资源，不发送与主题无关的信息、内容、广告……

六、许可邮件营销的优势

电子邮件营销在国外非常流行，是最有效的营销形式之一，它具有下面这些优势：

（1）成本低廉，只针对特定的潜在客户感兴趣的内容投放广告和产品信息，够精准。

（2）可跟踪投资回报率，转换率高，是仅次于搜索引擎营销的最有效的在线营销策略。

（3）与常规的销售邮件相比，节省了纸张、印刷、邮递等费用，实时性和实效性也比传统邮件更高。

（4）可控性比网站、博客等媒体更好，你可以根据客户的购买周期来控制邮件发送的时间和频率。

（5）借助一系列的邮件营销管理系统，你可以精确地跟踪邮件开启率、点击率、转换率等信息。

（6）长期受益，使用电子邮件营销产生重复购买行为的机会比搜索引擎营销要高很多，并可实现自动化销售。

（7）受众面广，超过半数的互联网使用者每天都会接收或发送电子邮件。

（8）性价比最高。

（9）针对性强反馈率高，直接使用电子邮件作为传播媒介，会让用户更容易反馈信息，从而能够更好地了解客户需求。

（10）有效的病毒式营销传播途径。

七、许可邮件营销的模式

（1）顾客关系 E-mail。

（2）企业新闻邮件。

（3）提醒服务/定制提醒计划。

（4）许可邮件列表。

（5）赞助新闻邮件。

（6）赞助讨论列表。

（7）鼓动性营销。

（8）伙伴联合营销。

任务实施

一、申请免费邮件列表

（1）登录到希网的主页上（www.cn99.com），单击“新用户注册”，页面会自动转入注册页面。按其项目依次填写，其中带*号的是必填项，如图 4-22 所示。

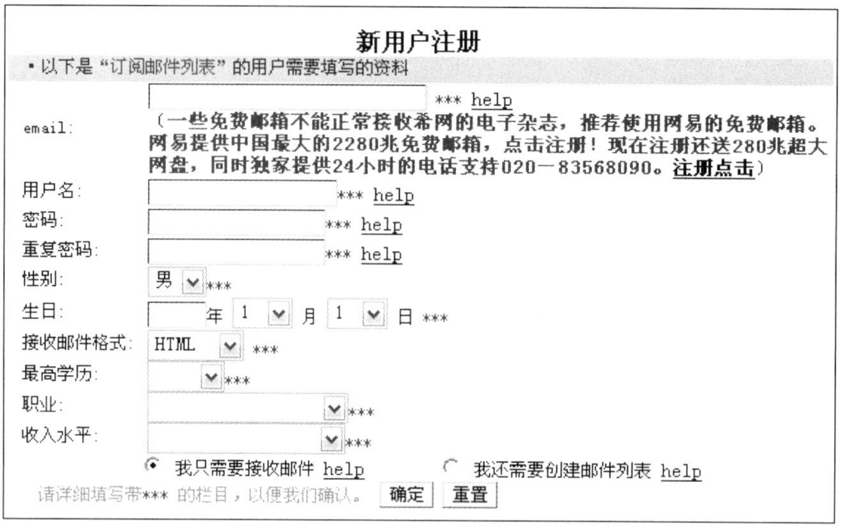

图 4-22 注册希网会员

（2）使用该“用户名”和“密码”登录，进入“管理中心”页面，用鼠标选中“邮件列表”选项，就可以进入邮件列表设置页面，如图 4-23 所示。

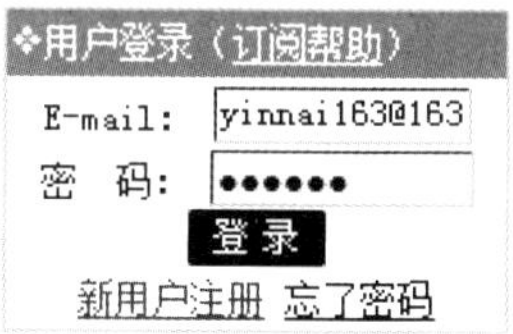

图 4-23 登录页面

（3）邮件列表设置主要包括：邮件列表名称、邮件列表代码、邮件列表类型、邮件列表介绍及管理者邮件等，参照说明，依次设置，如图 4-24 所示。

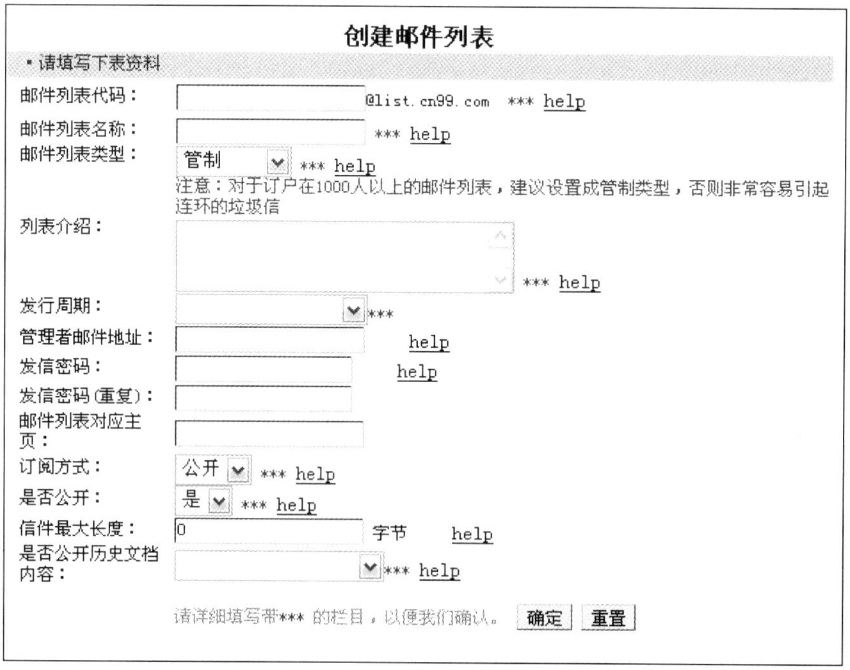

图 4-24 创建邮件列表

小贴士

邮件列表的类型应设为管制。因为如果设为公开，会引起连环的垃圾信，这里需要引起重视。表格填好后，按“确认”按钮把表格提交给系统，邮件列表创建成功。例如，xxxx@list.cn99.com（其中 xxxx 是你的用户名）。

二、邮件列表的管理

邮件列表创建成功后，进入“管理中心”，选择“邮件列表”,系统会显示出你所创建的邮件列表和相关信息，同时下方还有“选择”和“新建”功能。单击“选择”，系统会显示出你创建邮件列表的信息，同时，还有以下功能：

（1）修改配置：即可以修改你创建的邮件列表的设置，如图 4-25 所示。

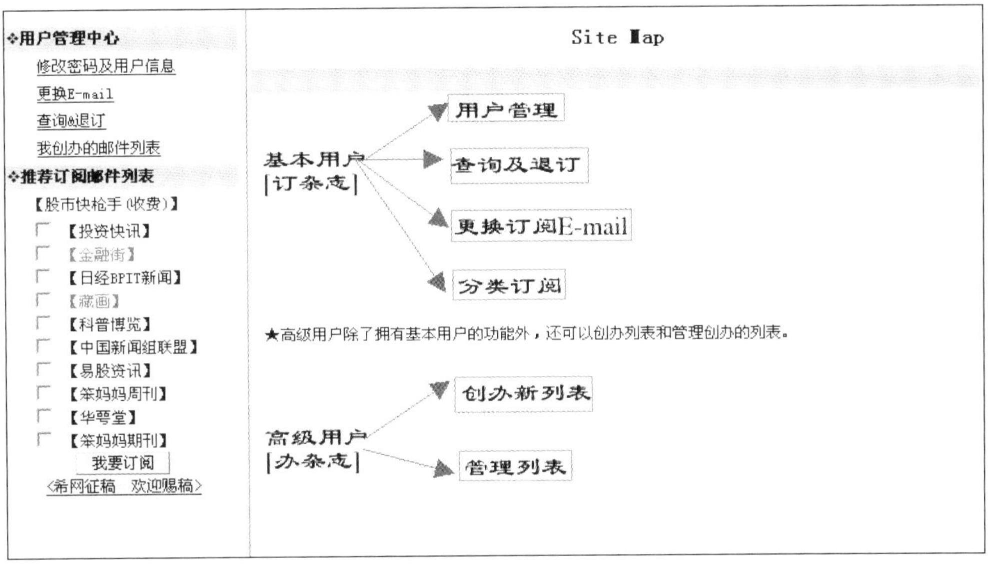

图 4-25　用户管理中心

（2）订阅代码：可以在主页上生成订阅代码，用户填入 E-mail 地址后，单击“订阅”或“退订”按钮，可以完成订阅或退订，与“生成订阅代码”功能相似。

（3）取得订户系统：可以将订户清单用 E-mail 的形式发送到你的邮箱。

（4）批量订阅：在邮件列表功能的下拉菜单中选择“批量订阅”，填入多个用户的 E-mail 地址，这些地址可以是同学的，朋友的，也可以是从黄页里查到的一些企业的 E-mail 地址，在下面的文本框中输入邀请其订阅的内容，可以写一些有说服力的内容，然后单击“确认”按钮，如图 4-26 所示。

（5）在线发信：可以以附件形式对外发信。

（6）删除订户：你有权删除你的订户。

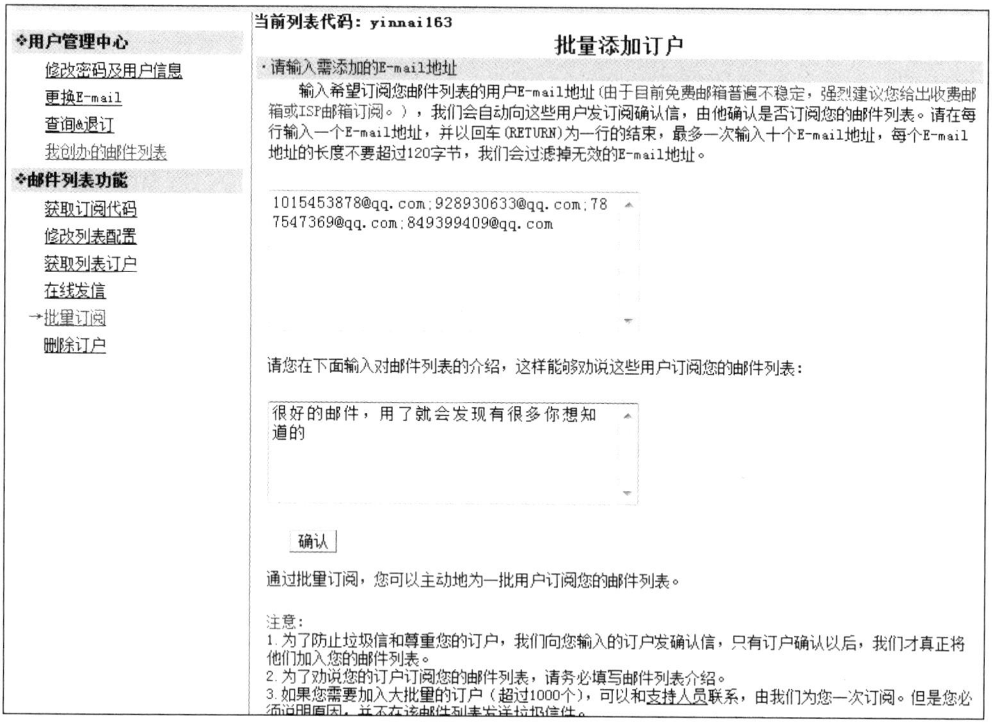

图 4-26　批量添加订户

三、邮件列表的订阅

1. 通过 www 方式进行订阅

如果您是邮件列表的创建者，则可以登录到希网的主页上，进入“邮件列表管理”，选择要生成代码的邮件列表，然后单击“生成订阅代码”按钮，将生成的订阅代码加入您的 WWW 主页，这样其他人就可以通过您的主页订阅您的邮件列表。

2. 通过 E-mail 方式进行订阅

方法如下：您可以发送 E-mail 到:xxxx —— request@list.cn99.com，其中的“xxxx”是您订阅的邮件列表名称，在 E-mail 的正文(body)里加入“subscribe”命令。

四、邮件列表的退订

登录到希网上，选择“查询及退订邮件列表”功能。用户只要输入订阅时用的 E-mail 地址，系统就会给出你所订阅的杂志，你只要选中“退订”即可。

任务评价

学习成果评价表

评价内容	评价方式			评价等级
	自评	小组评议	教师评议	
准备情况（预习、资料的收集）				A. 准备好； B. 准备一般； C. 没有准备
知识技能掌握情况				A. 真正理解并掌握； B. 初步理解； C. 参与有关活动
任务完成情况（包括成果的展示）				A. 好 ；B. 一般； C. 未完成
认真的学习态度 （听讲、讨论、课堂发言、操作活动）				A. 认真；B. 一般；C. 不认真
善于与同学合作				A. 能； B. 一般； C. 不足
思维的条理性 （表达意见有条理，解决问题过程清楚）				A. 强； B. 一般； C. 不足
思维的创造性 （提出和别人不同的问题，或用不同的方法解决问题）				A. 强； B. 一般； C. 不足
信息技术素养				A. 强； B. 一般； C. 不足
小　计				
总　评				
被评价人自我反思				

说明：1.评价内容前四项 A 为 15 分，B 为 12 分，C 为 8 分；后四项 A 为 10 分，B 为 8 分，C 为 6 分。
2. 总评=自评×30%＋ 组评×30%＋ 师评×40%。
3. 85 分以上为优秀，75～85 为良好，60～75 分为合格，60 分以下尚需努力。

知识拓展

许可邮件营销实施过程

一、确定许可邮件营销的目标和主题

邮件只是一个营销和服务工具，就像电话机和传真机一样。许可邮件营销不是向一个人发一封普通的邮件，而是面向一群人开始一个长期的基于邮件的营销活动。确定明确的任务和目标，制定合理的计划和预算、选择合适的方法、建立相应的反馈和服务体系，是开展许可邮件营销之前必要的准备工作。只有如此，你才能在发出第一封邮件时确定你发给哪些人？他们一般会关心哪些内容？你准备向他们告知一个重要的优惠消息还是准备发送一份旨在提高顾客忠诚度的内部刊物……

在确定许可邮件营销的任务和目的时，要充分考虑目标用户的消费行为特点和时

机，向他们提供适合在网上消费的产品和服务，如国庆节前夕发给白领的最新旅游景点线路和优惠套餐的邮件，也许会比发送空调降价的通知效果更好。循序渐进地向目标用户发送多次邮件，也会比试图“一步到位”的方式更容易让人接受。

二、建立邮件发送列表

1. 利用用户自愿注册的资料建立内部列表

它的基本内容包括：建立自己的邮件列表、获得尽可能多的用户加入列表、向用户发送有价值的信息。

2. 利用专业服务商的用户资源建立外部列表

免费电子邮箱提供商、专业邮件列表服务商、专业E-mail营销服务商、电子刊物和新闻邮件服务商、专业网站的注册会员资料等，其内容设计与内部列表E-mail营销不同，由于利用外部列表开展E-mail营销活动通常是临时性，或者一次性的，因此不需要对E-mail内容进行长期的规划，一般只需针对活动当时的营销目的进行内容设计。

与一般的邮件列表内容一样，专业服务商投放的E-mail广告也需要具备电子邮件的基本要素，即发件人、邮件主题、邮件正文、附加信息等，其中邮件主题和正文内容是E-mail营销的核心，但发件人和附加信息对用户是否信任广告内容发挥了重要的辅助作用，因为正是通过这些信息，收件人才知道该广告邮件来自何处，是垃圾邮件还是正规的E-mail营销。

三、确定邮件营销工具

一个好的邮件营销工具，必须满足的基本要求包括：可以快速大批量发送邮件；发送时占用的带宽和计算机资源要少；支持在邮件中使用丰富多彩的表现手段；收件人只能看到自己的邮件地址等。考虑到网络用户个性化的行为特点，邮件营销工具最好支持个性化用语，例如，接收到的邮件包括自己的昵称或名字、邮件内容中包含具有明显个性化特征的用语等。

邮件营销工具可以分为“客户端”工具和“服务器端”工具两类，“客户端”工具由操作人员在自己的电脑上联网使用，优点是投入少、可以马上看到运行结果，而“服务器端工具”往往是在一台服务器上安装使用，操作人员登录到服务器上去操作和发送，优点是简单、高效，一旦发出指令后，整个过程不再需要操作人员人工干预。你可以结合自己的预算，选择不同的营销工具。

在网络上还有大量的邮件列表服务器，可以帮助你完成从用户主动将邮件地址加入、退订和发送邮件的完整功能，使用这样的服务器也可以让你很方便地进行许可邮件营销，但这种服务器最大的潜在危险是，你的用户的邮件地址可能会泄露出去。

四、确定邮件形式和内容

如果你发给用户的第一封邮件起头是“亲爱的广大新老客户”或者“朋友们”，你的许可邮件营销计划很可能就此前功尽弃。

这是一个个性化的时代。用户希望接收到的邮件标题是“老王，国庆节准备出去旅游吗？”而不是“最新旅游线路广告”，如果用户可以在邮件的文首部分看到自己的姓名，而且整个邮件的语言平实、贴近、就不会就只看了标题把这封邮件随手删除。

为了不让你的邮件遭到和垃圾邮件一样的下场，你不仅仅需要精心准备带有强烈个性化色彩的邮件文案，还需要结合邮件营销工具的功能和特点，对邮件的表现形式进行精心地美化。如果你选择的是支持“个性化用语”的邮件营销工具，你还需要根据不同用户或用户群的特点，为邮件营销工具制定一个用语库，供它将信件中的通用语言或符号替换为个性用户和称呼。

五、邮件发送与过程控制

许可邮件营销的最终目的是让消费者购买你的产品和服务，因此，你需要像开展其他营销活动或使用其他营销工具之前一样，做好各方面的准备，尽管许可邮件营销不一定需要一个单独的响应体系，但同样要考虑，现有的体系如何应对客户咨询、购买、服务和投诉。

除此之外，还需要考虑企业的技术力量能否满足需要，操作人员和服务人员是否具有相应的网络应用和操作能力，毕竟网络营销与传统的营销手段相比，带有更强的信息技术色彩。

六、反馈结果分析与效果评估

许可邮件营销效果的评估指标是以千封邮件综合成本和综合收益的比率作为主要指标。综合成本可以包括网络环境建设和使用成本、搜集和建立许可邮件库的成本、制作许可邮件文案和模板产生的成本、营销过程中产生的对外服务费用、为网络营销所制定的优惠带来的成本和其他相关成本，而综合收益则应该把邮件的广告宣传效果和直接的购买行为所带来的收益进行统一计算，不应该仅仅偏重直接销售收入。

一次许可邮件营销告一段落后，不仅要进行效果评估，还要对营销过程和工具进行评估。评估的重点包括：邮件地址库的有效性，文案和模板的合理性、完善性和有效性，邮件营销工具的易用性、完善性、稳定性、实用性等。

任务拓展

注册希网会员，添加 10 个左右企业邮箱（网络收集），制订许可邮件营销计划，写一些有说服力的内容邀请其订阅相关内容，一周后反馈企业是否许可，并把结果记录下来。

项目5

网络论坛营销

项目背景

随着互联网的迅速发展和普及，人们的日常生活离网络越来越近。众多的消费者更倾向于通过网络获知自己所需要的信息，通过浏览论坛来查看自己所中意的产品（企业）在用户中的反馈信息，通过论坛与网友沟通、交流，从而确定自己是否购买此产品。如何充分利用互联网的优势推广产品和服务是每个企业要面对的最主要的问题。

论坛是互联网诞生之初就存在的形式，历经多年洗礼，论坛作为一种网络平台，不仅没有消失，反而越来越焕发出巨大的活力。同时，论坛营销伴随着论坛的产生而兴起和发展，逐渐成为网络营销中不可或缺的一部分。

学习目标

- 了解网络论坛的作用，学会网络论坛的使用。
- 了解论坛贴的写作技巧，学会撰写论坛贴。

任务5.1 网络论坛操作

任务要求

天涯社区是中国最火的社区，发帖回帖的活跃度也位居首位，因此很多有知识有身份的人都在活跃这里。本次任务要求学生注册天涯社区的账号、登入网络论坛，发表论坛话题与图片，并学会运用网络论坛超链接。

知识准备

一、论坛概念

论坛又名 BBS，全称为 Bulletin Board System（电子公告板）或者 Bulletin Board Service（公告板服务），是 Internet 上的一种电子信息服务系统。它提供一块公共电子白板，每个用户都可以在上面书写，发布信息或提出看法。它是一种交互性强，内容丰富而又及时的 Internet 电子信息服务系统，用户在 BBS 站点上可以获得各种信息服务、发布信息、进行讨论及聊天等。

论坛一般由站长（创始人）创建，并设立各级管理人员对论坛进行管理，包括论坛管理员（Administrator）、超级版主（Super Moderator，有的称“总版主”）、版主（Moderator，俗称“斑猪”、“斑竹”）。超级版主是低于站长（创始人）的第二权限（不过站长本身也是超级版主，超级管理员，administrator） 一般来说超级版主可以管理所有的论坛版块（普通版主只能管理特定的版块）。

二、论坛特点

（1）利用论坛的超高人气，可以有效地为企业提供营销传播服务，而由于论坛话题的开放性，几乎企业所有的营销诉求都可以通过论坛传播得到有效地实现。

（2）专业的论坛帖子策划、撰写、发放、监测、汇报流程，在论坛空间提供高效传播，包括各种置顶帖、普通帖、连环帖、论战帖、多图帖、视频帖等。

（3）论坛活动具有强大的聚众能力，利用论坛作为平台举办各类踩楼、灌水、贴图、视频等活动，调动网友与品牌之间的互动。

（4）事件炒作通过炮制网民感兴趣的活动，将客户的品牌、产品、活动内容植入传播内容，并展开持续的传播效应，引发新闻事件，导致传播的连锁反应。

（5）运用搜索引擎内容编辑技术，不仅使内容能在论坛上有好的表现，而且在主流搜索引擎上也能够快速寻找到发布的帖子。

（6）适用于商业企业的论坛营销分析，对长期网络投资项目组合应用，精确地预估未来企业投资回报率以及资本价值。

三、论坛分类

（1）门户类：新浪、搜狐、网易、腾讯、百度贴吧等。

（2）论坛类：猫扑、天涯、西祠胡同等。

（3）行业类：搜房网、中国智能家居网等。

（4）地域类：小区论坛、大洋网、大渝网等。

四、论坛营销

论坛营销就是“企业利用论坛这种网络交流的平台，通过文字、图片、视频等方式发布企业的产品和服务信息，从而让目标客户更加深刻地了解企业的产品和服务。最终达到宣传企业的品牌、加深市场认知度的网络营销的行为”。

五、论坛营销优势

（1）成本低：把一个需要推广的产品的一部分广告费，用在各大论坛行业网站发软文帖，可以把同样的消息覆盖面扩大几百倍，甚至上万倍。

（2）目标精准：可以针对行业（如旅游、健康、餐饮、培训等）进行发帖，发到相关的行业论坛、地方论坛，把信息有针对性地、精准地发给需要关注的网络人群。

（3）覆盖面广：一次发帖营销可把消息发布到上万个网站上，最大效益地增加关注群体。用少于传统广告营销的投入，产生远远高于传统营销方式的关注度。

（4）快速有效：通过发帖营销能够把消息在第一时间内发布出去，并且清晰地展示到网民面前，停留时间自己控制，推广的信息能够让所关注的群体仔细浏览并了解。

任务实施

一、注册天涯论坛用户

（1）进入天涯的主页面（网址：www.tianya.cn），单击“免费注册”按钮，如图 5-1 所示。

图 5-1　注册页面

知识链接

天 涯 社 区

天涯社区，创办于 1999 年 3 月。自创立以来，以其开放、包容、充满人文关怀的特色受到了全球华人网民的推崇，经过十年的发展，已经成为以论坛、部落、博客为基础的交流方式，同时，综合提供个人空间、相册、音乐盒子、分类信息、站内消息、虚拟商店、来吧、问答、企业品牌家园等一系列功能服务，并以人文情感为核心的综合性虚拟社区和大型网络社交平台。

（2）按要求填写用户名，密码，邮箱和验证码，如图 5-2 所示。

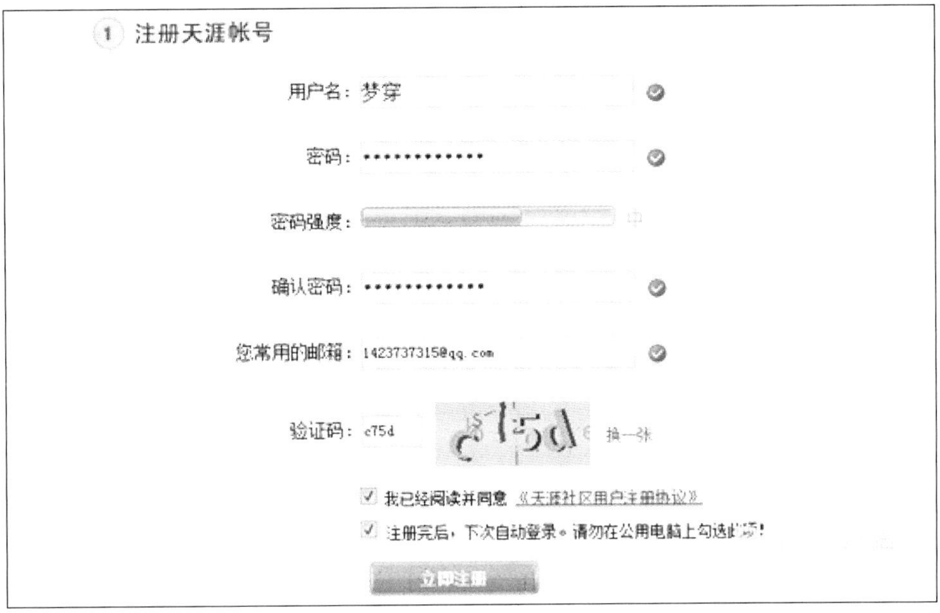

图 5-2　填写资料

（3）激活账号。

① 进行手机验证激活账号，单击“马上进行手机验证”按钮（如图 5-3 所示）。填写所在区域（一般默认），输入手机号码，单击“确定”按钮。输入手机号码后按提示发送信息即可，如图 5-4 所示。

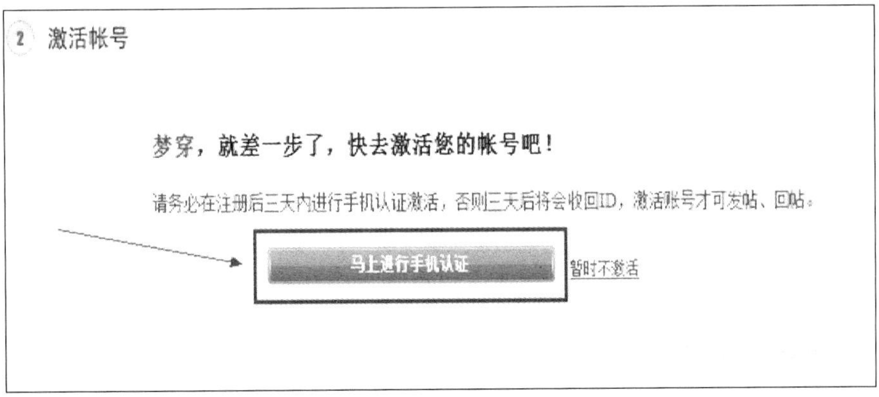

图 5-3　手机验证

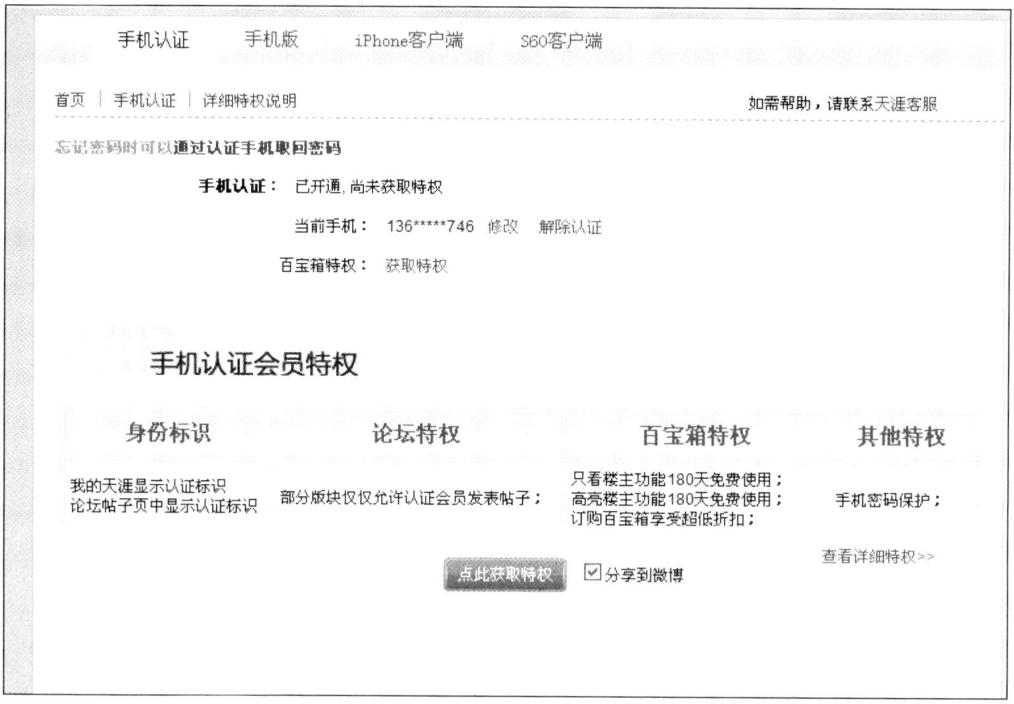

图 5-4　成功激活

小贴士

有些网站是邮箱验证，有些网站可以不用验证，一般邮箱验证得比较多，手机验证只是个别网站需要。发送短信成功后，表明账号成功激活，进入论坛就可以发帖了。

② 邮箱验证一般填写完注册资料后，单击“提交”按钮会出现如下界面（如图 5-5 所示）。登录注册的邮箱，单击链接，按提示即可完成验证。

图 5-5　邮箱激活

③ 为了增加账号使用次数，请单击个人中心，填写资料的完整度不低于 90%，这样此账号可以长久使用，并获取相应特权，如图 5-6 所示。

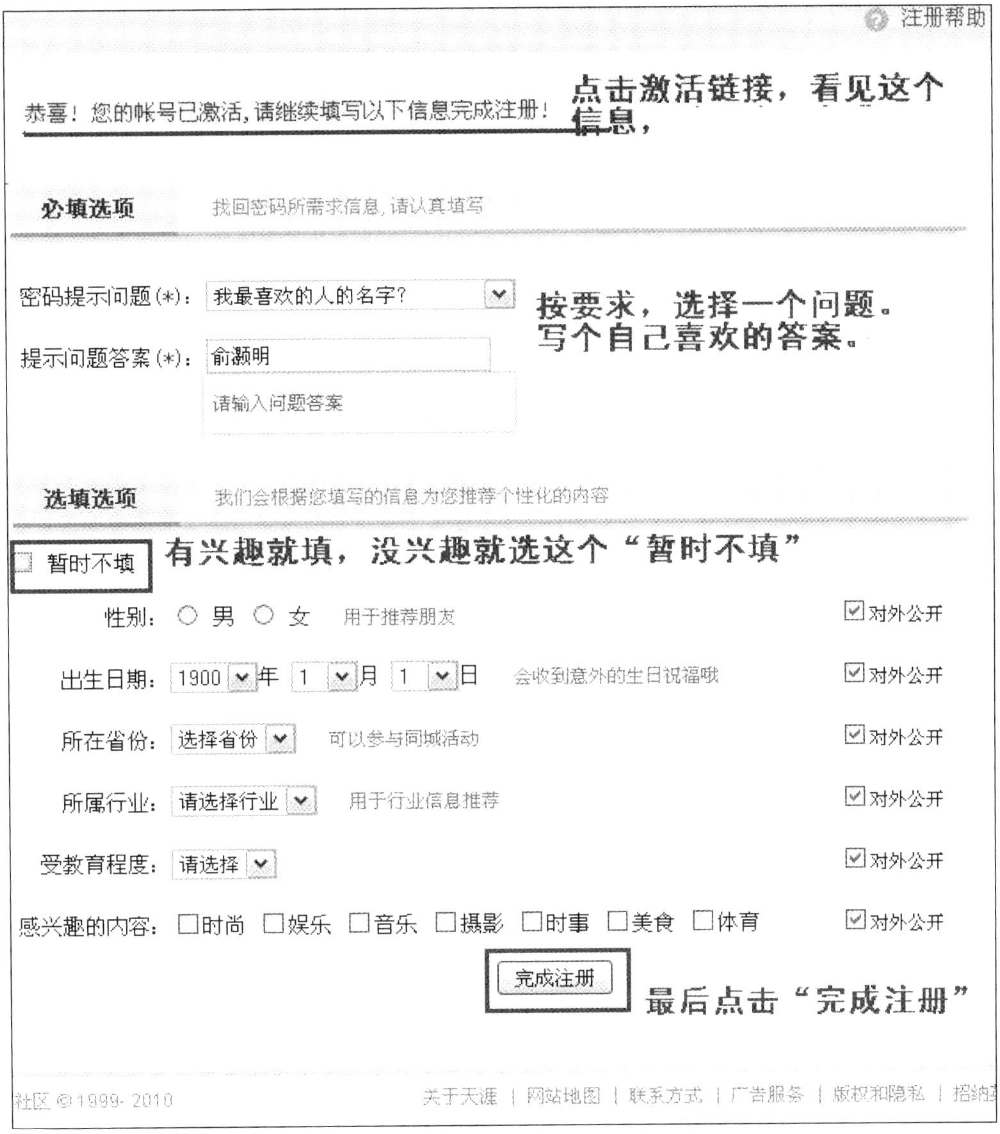

图 5-6　个人中心

二、发布论坛帖子

（1）登录天涯论坛，在板块这里，选一个主题进入，如图 5-7 所示。

（2）单击“发帖”按钮，如图 5-8 所示。

（3）编辑帖子的内容，进行发布，单击“发表”按钮，如图 5-9 所示。

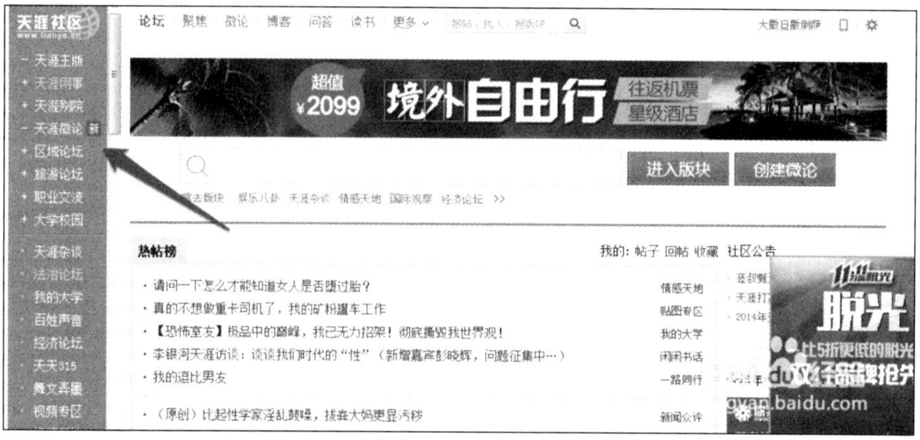

图 5-7　选择主题

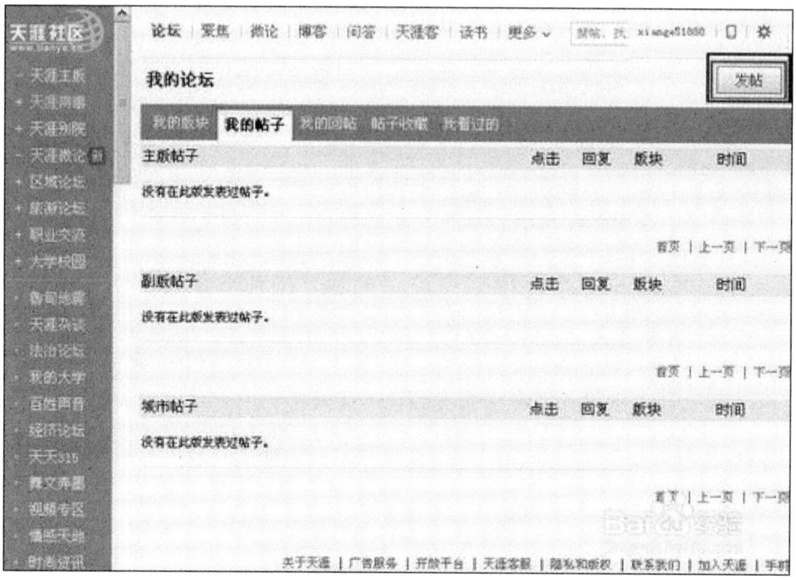

图 5-8　单击“发帖”

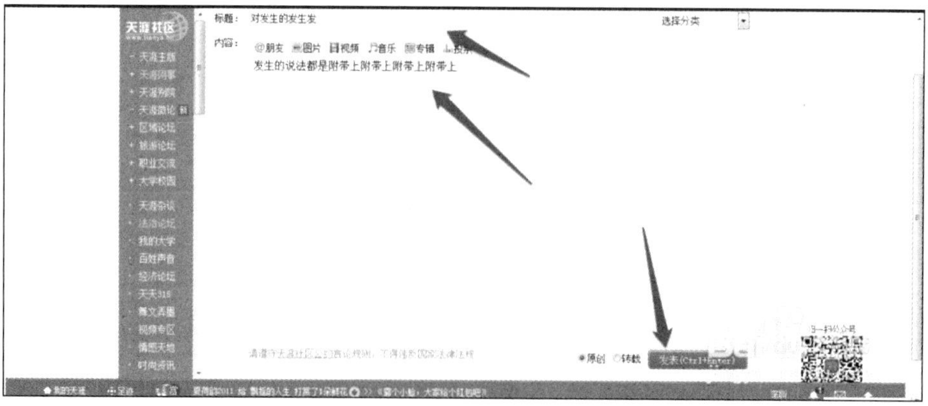

图 5-9　发表

小贴士

提示输入验证码，输入后即发帖成功，然后回到论坛，在论坛里会看到自己发的帖子的标题，如果没有标题，则说明帖子没有发成功。

帖子发布之后，过一段时间可能帖子就被新回复的帖子覆盖，如果有时间的话，可以自己回复下自己的帖子，让帖子尽量保持在板块的前面。

三、超链接的运用

所谓超链接，就是当浏览者单击已经链接的文字或图片（成手型）后，链接目标将显示在浏览器上。

（1）打开自己的一篇博文的网页，复制网址（将网址全选，单击鼠标右键，选择“复制”，如图5-10所示）。

图5-10　打开需链接地址

（2）在“发帖”页面的文字框输入【如何注册“开心网”】，用工具条的按钮将文字居中，调整文字颜色、字体和文字大小，并用鼠标将文字全选，如图5-11所示。

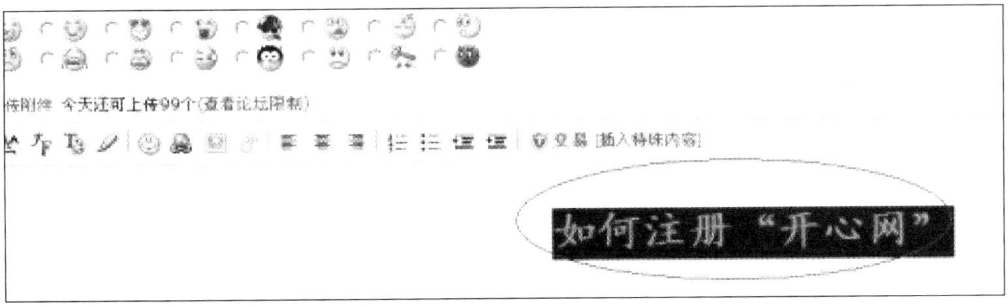

图5-11　编辑内容

（3）单击“超链接”按钮，将复制的网址粘贴到文字框内，单击“确定”按钮，如图5-12所示。

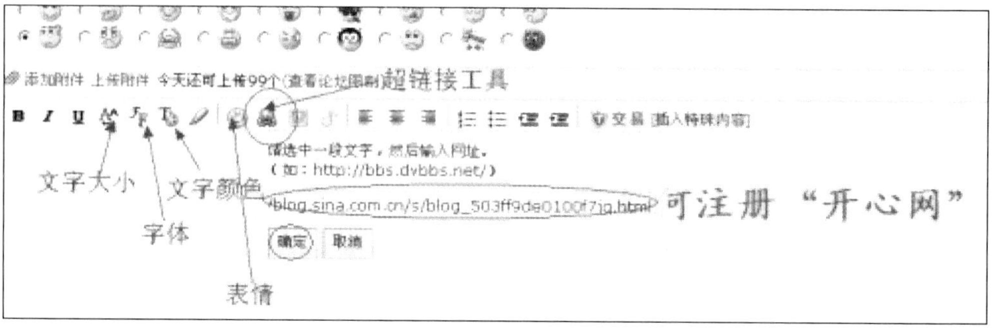

图 5-12　编辑超链接

（4）文字框内的【如何注册“开心网”】有了下划线，单击“发表”按钮即可，如图 5-13 所示。

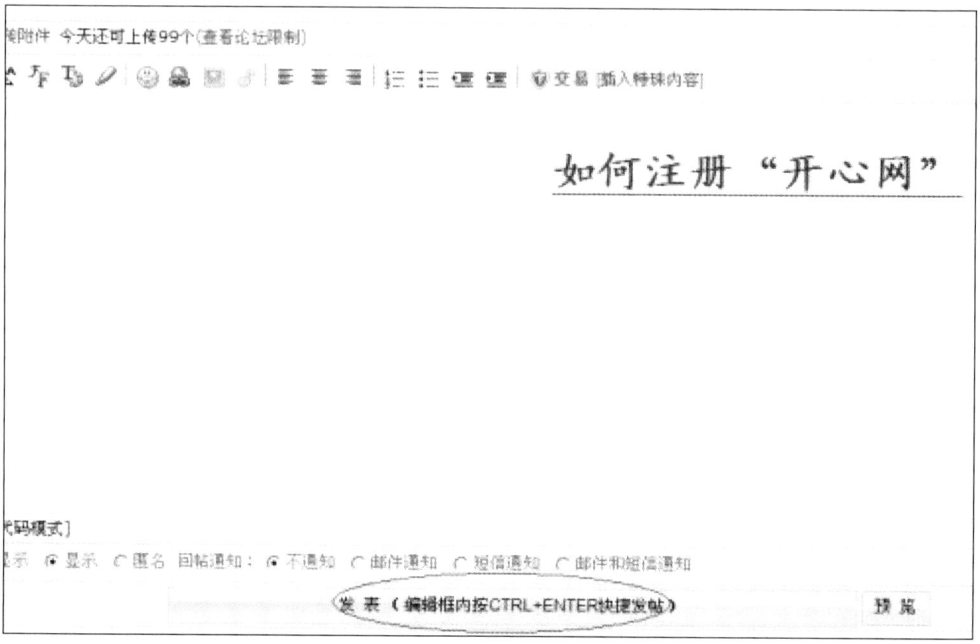

图 5-13　完成超链接

知识链接

超链接作用

超链接就是利用在论坛博客发表的文章中，加入一个文字链接，让浏览者进入到另一个平台，增加更多与别人交流和展现自己的机会。一个好的超链接标题，能不知不觉地把人带入另一个精彩地方，超链接直接点明了引入文章的内容及看点，人们不太关注普通链接，但超链接往往能够引人入胜。超链接的使用现在已经很普遍了，无论在 Word 中，还是在网络上，都可以使用，而且也为用户畅游网络提供了方便，同时也是网页制作中使用得比较多的一种技术。只有通过超链接才能把更多的网站，网页等联系起来，才能真正做好网络无国界。

任务评价

学习成果评价表

评价内容	评价方式			评价等级
	自评	小组评议	教师评议	
准备情况（预习、资料的收集）				A. 准备好； B. 准备一般； C. 没有准备
知识技能掌握情况				A. 真正理解并掌握； B. 初步理解； C. 参与有关活动
任务完成情况（包括成果的展示）				A. 好 ；B. 一般； C. 未完成
认真的学习态度 （听讲、讨论、课堂发言、操作活动）				A. 认真；B. 一般；C. 不认真
善于与同学合作				A. 能； B. 一般； C. 不足
思维的条理性 （表达意见有条理，解决问题过程清楚）				A. 强； B. 一般； C. 不足
思维的创造性 （提出和别人不同的问题，或用不同的方法解决问题）				A. 强； B. 一般； C. 不足
信息技术素养				A. 强； B. 一般； C. 不足
小　计				
总　评				
被评价人自我反思				

说明：1. 评价内容前四项A为15分，B为12分，C为8分；后四项A为10分，B为8分，C为6分。
2. 总评=自评×30%＋ 组评×30%＋ 师评×40%。
3. 85分以上为优秀，75～85为良好，60～75分为合格，60分以下尚需努力。

任务5.2 论坛帖撰写

任务要求

随着电子商务的发展，论坛营销的需求量与日俱增，论坛帖的质量要求也变得越来越重要。一篇好的论坛帖，需要达到推广的目的才算是好的，本任务要求学生学会撰写能吸引人的论坛帖。

知识准备

一、论坛帖

帖子，是论坛的存在形式，论坛帖的组成部分通常由“标题”和“正文”两部分组成。

论坛发帖就是把推广信息（即推广软文，软文中隐藏着广告信息等）发布到目标客户群所活动的论坛，或者发布到各大论坛的相关版块，当用户浏览论坛帖子信息时，就会看到所发布的信息，并了解信息中的品牌或者产品，进而成为此产品潜在客户。

二、论坛帖的类别

（1）事件帖：符合网友价值观的具备话题传播力的人物及事件的帖子。

（2）亲历帖：讲述网友身边真实的生活故事和体验的帖子。

（3）攻略帖：解决网友生活中碰到的疑难，给网友带来帮助的帖子。

（4）搞笑帖：轻松、有趣，能够给网友带来会心一笑的帖子。

（5）揭秘帖：能够满足网友窥探欲望，不同于官方新闻角度资讯的帖子。

（6）悬疑帖：能够引发网友好奇心，带来不断猜测和讨论的帖子。

（7）感动帖：能够给网友带来视觉或心灵的美好和感动的帖子。

（8）典藏帖：具备收藏价值的经典帖子，可能是优秀的网民原创作品（文字、图片、视频、Flash），甚至是经典的广告创意。

三、论坛帖的写作技巧

1. 标题：激发强烈的点击欲望

标题，就好比一部电影的预告片，应该短小精悍，充满悬念和冲击力。可以毫不夸张地说，有一个让人充满点击欲望的标题，帖子便已成功了一多半。现在论坛资讯堪称海量，好的标题就能够让帖子脱颖而出，极大地提高被网友点击的几率。

2. 正文：言简意赅而言之有物

如果帖子篇幅过长，即使内容再好，观点再独特，网友也很难有耐心地看完。因此帖子应该注意控制篇幅，言简意赅，不要让网友看得辛苦。帖子内容虽然简短，但也要言之有物，空洞泛泛的帖子只会对论坛人气造成负面伤害。

3. 配图：图片是最好的调剂品

只有文字的文章看着会很辛苦，所以加上一两幅与主题相关的图片，会产生更好的阅读效果。当然，某些主题的帖子可全篇以图为主，配以少量的说明文字，效果同样很好。

4. 语气：轻松化、通俗化

如果不是写给专业人士或探讨专业性极强的话题，帖子比较适宜用轻松化、通俗化的语气来书写，这样写出来的帖子更符合绝大部分网友的阅读习惯，而且也更容易引起大家讨论的氛围。

5. 排版：段落分明方便阅读

将帖子适当分段，不仅方便网友阅读、引用，而且方便自己修改。

6. 表情符：适当活跃文章的元素

在帖子中适当加入表情符号，可以有效强化帖子主题，活跃讨论氛围。但是，表情符号量也要适中，过多的表情符号会影响网友的正常阅读。

任务实施

一、撰写帖子标题

（1）标题案例解读——《春天到了，可是我什么也看不见》。

在繁华的巴黎大街的路旁，站着一个衣衫褴褛、头发斑白、双目失明的老人。他不像其他乞丐那样伸手向过路人乞讨，而是在身旁立一块木牌，上面写着："我什么也看不见!"街上过往的行人很多，看了木牌上的字都无动于衷，姗姗而去。

这天中午，诗人让·彼浩勒也经过这里。他看看木牌上的字，问盲老人："老人家，今天上午有人给你钱吗"？

盲老人叹息着回答："我，我什么也没有得到。"说着，脸上的神情非常悲伤。

让·彼浩勒听了，没说什么，只是拿起笔悄悄地写了几个字，就匆匆离开了。

晚上，让·彼浩勒又经过这里，问那个老盲人下午的情况。老盲人笑着回答说："先生，不知为什么，下午给我钱的人多极了。"让·彼浩勒听了，只是微微地一笑。原来在那行字的前面多出了一行："春天到了，可是我什么也看不见"。

解析："春天到了，可是我什么也看不见！"，这句话的魅力所在：把抽象的感情化为具体的形象，富有诗意，带有浓厚感情色彩，唤醒了人们的同情心。虽然增加了几个字，但它产生了"直指我心，和你共鸣"的效果， 每个路过的人都去猜想这位盲人和春天的故事，而给他帮助。

（2）浏览各大论坛网站，搜查并学习论坛帖标题常见的写法与相关案例，完成表 5-1。

表 5-1　论坛帖常见标题写法

常见写法	案例 1	案例 2	案例 3
新闻式	《21 金维他，与 46 名援藏干部高原同行》	《寻找一个被淡忘的传奇》	《历史课本不可缺失的一页》
反问式	《爸妈失眠，你管不管》	《孩子的想法，不该关注吗》	《别再流浪，行吗》
利益式	《失眠，今天有救了》	《20 年近视，10 秒解决》	《10 种咽喉病症，1 种解决方案》

小贴士

论坛帖标题有新闻式、疑问式、祈使式、故事式、恐吓式、炫耀式、数字式、聊天式、建议式、真理式、利益式、号召式、悬念式、反问式等常用写法。要写出有创意的标题，还有以下几种方法：比喻、拟人化、感叹语气、热点话题、采用逆向思维等。

（3）撰写一条吸引人的帖子标题。

① 凸显数字：（数字绝对是吸引眼球的最佳选择）

原文标题：我的朋友很努力，努力终有收获

建议修改成：三年用心关心客户，小公司也能接到 100 万大单。

三年是努力的时间，100 万是取得的巨大成果，在商言商，阿里巴巴的论坛大都是商人，商人都是经过努力拼搏，并对成功有着巨大的渴望，所以这个标题很容易引起共鸣，成为热文。

② 标题要有新意（不能违背主题）。

例：新手业务白捡 2 万 5

③ 合理的吹牛（要有理，要能自圆其说）。

例：投资 1800，年赚 100 万!（掺杂数字，更具吸引力）

④ 吊人胃口（人都有好奇心）。

例：看了这篇文章，保证让你业务提升一大截

⑤ 提出疑问（寻求帮助及提出疑问，可以获得共鸣）。

经典：元芳，你怎么看?

小贴士

标题，就好比一部电影的预告短篇，应该短小却精悍，充满悬念和冲击力。可以毫不夸张地说，有一个让人充满点击欲望的标题，帖子便已成功了一多半。现在论坛资讯堪称海量，好的标题就可以保证让帖子脱颖而出，极大提高被网友点击的几率。建议大家看看社区首页的文章的标题都是如何取得的，成功虽然不能被复制，但是能被参考，被学习。

二、撰写帖子的正文

（1）区分主题帖与回复帖。

主题帖：又叫原帖文，楼主发的帖子，对楼主来说就是主题帖。

回复帖：又叫跟帖，是原帖文后的评论，无论是谁回复都叫回复帖，当然也包括楼主，如图 5-14 所示。

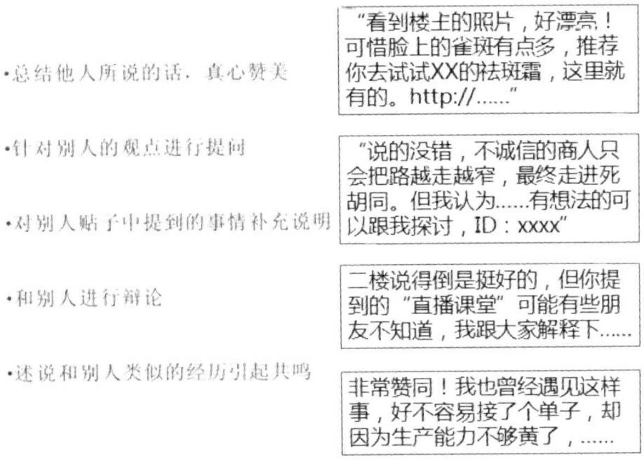

图5-14　回复帖举例

（2）进各论坛搜查以下类型论坛帖，填写表5-2，和大家分享帖子内容。

表5-2　论坛帖类型

类型	论坛名称	论坛帖名称
事件帖		
话题贴		
故事帖		
新闻帖		
活动帖		

任务评价

学习成果评价表

评价内容	评价方式			评价等级
	自评	小组评议	教师评议	
准备情况（预习、资料的收集）				A. 准备好；　B. 准备一般； C. 没有准备
知识技能掌握情况				A. 真正理解并掌握； B. 初步理解； C. 参与有关活动
任务完成情况（包括成果的展示）				A. 好　；B. 一般；　C. 未完成
认真的学习态度 （听讲、讨论、课堂发言、操作活动）				A. 认真；B. 一般；C. 不认真
善于与同学合作				A. 能；　B. 一般；　C. 不足

续表

<table>
<tr><td rowspan="2">评 价 内 容</td><td colspan="3">评价方式</td><td rowspan="2">评 价 等 级</td></tr>
<tr><td>自评</td><td>小组评议</td><td>教师评议</td></tr>
<tr><td>思维的条理性
（表达意见有条理，解决问题过程清楚）</td><td></td><td></td><td></td><td>A. 强；　B. 一般；　C. 不足</td></tr>
<tr><td>思维的创造性
（提出和别人不同的问题，或用不同的方法解决问题）</td><td></td><td></td><td></td><td>A. 强；　B. 一般；　C. 不足</td></tr>
<tr><td>信息技术素养</td><td></td><td></td><td></td><td>A. 强；　B. 一般；　C. 不足</td></tr>
<tr><td>小　　计</td><td></td><td></td><td></td><td></td></tr>
<tr><td>总　　评</td><td colspan="4"></td></tr>
<tr><td>被评价人自我反思</td><td colspan="4"></td></tr>
</table>

说明：1. 评价内容前四项 A 为 15 分，B 为 12 分，C 为 8 分；后四项 A 为 10 分，B 为 8 分，C 为 6 分。
2. 总评=自评×30%＋组评×30%＋师评×40%。
3. 85 分以上为优秀，75～85 为良好，60～75 分为合格，60 分以下尚需努力。

知识拓展

论坛推广的操作步骤

一、了解需求，准备物料

在进行论坛推广之前，根据网站确定好推广的主题，采集准备好推广的话题，否则，就意味着最终的结果可能会不理想。

二、寻找目标论坛

选择自己潜在客户所在的论坛——目标论坛，不一定越多越好，要量力而行，最关键的是用户群要精准，例如，我们要推广保健产品，那就只找时尚健康相关论坛或者论坛的相关版块。

三、熟悉目标论坛

目标论坛确定后，先不要急于发广告，先了解一下论坛的规则及用户特点，例如，哪些版块最火、各版块的主题特色是什么、论坛用户的特点是什么、喜欢什么样的内容、哪些版块适合发广告。所谓知已知彼，百战不殆，先花点时间充分了解论坛，是相当值得的。其实有些论坛，会有专门的广告版，或者某些版块是允许发软文的。

四、注册马甲，混个脸熟

现在就到了关键的一步，注册马甲。在同一个论坛，尽可能多注册一些马甲，如果能通过一些漏洞或渠道，获取一些论坛里的老 ID 是最好的。要注意以下事项：

（1）马甲名字尽量用中文，要有特色。如果有一个有特色、有亲和力的名字，会让人第一眼记住你；而英文名字是很难让人记住的，特别是一些没有意义的。选择一些不要明显显露推广性质的名字。

（2）及时更新个人资料。你的个人资料越丰富，就越容易让大家对你产生好感及信任感，如联系方式、个性化签名等。特别是头像，一定要及时更换，如果可以自定义头像，尽量上传自己的真人照片，或是上传比较有亲和力的明星头像。

（3）积极一点，多回复一些版块帖子提升论坛等级。切记，不要注册完了马甲，就马上发广告。

（4）针对该论坛适当发布争议性话题，让人记住你。

五、结合目标论坛特点，准备内容

经过前面的准备，马甲等硬件设施都已经好了，下面就是最重要的注意事项：

1. 标题

（1）吸引人点击是基础：标题不要太死板，要鲜活一些。

（2）学会做标题党：适当的“标题党”一下，是必须的。

（3）不能脱离内容：不管怎么美化标题，但是一定不能脱离内容，千万不能让用户点击标题之后，有“上当受骗”的感觉。

2. 内容

（1）娱乐：娱乐内容是最吸引眼球的，是是非非，真真假假的炒作事件很是吸引用户的眼球。

（2）名人：如果能借力名人，是最好不过的。

（3）热点：借力热点事件的效果是最明显的，但是缺点也很明显，通常事件的热度一过，贴子也就没人关注了。

（4）争议：争议最能触动用户的神经，最容易吸引用户参与。

（5）共鸣：对于相似的感受或经历，也会触动用户的神经。例如，很多 80 后的怀旧贴子，经久不衰。

（6）最重要的一条，不能脱离要推广的网站主题，要结合自然，不留痕迹。

3. 形式

做论坛推广时，贴子内容一定不要拘于一格，要多多融入图片、视频、文字、故事、游戏等多方面元素。

六、马甲来炒

帖子准备好，发到目标论坛，还不算完成，还要让此帖被关注、有人参与、甚至成为热帖才行，这时候前面准备的马甲就派上用场了。如果没有用户参与，那就上马甲，先自行制造话题。

七、推广无处不在，平常聊天时植入广告

除了这种有组织、有计划的推广外，平时在论坛里正常交流时，也时刻要有推广的意识，只要在不破坏正常交流、不影响论坛形象的情况下，就可以做，例如，在论坛版块聊天时、在运用一些论坛功能时（如头像、签名等）都可以适当地植入广告。

拓展实训

通过论坛推广当地旅游网站宣传当地旅游文化。要求把帖子发布在各大旅游网站的相关论坛或人气高的论坛社区（如天涯、搜孤、ChinaRen、新浪 QQ、网易、旅游社区，各种高校论坛、旅游论坛)，具体要求如下：

（1）以楼主（发帖者）是在本网站的身份推广网站知名度，发主题帖，不用注册也可以看到，帖子在 48 小时内不被删除。

（2）标题有创意，内容自由发挥，吸引用户阅读，并产生想旅游的冲动。重点要有网站地址和不少于 2 张的旅游景点图片（图片带有网站链接)。

项目6

网络博客营销

项目背景

据中国互联网络信息中心（CNNIC）2012年1月发布的第26次《中国互联网络发展统计报告》显示，截至2013年1月，博客的用户规模达到2.21亿，使用率为57.7%，较2008年年底增长了5940万人，使用率提升了3.4个百分点。活跃博客的规模进一步扩大，在半年内更新过博客空间的用户达到1.45亿，增长率为37.9%。博客数量的增长带来了用户聚集的规模效应，博客频道在各类网站中成为标准配置，博客俨然已成为互联网上最大的热点应用之一。

基础变了，环境变了，市场变了，随之而来的营销和管理模式也发生了根本的改变。通过写博客的形式，介绍销售人自己和销售产品，达到交商友和产品销售的人也逐日增多，由此产生了新的创新营销——博客营销。作为一种新兴的网络营销方式，它同样成为了“眼球经济”和营销领域中的热门话题，它的商业价值是十分值得挖掘的。

学习目标

- 了解博客的概念、作用，学会网络博客的管理与使用。
- 了解博文写作基本技巧，学会撰写博文。
- 学会运用博客推广，掌握博客推广的基本形式。

任务6.1 博客安家

任务要求

对大多数网民来说，写博客已经成为一种习惯，就像学生时代写日记一样，几乎是每天的“必修课”。本次任务要求学生注册、登录博客，发表博客话题与图片，并学会博客的系统设置等操作。

知识准备

一、博客概念

博客即 Blog 或 Weblog，是网上的一个共享空间，以日记的形式在网络上发表个人内容的一种形式。Weblog 是 Web 和 log 的缩写，中文意思是“网络日志”，后来缩写为 Blog，而 Blogger（博客）则是写 Blog 的人。

① Blog = Web log = 部落格 = 网络日志= 网志=网络日记本

② Blogger = 写 Blog 的人=博主

二、博客的特征

博客具有知识性、自主性、共享性等基本特征，正是这种性质决定了博客营销是一种基于包括思想、体验等表现形式的个人知识资源，它通过网络形式传递信息。

三、博客的作用

博客对每个人的作用都不一样，博客作为 Web2.0 的重要产物，给人带来了很多便利。普遍来说，博客的作用如下：

（1）网络日志：这是博客最初最基本的功能，就是发表个人网络日志。

（2）个人文集：可以作为自己的个人文集，把自己的写的文章按照时间、目录或者标签发表到自己的博客上。

（3）个性展示：博客是完全以个人为中心的，每个人的博客都是不同的，从每个人的博客中可以看出一个人的个性。

（4）结交博友：通过博客、文章，可以结交到很多志同道合的博友。

（5）提高个人影响力：博客是一个很好的自我展示和交流的平台，在博友之间提高自己的影响力。

任务实施

一、注册博客账号（本任务以新浪为例）

找一家你喜欢的网站，如百度、新浪、网易、搜狐等，进入该网站首页或博客首页注册，或先看一下“帮助”、“新手上路”再注册，注册登录有两种方式。

（1）手机注册：点击“我要使用注册手机发送短信”，收到验证码并输入后注册成功，如图 6-1 所示。

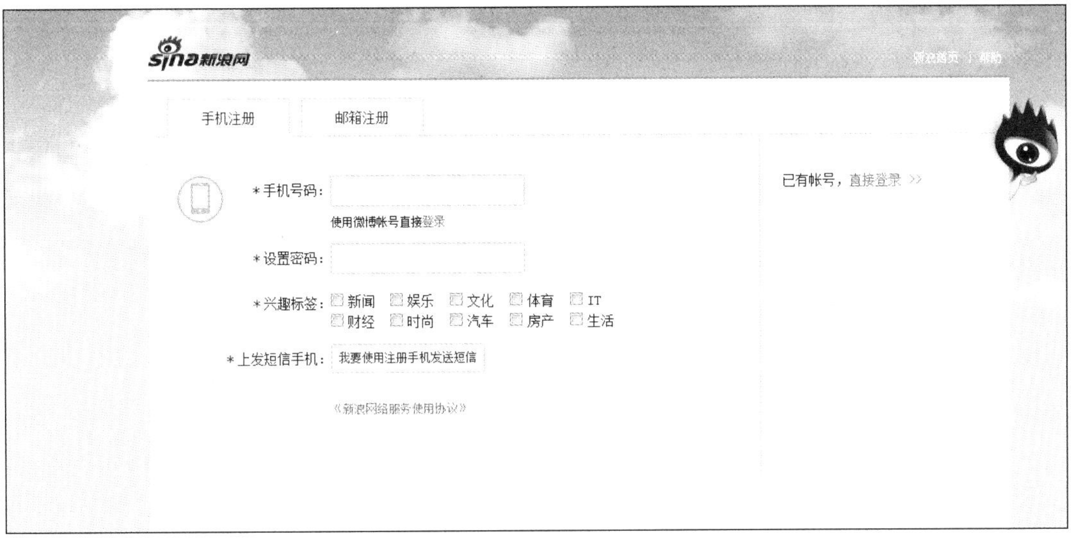

图 6-1　手机注册

小贴士

手机号码为 11 位数字的海外用户需通过邮箱注册；密码为 6～16 位字符（字母、数字、符号），区分大小写。

（2）邮箱注册。

① 输入邮箱地址，设置密码并输入验证码（如图 6-2 所示），稍后会有一封激活邮件发送到此邮箱，点击后激活成功（如图 6-3 所示）。

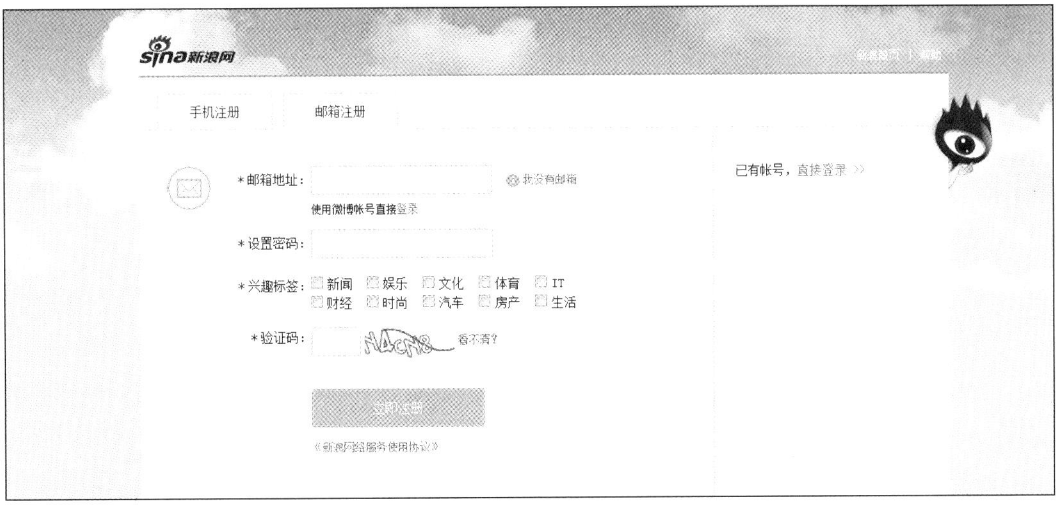

图 6-2　邮箱注册页面

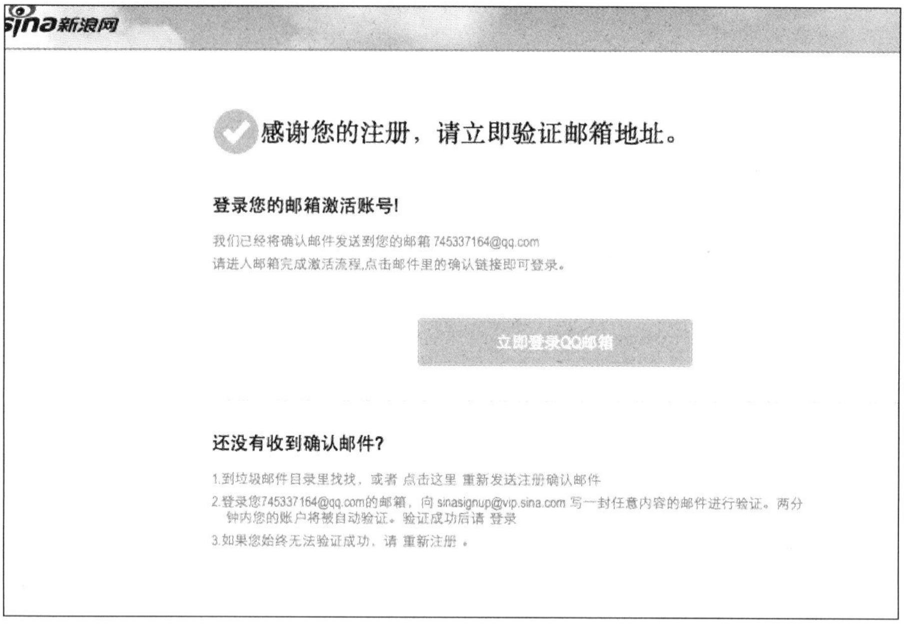

图 6-3　注册成功

②立即登录邮箱验证（如图 6-4 所示）。

图 6-4　邮箱验证

③验证成功，开通博客（如图 6-5 所示）。

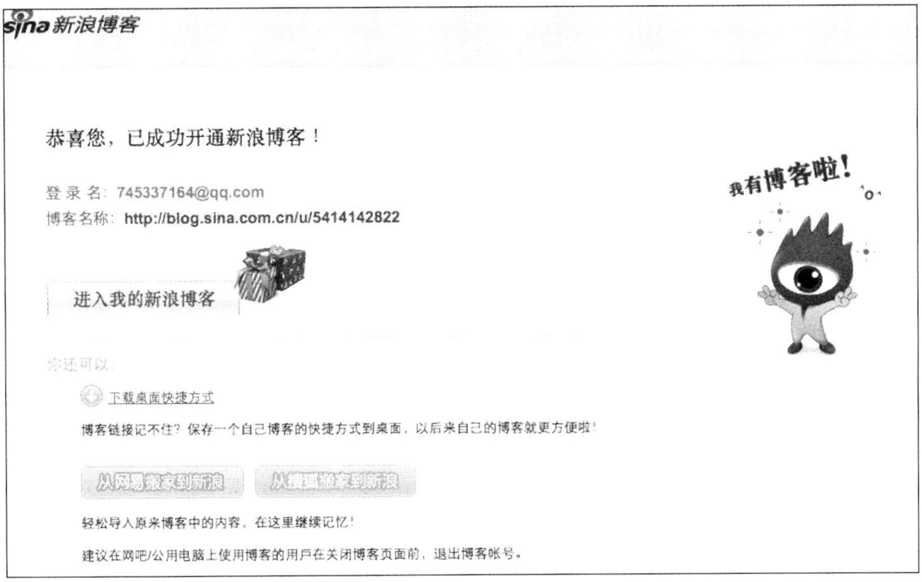

图 6-5 成功开通博客

小贴士

将登录密码设置为 8 位以上，数字、大小写字母、特殊字符混合型是相对安全的，但通常不方便记忆，在这里我们教您一个小窍门：尝试用字母“O”代替数字零等。同时，我们建议每隔半年修改一次登录密码。

（3）利用新浪微博账号直接登录，如果有微博账号则无需注册可直接登录。

知识链接

国内优秀的中文博客网

国内优秀的中文博客网有：博客网、新浪博客、搜狐博客、斗牛士、赛迪博客、和讯博客、百度空间、MSN 博客、BlogBus、Tom 博客、天涯博客、网易博客、凤凰博客、中国博客网、天极博客、歪酷博客、博客天下、博客园、中华网博客、网商博客、聚友博客。

二、对博客进行设置

1. 风格设置。单击导航中的“风格”链接（如图 6-6 所示），可以打开“风格设置”窗口。风格设置有两种方式，分别为“主题风格”和“自定义风格”。

（1）主题风格设置。主题风格是新浪网提供的，包括最新推荐风格和 8 种分类风格，如图 6-7 所示。

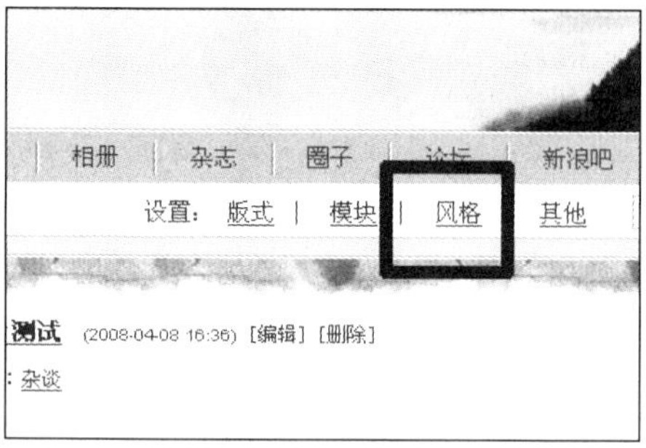

图 6-6　风格设置入口

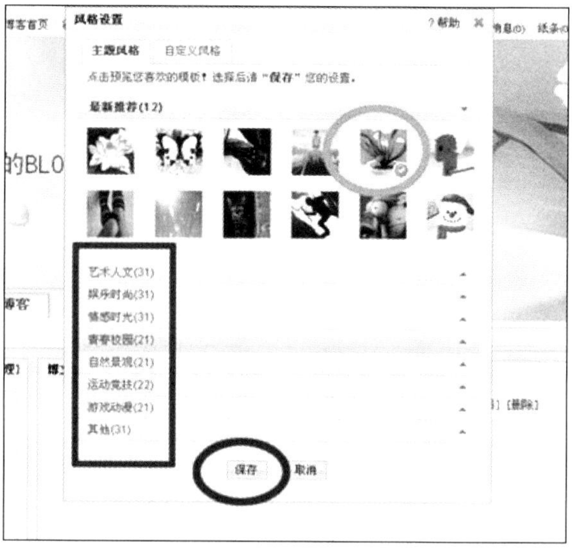

图 6-7　主题风格类型

小贴士

最新推荐呈现的是新浪网推荐和最新推出的风格，其他 8 个分类共计 200 多套风格，选择自己喜欢的风格，单击"保存"按钮即可。需要注意的是：每个分类里都有一个随机风格，如果选中随机风格，您的博客每刷新一次将随机显示分类中的一种风格。

（2）自定义风格。单击"更换头图"按钮自定义头图，上传图片，对图片进行设置后单击"保存设置"按钮即可（如图 6-8 所示）。

图 6-8　自定义风格类型

（3）首页模块设置。点击导航条上的“模块”链接，如图 6-9 所示。

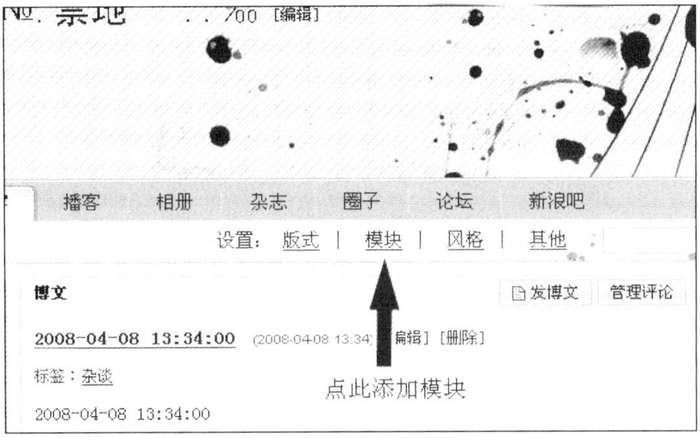

图 6-9　模块设置入口

① 添加与删除模块。在打开的模块设置窗口中，勾选要添加的模块，取消勾选不需要显示的模块，勾选完成后单击“保存”按钮，如图 6-10 所示。

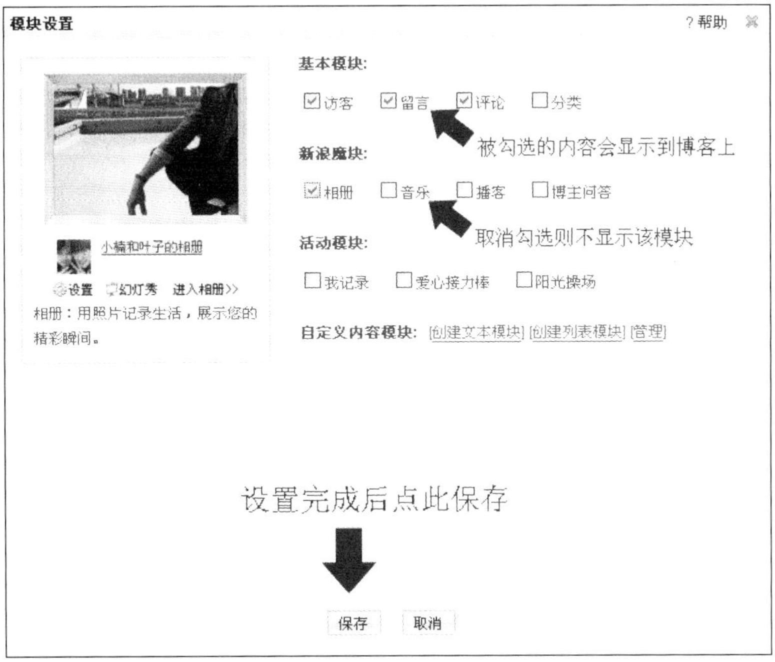

图 6-10　添加与隐藏模块

② 移动模块。把光标滑动到模块名称栏上，按住鼠标左键就可以直接移动该模块，如图 6-11 所示。

（4）首页文章显示设置。点击导航条上的“更多”链接，选择“首页文章显示”页签来设置首页文章显示字数。单击“显示全文”或“显示摘要”后保存即可，如图 6-12 所示。

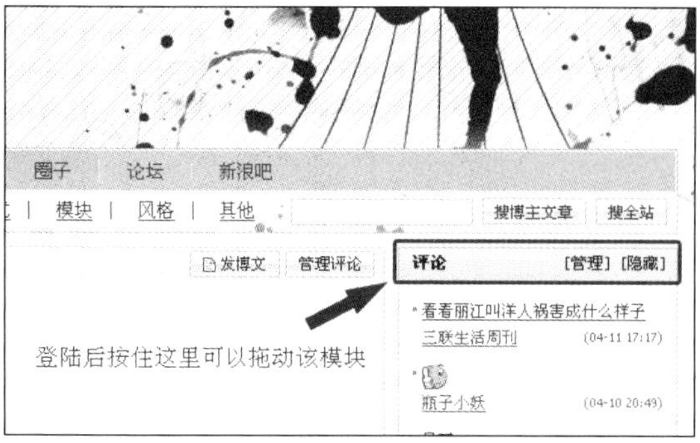

图 6-11　移动模块

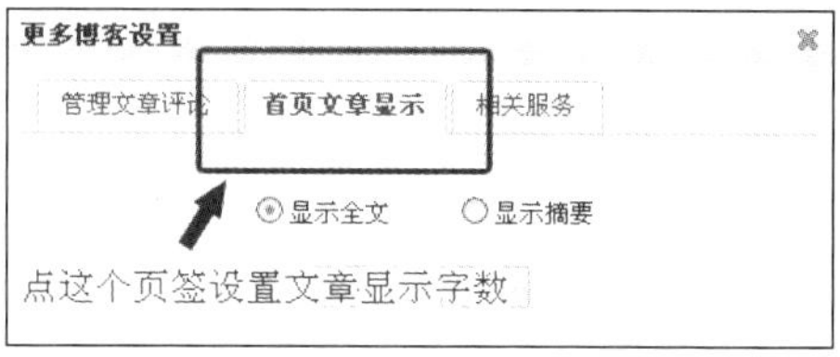

图 6-12　首页文章显示

小贴士

（1）显示全文：在自己的博客首页上，显示全部文字内容。

（2）显示摘要：在自己的博客首页上，所有文章只显示文字摘要。单击“阅读”或者“点击此处查看原文”才可以看到全部文章内容。

（5）个人信息设置。单击博客头像上面的“管理”模块，修改个人信息，如图 6-13 所示。

（6）好友设置。打开他人博客，在个性图片下方有一个“加好友”功能，单击弹出小窗口，发送邀请信息，就可以把他设置成亲密好友了，如图 6-14 所示。

图 6-13　管理设置入口

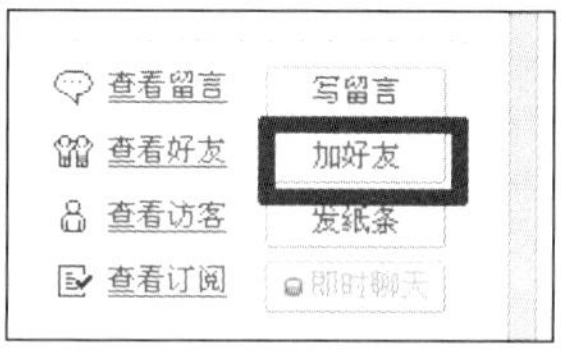

图 6-14　添加好友按钮

小贴士

发送邀请信息之后，对方将在“空间”中的“消息”系统“好友邀请”中看到您的邀请信息。对于好友设置，您可以选择“接受好友邀请”或者“不接受好友邀请”。

（7）管理评论。单击首页的“管理评论”按钮，进入评论管理界面（如图 6-15 所示）。可以对评论进行“回复”与“删除”（如图 6-16 所示）。

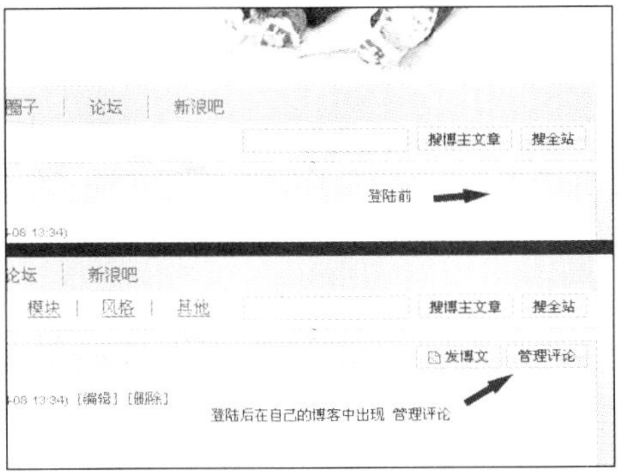

图 6-15　管理评论入口

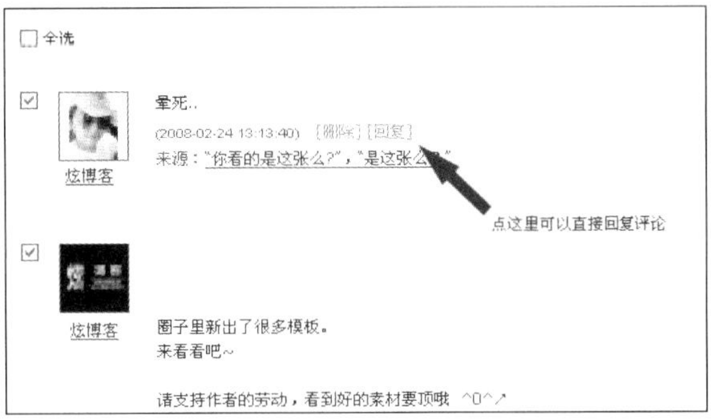

图 6-16　回复与删除评论

三、博客管理

（1）内容管理。对博客页面右边内容管理中的我的博文、我的相册、我的喜欢、我的收藏、我的草稿等进行设置（如图 6-17 所示）。

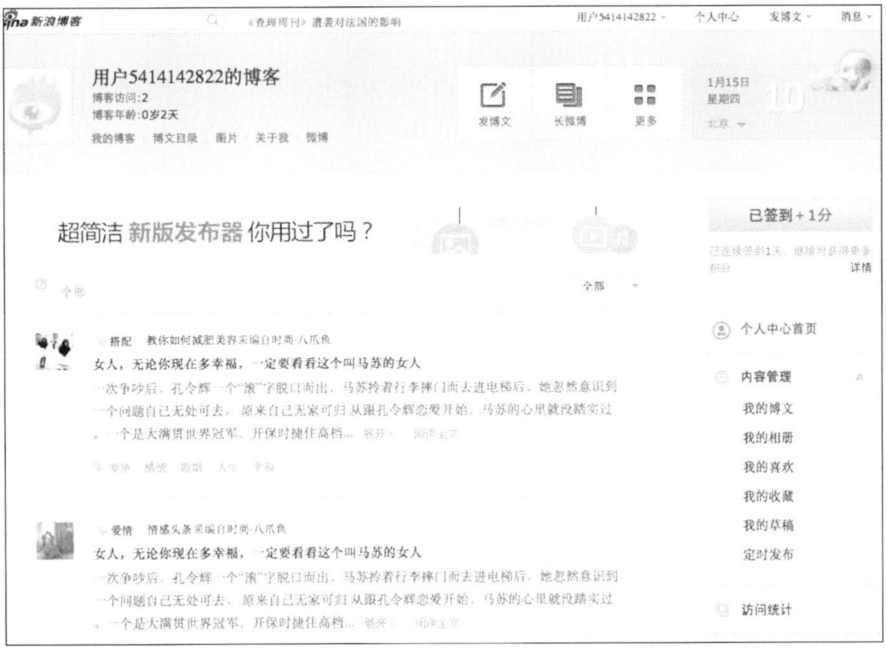

图 6-17　内容设置

小贴士

开通的博客，每周要至少更新两三篇文章。博客可以偶尔转载网站里的内容，但不可以把网站所有内容都转载到博客里，需要加上网站的链接。不管是网站里的内容，还是博客里的内容都要有价值。博客里的内容也不能完全都是复制的，原创的比例最好占 30%以上，内容相关，这样博客才会有意义。

（2）访问量的统计（如图 6-18 所示）。

图 6-18　访问量统计

（3）发消息、积分管理（包括积分记录、积分兑换、金币荣誉榜单）、博文管理（包括我的关注、我的好友、我的黑名单）（如图 6-19 所示）。

图 6-19　功能栏

任务评价

学习成果评价表

评价内容	评价方式			评价等级
	自评	小组评议	教师评议	
准备情况（预习、资料的收集）				A. 准备好；　B. 准备一般； C. 没有准备
知识技能掌握情况				A. 真正理解并掌握； B. 初步理解； C. 参与有关活动
任务完成情况（包括成果的展示）				A. 好 ；B. 一般；　C. 未完成
认真的学习态度 （听讲、讨论、课堂发言、操作活动）				A. 认真；B. 一般；C. 不认真
善于与同学合作				A. 能；　B. 一般；　C. 不足
思维的条理性 （表达意见有条理，解决问题过程清楚）				A. 强；　B. 一般；　C. 不足
思维的创造性 （提出和别人不同的问题，或用不同的方法解决问题）				A. 强；　B. 一般；　C. 不足
信息技术素养				A. 强；　B. 一般；　C. 不足
小　　计				
总　　评				
被评价人自我反思				

说明： 1. 评价内容前四项 A 为 15 分，B 为 12 分，C 为 8 分；后四项 A 为 10 分，B 为 8 分，C 为 6 分。

2. 总评=自评×30%＋ 组评×30%＋ 师评×40%

3. 85 分以上为优秀，75～85 为良好，60～75 分为合格，60 分以下尚需努力。

知识拓展

各博客网站对比

博客现在传播得相当广泛，已经深入人们的日常生活。但是提供博客服务的网站没有 100 个也有 80 个，到底哪个比较好呢？其实各网站的博客各有所长，关键是找一个自己喜欢的、适合自己的。现在把各博客的特点陈列一二，方便大家取舍。

网易：操作方便，可视化，实用性强，设置也很方便，基本不用跳转页面，可设置访问权限。功能庞大，无限存储。背景很漂亮，但很多博客特效无法加入，装饰挂件都带框框，不好看。编辑日志的页面很专业，方式多（短信、邮件、一键转贴）。几乎没有广告，网站活动较少。页面和好友管理不适合交友型博主。网速较慢，人少，就算是名博，访问量也不够刺激。

建议：网易博客适合博客初学者使用，如果想找一个清净的空间，网易是个不错的选择。

MSN 空间：操作方便，可视化，实用性强。设置起来较麻烦，需要单击很多按钮，可设置访问权限。储存量不知道是不是无限，但很大。背景相当一般，功能较多。编辑日志的页面较专业，方式少。没有广告，网站活动几乎没有。页面和好友管理很适合交友。网速慢，人少，如果没有加好友很可能只有你自己访问！建议：MSN 空间适合 messenger 好友交流或作为私人博客。

Qzone：操作方便，非可视化，实用性不强，反而适合娱乐。设置方便，但是刷新较麻烦，可设置访问权限。存储量很小。商业化太浓重，很贵，免费的东西比较简单，不是特好看，特效都是靠花钱买而不是自己 DIY。基本功能全部具备，高级功能几乎没有。日志编辑非常方便，方式很多（邮件、手机）。小广告和活动层出不穷。页面和好友管理很适合交友。人较多，可以畅游名博。

建议：Qzone 适合 QQ 好友交流，也可以用作网上交友，但没钱又没耐心对付广告和小纸条的人最好敬而远之……

新浪博客：操作方便，可视化，实用性强。设置方便，可设置访问权限。存储量大。背景简洁时尚，样式单一，可以加特效。功能庞大。日志编辑页面专业，方式多。有广告和活动。不适合交友，但适合当作纯粹的网络日记。网速很慢，经常掉线。人非常多，不用加多少好友就可以让访问量攀升。

建议：爱热闹的博主一定不要错过，喜欢看着自己的访问数量狂飙的人更不要错过，新浪丰富的平台可以更好地展示自己。

百度空间：操作还算方便，可视化、实用性强。设置不方便，跳转页面很多，可设置访问权限。存储有限，但也足够用。背景模板相当多，大都是私人创作的作品，有些非常漂亮，但也有不少模板做得比较粗糙，代码达人可自己尝试创作。功能较多，可以在首页添加游戏。编辑日志的页面不专业，但简单好用。没广告，活动不太频繁。适合交友，也适合作为网络日记。网速相当快。人气也不错。

建议：很大众化的空间，适合不同人群。

BlogBus：操作方便，非可视化，实用性强。设置方便，可设置访问权限，也可加密内容，非常安全。储存量不知道是不是无限，但很大。背景相当一般，而且非常少。功能较多。编辑日志的页面较专业，而且有多种高级设置，可以任意更改发布时间，很好用！广告不多，几乎没什么活动。网速虽然不及百度，但也很快。人不多不少，口碑很好。

建议：很大众化的空间，有一定私密性，适合作为私人博客。

拓展实训

（1）浏览其他博客网站并进行博客的注册（至少注册 5 个），与新浪博客对比注册及使用方面的区别。

（2）在博客中发表一些话题与图片，提高点击率。

任务 6.2　博　文　写　作

任务要求

利用免费博客来进行网站推广是目前常见的推广方式之一。无论是想利用博客来做链轮，还是单独培养，我们都要利用文章把博客充实起来，提高博客自身的权重，这样做出的推广才更有效。本次任务要求学生在博客文章的写作过程中，能灵活运用各种方法，让大家了解你的意图，提高博客的点击率。

知识准备

一、博文概念

博文，网络新名词，即博客上的文章；用作动词时，指在博客上写文章。

二、博文要求

1. 内容要求

① 取材局限：博文的取材很广泛，新闻、景色、社会热点事件、养生、美容、娱乐、情感、励志、总结等，大家每天都可以去观察各大门户网站及百度排行榜热点新闻。

② 内容广泛：最常见的是做广告，或者做公司简介；博文是软性的推广，要对网民有价值，才能起到推广的作用；要以网民为导向。

2. 具体要求

① 标题。标题要独一无二有创意，至少要吸引眼球。标题中要添加关键词，标题的关键词要与内容呼应。

② 内容。文章内容需积极向上，与标题相符，语句通顺、逻辑清晰；页面文字的大小以 14 号宋体最佳；一篇文章最好在 300～700 字之间，要让顾客学到东西，但同时又感觉不是广告。核心关键字用加粗、加红、斜体重点突出；正文中添加清晰的相关图片，有指定链接。

三、博文撰写技巧

（1）多用口语化的写作手法来写。博客写的太生硬，大家看起来很累，所以写的时候，最好能够用口语化的语言，这样会让读者感觉很亲切，读起来也轻松。

（2）博客内容排版一定要错落有致。笔者经常看到许多人写的Blog，密密麻麻一篇，连一个段落都没有，这样的博客很难让用户去读完。所以写博客一定要善于利用段落和空格。这样会让读者的眼睛有一个休息停顿的时间，然后也让用户感觉整篇文章一目了然，读起来轻松愉快。

（3）博客文章结尾处要标上：版权所有，欢迎大家转载，转载请注明作者和出处。这句话特别重要，因为很多网友看了一篇文章后觉得很好，想转载，但又怕没有经过作者的允许，私自转载对作者不尊重，联系作者又太麻烦。如果文章结尾处有这样一句话，就会提醒读者可以转载此文章，也可以帮忙宣传。

任务实施

一、博文写作步骤

（1）登录博客，单击“发博文”按钮，打开“发博文”界面（如图6-20所示）。

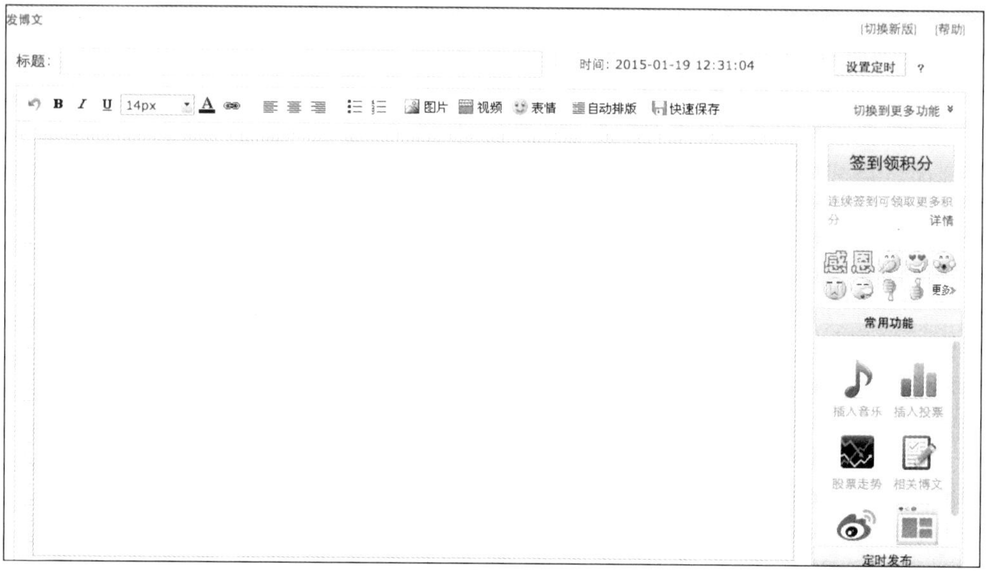

图6-20　发博文

（2）在新打开的页面中输入博客文章的标题和内容。

（3）写完文章后，单击“发博文”按钮发表博客文章。

知识链接

编辑博文注意事项

（1）博文标题：标题可采用“长尾词”中的标题，标题尽量不要只含产品名称，可参考百度知道中大家所提的问题。

（2）博文内容：在网上复制的博文，要先复制在记事本中，过滤掉原文的超链接，再复制到博文上，注意内容不要一模一样，条理清晰，层次分明。若是同类产品的网址，当天内容更新可保持一致，如 1028 裤有两个博客，内容更新可以相同，但是收尾时要将官方销售网址更改过来，与博文网址保持一致。一篇文章最多放一个图片。

（3）博文收尾。收尾一定要附上联系方式，包括官网、订购热线及客服QQ。

例：美国西力士官方网站：www.cialis315.com/

订购电话：400-626-8128

QQ：61646558、164656943

（4）分类目录与常用标签：分类目录与常用标签一定要写，建议填写分类目录 1～2 个，文章标签 3～5 个。

二、如何更换字体和颜色

您可以在博客中设置字体和颜色，选择要修改的字体后，单击工具条上的按钮即可（如图 6-21 所示）。

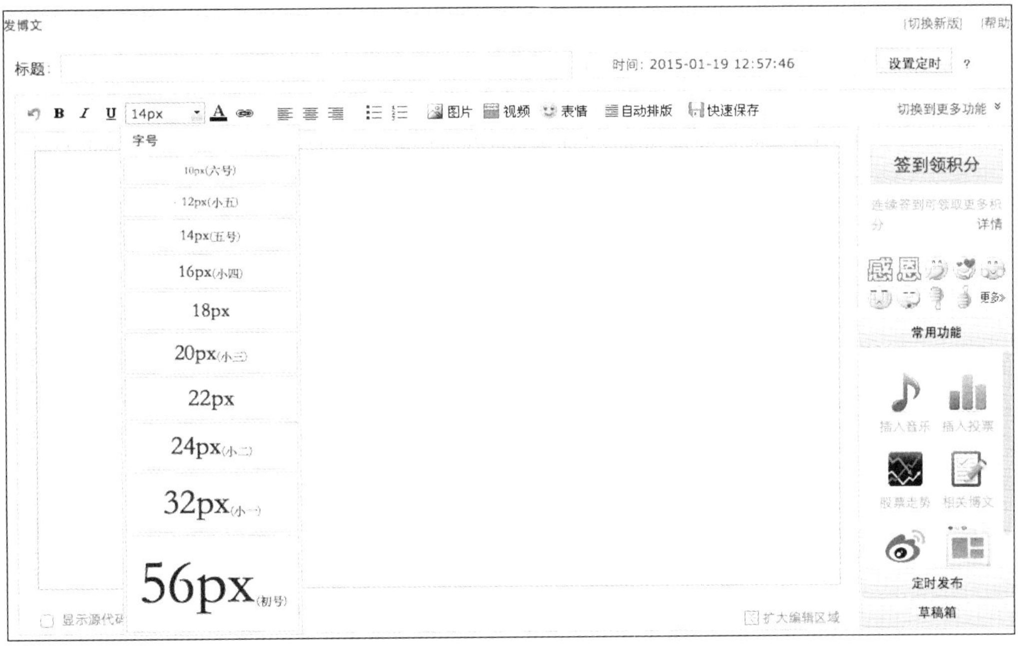

图 6-21 字体设置

三、在文章中插入图片

（1）进入【发博文】，在文章编辑框上部单击“插入图片”按钮（如图 6-22 所示）。

（2）在打开的窗口中单击“浏览”按钮选择要上传的图片，然后再单击“添加”按钮开始上传图片。

（3）上传完成后的图片会显示在窗口中，然后单击“插入图片”按钮便可把图片插入到文章中了。

图 6-22　插入图片

四、更多功能

单击编辑框右侧的【切换到更多功能】按钮，即可编辑文章字体、插入表格以及对文章进行编辑。

五、文章管理

（1）文章发表后有时需要修改，文章标题后的【编辑】以及【删除】按钮是用来修改和删除文章的，单击即可（如图 6-23 所示）。

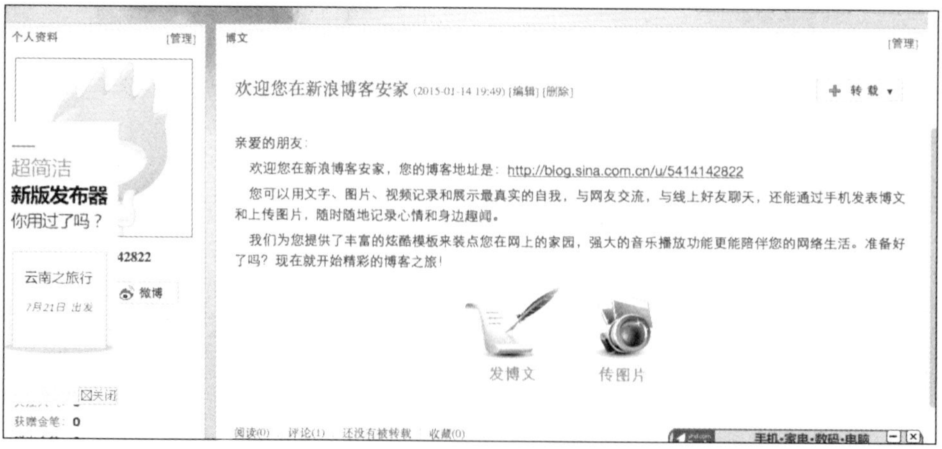

图 6-23　修改页面

（2）登录新版博客后，会看到【首页】【博文】和【收藏】三个按钮。

任务评价

学习成果评价表

评 价 内 容	评价方式			评 价 等 级
	自评	小组评议	教师评议	
准备情况（预习、资料的收集）				A. 准备好；　B. 准备一般；C. 没有准备
知识技能掌握情况				A. 真正理解并掌握；B. 初步理解；C. 参与有关活动
任务完成情况（包括成果的展示）				A. 好 ；B. 一般；　C. 未完成
认真的学习态度（听讲、讨论、课堂发言、操作活动）				A. 认真；B. 一般；C. 不认真
善于与同学合作				A. 能；　B. 一般；　C. 不足
思维的条理性（表达意见有条理，解决问题过程清楚）				A. 强；　B. 一般；　C. 不足
思维的创造性（提出和别人不同的问题，或用不同的方法解决问题）				A. 强；　B. 一般；　C. 不足
信息技术素养				A. 强；　B. 一般；　C. 不足
小　　计				
总　　评				
被评价人自我反思				

说明：1. 评价内容前四项 A 为 15 分，B 为 12 分，C 为 8 分；后四项 A 为 10 分，B 为 8 分，C 为 6 分。

2. 总评=自评×30%＋ 组评×30%＋ 师评×40% 。

3. 85 分以上为优秀，75～85 为良好，60～75 分为合格，60 分以下尚需努力。

知识拓展

博客营销文章的写作

一、专业而不枯燥

博客营销文章要有一定的专业水平或者行内知识。每一个销售人员都应该具有一定的专业水平，很难想象一个不懂自己产品的人，没有产品专业知识的人能做好销售工作。整体博客文章要始终不渝地为自己的目的服务。营销博客不能什么都写，要围绕自己的产品来布局自己的博客文章，博客文章的布局一定要从不同的文章题材中体现你的专业知识，也就是博文的知识水平要专业，让行内人士一读就能得到认可。

在追求博文的专业性的同时，要避免博文枯燥，使人读起来昏昏欲睡，味同嚼蜡，那样的话便失去了专的意义，更起不到营销的效果。

二、巧妙的广而告之

很多博主简单地认为博客营销就是利用博客来做广告，让更多的人来了解自己的产品，于是干巴巴地写些广告语在自己的博客里，没人看就打上门去，在别人的博客中到处留下自己的广告，要是还没作用，就到论坛上去发，结果劳而无功还遭人反感。还有的人把博客营销文章写成了产品说明书、产品资料，这些做法在我看来都不是博客营销文章。当然，这些人的想法并没有错，可过于简单不讲方法，效果自然很不理想。

三、博客营销文章的类型

（1）以营销自己为目的。这类博客、博主的目标是通过博客的写作，给自己带来人气，最终能为自己带来名利。当然，这类人刚开始写博客的时候并没有目的性，只是随着时间的推移，发现博客有营销自己的功能，因此也就有心为之了。

（2）以营销公司文化、品牌，建立沟通平台，更好地为公司管理销售服务为目的。这类博主都是公司的老板或者高层管理人员，主要看好博客这种营销手段。这类博客营销要做好，最关键的不是博客文章，而是整体的管理策划和引导。

（3）以营销产品为目的。这类博客目的很简单，通过博客文章的写作，达到销售产品和拿到定单。这类博主一般都是小型企业的老板或者销售主管，就是想通过博客营销为自己公司的电子商务服务。由于这类博主的目的简单明了，博客文章的写作对他们才是最实用的。因此，在这篇文章中我只讨论博客营销目的的第三种情况。也就是掌握博客营销文章的写作技巧，打动客户，感化客户，提高产品的销量。

四、博客营销文章写作的6点技巧

（1）产品功能故事化。博客营销文章不仅要学会写故事，更要学会把自己的产品功能写到故事中去。通过一些生动的故事情节，自然地让产品功能自己说话。

（2）产品形象情节化。当我们宣传自己的产品时，总会喊一些口号，这样做虽然也能达到一定的效果，但总不能使自己的产品深入人心，打动客户，感动客户。因此最好的方法，就是把你对产品的赞美情节化，让人们通过感人的情节来感知认知你的产品。这样客户记住了瞬间的情节，也就记住了你的产品。

（3）行业问题热点化。在博客文章写作过程中，一定要抓行业的热点，不断地提出热点，才能引起客户的关注，也才能通过行业的比较显示出自己产品的优势。要做到这些就要求博文的作者要和打仗一样，知己知彼，百战不殆。

（4）产品发展演义化。博客营销文章要赋予产品以生命，从不同的角度，不同的层次来展示产品。可以以拟人的形式进行诉说，也可以是童话，可以无厘头，也可以幽默，等等。越有创意的写法，越能让读者耳目一新，记忆也就更深刻。

（5）产品博文系列化。这一点非常重要，博客营销不是立竿见影的电子商务营销工具，而需要长时间地坚持不懈。因此，在产品的博文写作中，一定要坚持系列化的，就像电视连续剧一样，不但有故事的发展，还要有高潮，这样产品的博文影响力才大。

（6）博文字数精短化。 博客不同于传统媒体的文章，既要论点明确论据充分，又要短小耐读；既要情节丰富感人至深，又要不花太多时间。一篇博文最好不要超过1000

字，坚持短小精悍是博客营销的重要法则。

拓展实训

（1）浏览各大博客网站，搜索成功的企业营销的博文内容与大家分享，并说明吸引你的地方。

（2）请为你熟悉的公司或自己所在的学校撰写一篇推广博文，一周后记录浏览量与点击量，比比谁最强。

任务6.3 博客营销和推广

任务要求

推广是一门艺术，如何推广是市场营销的一个研究方向，网络博客亦是如此。本次任务要求学生推广自己的博客，获得更多的点击率和浏览量，以此提高知名度。

知识准备

一、博客营销的定义

博客营销是利用博客这种网络应用形式开展网络营销的工具。公司、企业或者个人利用博客这种网络交互性平台，发布并更新企业、公司或个人的相关概况及信息，密切关注并及时回复平台上客户对于企业或个人的相关疑问及咨询，通过较强的博客平台帮助企业或公司零成本获得搜索引擎的较前排位，以达到宣传目的的营销手段。

博客营销本质在于通过原创专业化内容进行知识分享争夺话语权，建立起信任权威形成个人品牌，进而影响读者的思维和购买 。

二、博客营销的优势

1. 细分程度高，广告定向准确

博客是个人网上出版物，拥有个性化的分类属性，因而每个博客都有不同的受众群体，其读者往往也是一群特定的人，细分的程度远远超过了其他形式的媒体。而且细分程度越高，广告的定向性就越准。

2. 互动传播性强，信任程度高，口碑效应好

博客在我们的广告营销环节中同时扮演了两个角色，既是媒体（Blog）又是人（Blogger），既是广播式的传播渠道又是受众群体，能够很好地把媒体传播和人际传播结

合起来，通过博客与博客之间的网状联系扩散开去，放大传播效应。每个博客都拥有一个相同兴趣爱好的博客圈子，而且这个圈子内部的博客之间相互影响力很大，可信程度相对较高，朋友之间互动传播性也非常强，因此可创造的口碑效应和品牌价值非常大。

3. 影响力大，引导网络舆论潮流

随着“芮成钢评论星巴克”、“DELL 笔记本”等多起博客门事件的陆续发生，证实了博客作为高端人群所形成的评论意见的影响面和影响力度越来越大，博客渐渐成为了网民们的“意见领袖”，引导着网民舆论潮流，他们所发表的评价和意见会在极短时间内在互联网上迅速传播开，对企业品牌造成巨大影响。

4. 大大降低传播成本

口碑营销的成本由于主要集中在教育和刺激小部分传播样本人群上，即教育、开发口碑意见领袖，因此成本比面对大众人群的其他广告形式要低得多，且结果往往也能事半功倍。

5. 有利于长远利益和培育忠实用户

运用口碑营销策略，激励早期采用者向他人推荐产品，劝服他人购买产品。最后，随着满意顾客的增多会出现更多的“信息播种机”、“意见领袖”，企业赢得良好的口碑，长远利益也就得到保证。

6. 博客的网络营销价值体现

大量增加了企业网站或产品说明的链接数量，新增了搜索引擎信息收录量，直接带来潜在用户的可能性迅速增大，且方便以更低的成本对用户进行行为研究，让营销人员从被动地依赖媒体转向自主发布信息，使传播在相当长的时间里得以继续延续，而不仅仅局限于当期的传播主题活动。

三、博客推广

1. 基本方法

（1）交换链接。这是博客的主要推广方法之一，所以做博客营销，就要每天抽出一定时间去和朋友，或者相关网友的博客进行友情链接交换。

（2）关系推广。各大博客网站都有主编或者栏目编辑，和编辑搞好关系，写好博客，可以让他们经常在网站显眼位置推荐自己的博客，这样很容易提高博客影响力。

（3）SEO 推广。博客的设置若符合搜索引擎的要求，搜索引擎也会源源不断地为博客带来流量，不过需要学习 SEO 技巧。

2. 具体方式

（1）软文。博客推广是最不耗力气，而又最有效率的一种方式，尤其在互联网抄袭成风的情况下，简直就是博客推广、搜索引擎优化的必备良药。当然，软文推广不能仅仅为了推广而推广。软文要想让别人乐于帮你推广，自然得对别人有用才行。

（2）模板。模板营销这一点对 Blogger 的要求很高，不过如果你本身是个设计者，可以设计些非常漂亮的模板放出来让大家下载，这样也能够在很大程度上扩大自己的影响力。

（3）插件。插件推广对 Blogger 的要求同样很高，当然，因为要求高，所以效果就比一般的推广要好。

（4）电子书。目前国内似乎还没有比较明显的案例，电子书推广的好处是流动性强，而且可以一直带来流量。

（5）活动/游戏。这类就比较多了，例如，曾经非常流行的怪癖游戏：博客联盟发起的一个“我在写博客过程中犯过的 N 个错误”小活动。当然，发起这类活动还是有一些技巧的，有兴趣的朋友可以参考如何成功的引发一次博客病毒营销。

（6）热门事件。在博客界，经常会有一些事情突然就火了起来，这个时候，抓住热点，也能够取得比较好的效果。一个社会新闻就可以催生出一个名记，同样的，一个突发事件也可以催生出一个名博。当然，如果你对某个热点话题不了解，那么最好不要写热点话题。

四、博客推广的方法与技巧

1. 要有耐心

很多博主都不能坚持每天或每星期去写博客，因为这是一种重复行为，所以很枯燥。但是，根据行为心理学研究，重复一种行为，只要坚持 21 天以上就会形成习惯，所以写博客也一样，刚开始的时候会觉得很难，坚持不住，但只要坚持一个月，就会形成习惯。

2. 写内容

博客推广最难的一点就是要长期写原创文章，但是不知道写什么好。其实原创内容不用自己找，网上或身边的朋友有很多。另外博客应该让人觉得不是在做广告，而是个人的写作空间，所以不能每次都发软文类的文章，有时应该发表一些生活感想之类的。

3. 增加人气

（1）版面要好看、简洁。

（2）写原创内容。

（3）多访问别人博客，留言并及时回访。

（4）多加圈子、交流群，这样自己的文章会被圈子自动抓取，方便别人发现。

任务实施

一、博客定位

想要推广博客，首先，博客内容要条理清晰，赏心悦目，这对浏览者来说也是一种享受。其次，博客内容要有一定深度或有明确的主题，如果是三言两语或表达混乱便没有推广的必要。

1. 目标定位

首先需要考虑博客营销的最终目的是为了提升品牌形象，还是为了增加产品曝光度；是企业型的博客，还是私人身份的博客。

2. 内容定位

在博客内容上首先应该考虑宽度与深度两个方面。宽度就是指内容的涵盖范围；深度就是指博客的专业程度。这两点既是可区分的又是互相涵盖的。

例如，做皮肤过敏的专业博客中又包含有宽度的内容：皮肤过敏治疗方法，皮肤过敏日常护理，皮肤过敏原因，皮肤过敏症状。在做博客之前必须要定位博客的内容，到底是大杂烩类型的，还是专业类型的。

大杂烩类型的博客的最大特点就是转化率不高，所以大杂烩类型最重要的一点就是要具有相当旺的人气。专业类型的博客的特点就是受众人群少，但是转化率高，吸引的都是潜在客户人群，这就需要博主具有专业的知识，内容一定要具有可信度，这样才能吸引潜在的客户人群。转化为实际的销售。

3. 博主定位

这里指的是博主身份的定位。需要根据前两点来确定：你是一个企业的专家身份，还是纯私人的身份，还是介于两者之间，这是需要考虑的问题。

二、博客提交

1. 搜索引擎收录（如图 6-24 所示）

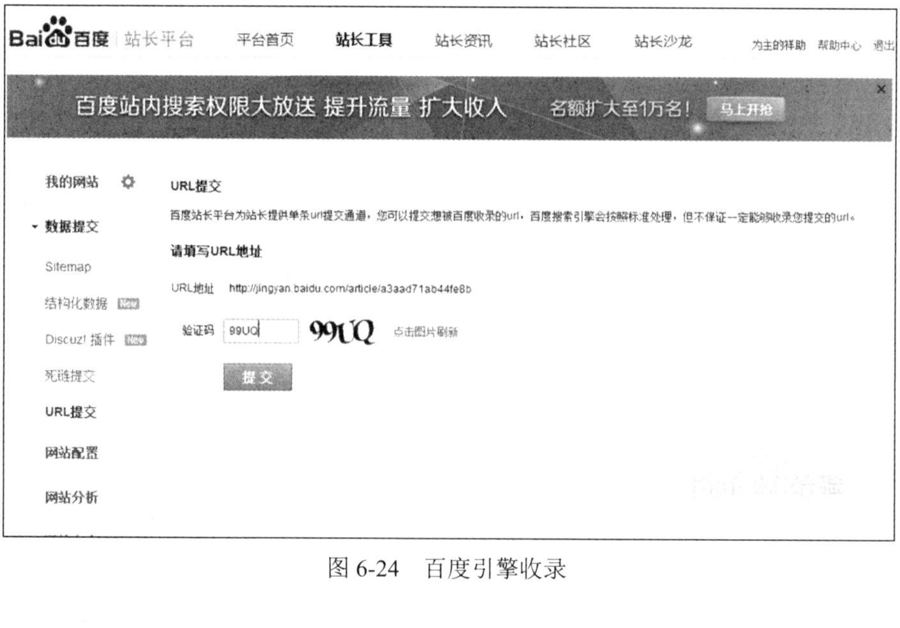

图 6-24　百度引擎收录

小贴士

让网站/帖子在搜索引擎中排名靠前一直是站长/用户的研究方向。如果您的帖子/文章点击率和访问量非常高，一般也能够很快地被搜索引擎算法收录到前排。不过搜索引擎提供了手动申请收录的平台，大家可以登录对应平台将自己需要推广的博客链接进行提交和申请。

百度搜索：http://www.baidu.com/search/url_submit.html

谷歌搜索：http://www.google.com/addurl/

360 搜索：http://info.so.360.cn/site_submit.html

2. 签名档推广（如图 6-25 所示）

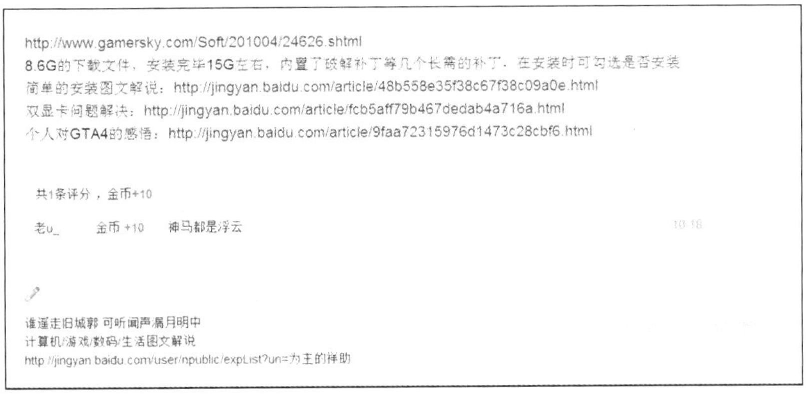

图 6-25　签名挡推广

小贴士

很多论坛/BBS 都提供了个人用户签名档自定义的功能，这样用户在该论坛发帖/回帖后，下方会显示自定义的签名档，签名档可以是图片，也可以是链接。通过签名档进行博客推广是很不错的方式，用户只需要进入个人设置界面将博客链接添加入签名档即可。

3. 组群推广（如图 6-26 所示）

图 6-26　组群推广

小贴士

推广去人多的平台/场所是很快速的推广方式，可以去对应的 QQ 群进行推广；可以将博客地址以 txt 或 word 文本形式上传到群共享，方便其他人下载查看；也可以偶尔在群里发一下博客链接，吸引关注。

4. 其他文章附带（如图 6-27 所示）

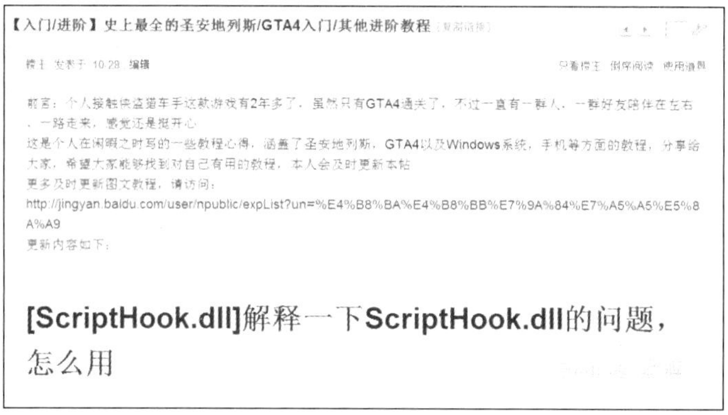

图 6-27　教程附带

小贴士

如果你喜欢时常写写教程/分享，可以在每一次的原创/转载教程处附带自己的博客地址，并且将这些教材也分享进你的博客，也可提高被搜索到的概率。如果你写的教程能在该区或该平台被加精/置顶，那么流量就更加可观了。

5. 贴吧宣传（如图 6-28 所示）

图 6-28　贴吧宣传

小贴士

目前百度贴吧的人流量可以说令人望而生畏，将您的博客链接复制到贴吧去互动宣传，可以直接吸引潜在浏览概率和浏览量。

任务评价

学习成果评价表

评 价 内 容	评价方式			评 价 等 级
	自评	小组评议	教师评议	
准备情况（预习、资料的收集）				A. 准备好； B. 准备一般； C. 没有准备
知识技能掌握情况				A. 真正理解并掌握； B. 初步理解； C. 参与有关活动
任务完成情况（包括成果的展示）				A. 好 ；B. 一般； C. 未完成
认真的学习态度 （听讲、讨论、课堂发言、操作活动）				A. 认真；B. 一般；C. 不认真
善于与同学合作				A. 能； B. 一般； C. 不足
思维的条理性 （表达意见有条理，解决问题过程清楚）				A. 强； B. 一般； C. 不足
思维的创造性 （提出和别人不同的问题，或用不同的方法解决问题）				A. 强； B. 一般； C. 不足
信息技术素养				A. 强； B. 一般； C. 不足
小　　计				
总　　评				
被评价人自我反思				

说明：1. 评价内容前四项A为15分，B为12分，C为8分；后四项A为10分，B为8分，C为6分。
2. 总评=自评×30%＋ 组评×30%＋ 师评×40% 。
3. 85分以上为优秀，75～85为良好，60～75分为合格，60分以下尚需努力。

知识拓展

怎样在新浪博客中添加QQ

（1）打开新浪博客，单击“页面设置”按钮，弹出对话框，如图6-29所示。

图 6-29　单击“页面设置”按钮

（2）单击“自定义组件”按钮，选择文本组件，如图 6-30 所示。

图 6-30　自定义组件

（3）复制粘贴 QQ 添加代码，如图 6-31 所示。（代码可到百度中搜索，如下代码把其中 2279484555 换成自己的就可以了）。

<Ahref="http://wpa.qq.com/msgrd?v=3&uin=2279484555&site=qq&menu=yes" target=_blank><IMG title=点击这里给我发消息 border=0 alt=点击这里给我发消息 src="http://wpa.qq.com/pa?p=2:2279484555:47"></A>

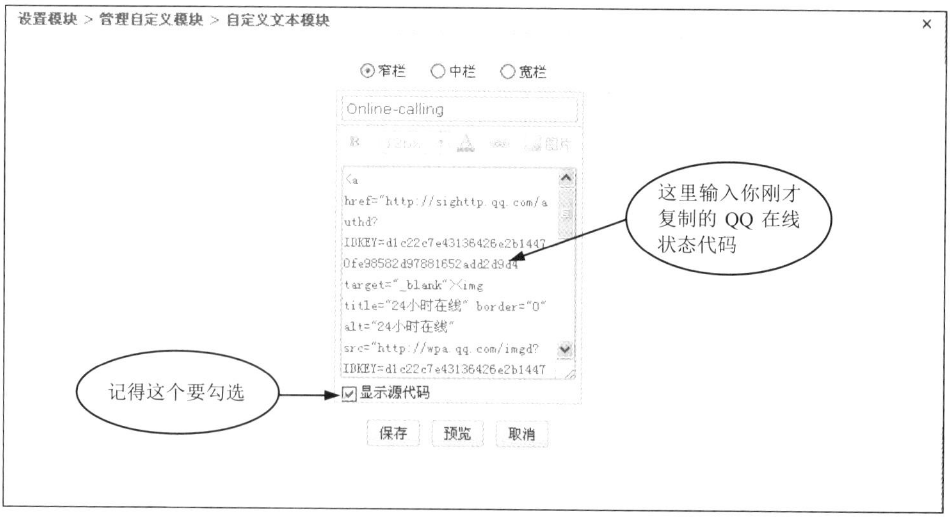

图 6-31　复制粘贴代码

注意：把需要的问题填好之后要点击“显示源代码”后，再添加代码。

（4）保存后的效果，单击后可开启临时会话，如图 6-32 所示。

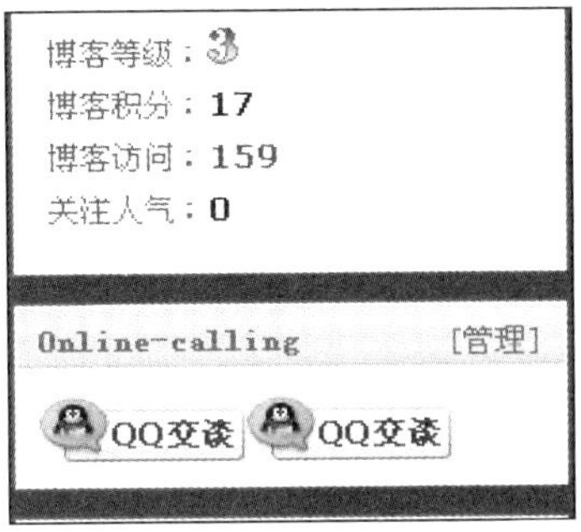

图 6-32　效果图

拓展实训

将你的博客推广给你的目标用户，要求如下：

（1）将推广思路和典型操作过程写入实验报告。

（2）将你的博客地址写入实验报告，随时调整博客的写作和推广策略，积极回复留言，留心博客流量的变化。

（3）谈一下写博客的感受，并写入报告中。

项目7

微 营 销

项目背景

阿里巴巴的创始人马云曾经说过，“互联网将改变人们的生活方式”，当年的一句广告，如今已变成了现实。随着移动互联网时代的到来，传统粗放式的产品营销方式已不能满足日益发展的精细化市场的营销需求。在市场的推动下，一种全新的营销方式——微营销，开始走进人们的视野，并逐渐帮助企业以最低的成本获取最大的增值服务。

微营销作为现阶段网络营销领域一种新兴的方式手段，其巨大的发展空间和潜力令无数企业和创业者趋之若鹜。因此不少人惊呼，互联网已进入“微”时代。

学习目标

- 了解微博的定义，认识各个微博平台，会注册微博账号。
- 掌握微博常用功能及使用方法，体会微博的营销价值。
- 了解微信本质，能区分微博与微信的差异，会进行朋友圈的互动营销。
- 掌握微信公众账号的注册、维护和运营方法。

任务7.1 微 博 营 销

任务要求

最近几年微博在我国得到迅速地推广，一些企业开始尝试利用微博展开营销活动，无疑，微博会成为未来商战的又一重要战场。本次任务要求学生认识各个微博平台，并选择其中一个平台成功注册微博账号，在掌握微博常用功能及使用方法的基础上进行营销推广。

知识准备

一、微博营销的定义

微博，即微博客（MicroBlog）的简称，是一个基于用户关系的信息分享、传播以及获取平台，用户可以通过 Web、WAP 以及各种客户端组建个人社区，以 140 左右的文字更新信息，并实现即时分享。

微博营销以微博作为营销平台，每一个听众（粉丝）都是潜在的营销对象，每家企业都可以注册一个微博，利用自己的微博向网友传播企业、产品的信息，树立良好的企业形象和产品形象。

微博营销，就是借助微博这一平台进行包括品牌推广、活动策划、个人形象包装、产品宣传等一系列的营销活动。微博营销成为电子商务中一种新颖的，独特的营销模式，方便、快捷、广泛、互动、实时都是微博营销独有的特色。

二、微博营销的优势

微博营销与传统营销手段一样，可以起到提高产品知名度、扩大品牌的影响力、向外界展示企业形象等作用。除此之外，微博营销还具有一些传统营销手段所不具有的优势。

1. 成本低

发布门槛低，成本远小于广告，效果却不差。发布 140 个字的信息，远比发布博客容易，对于同样效果的广告则更加经济。与传统的大众媒体（报纸、流媒体、电视等）相比受众同样广泛，前期一次投入，后期维护成本低廉。

2. 便捷性

微博营销优于传统的广告行业，发布信息的主体无须经过繁复的行政审批，从而节约了大量的时间和成本。

3. 立体化

微博营销可以借助先进的多媒体技术手段，用文字、图片、视频等展现形式对产品进行描述，从而使潜在消费者更形象直接地接受信息。从人性化角度上来看，企业品牌的微博本身就可以将自己拟人化，更具亲和力。

4. 覆盖广

传播效果好，覆盖面广，微博用户数量大。微博信息支持各种平台，包括手机、计算机与其他传统媒体。同时传播的方式有多样性，转发非常方便。利用名人效应能够使事件的传播量呈几何级放大。

5. 高速度

传播速度快。一条关注度较高的微博在互联网及与之相关联的手机，MID 等平台上发出后，短时间内互动性转发就可以抵达至微博世界的每一个角落，达到短时间内拥有最多的目击人数。

6. 效果优

微博营销是投资少、见效快的一种新型的网络营销模式，针对性强，利用后期维护及反馈，其营销方式和模式可以在短期内获得最大的收益。SNS 与类似于 BBS 形式的传统媒体广告相比，优势在于社交信任与信息筛选。传统媒体广告往往针对性差，难以进行后期反馈；而微博针对性极强，绝大多数关注企业或者产品的粉丝都是本产品的消费者或者是潜在消费者，企业可以为其进行精准营销。

三、微博营销的基本法则

要想在微博营销的过程中，更好地把微博营销做到位、高效，还需要遵循一些基本法则，大致归纳出以下 3 种基本法则。

1. 有趣

微博不能太枯燥、太官方。如果没有趣味，你的微博粉丝，也就是你的个人广播电台的听众，就不愿意转发你的微博，也就无法完成你的初衷。如果没有粉丝转发你的微博，那微博就没有效果了。所以第一条法则，一定要有趣。

2. 互动

传统媒体，如报纸营销是无法与用户互动的，但通过微博，如果有人对你的产品感兴趣并发送了评论，你就可以跟他互动，帮助他解决问题，一般帮助他解决了问题，他也可能把这些转发出去，帮助有相同问题的朋友。因此跟用户建立互动关系，是微博营销的又一个重要法则。

3. 真诚

真诚不仅是微博营销的基本法则，而且也是做任何事，做任何互动交流的基本原则。一提到营销，人们往往想到夸张、虚饰、忽悠、不择手段。但是，虚假可能只获得一时的小利，却不能获得人们长期的信任，你可以忽悠一个月、两个月，但是你不能忽悠一年、两年、五年。微博营销绝对是一个以年计算的长期行为。微博上交朋友和现实中交朋友一样，好的声誉就是财富，而积累良好的声誉需要时间，没有真诚的互动就不可能有良好的声誉。

四、微博营销的要点

在微博营销过程中要使微博营销达到一定的效果，还需要注意以下的一些要点，总结为10个方面。

1. 话题

根据你的目标听众设定话题，就是要在微博设立初期制定内容策略，类似于一本杂志的主编设定杂志内容策略。微博的最终目的其实是分享内容，对于企业来说，运用好社会化媒体的关键在于内容策略，内容策略=我听见你的声音+我在听你说+我明白你说的+达成营销目标的内容措施。

2. 标签

标签设好了可以帮你找来你想找的人；如果标签设不好，就算你有1万粉丝也没有用。当然不同时间需要用不同的标签，让搜索结果能一直处在第一页，这样才有机会被你想要的用户关注。

3. 善用大众热门话题

每小时热门话题排行以及每日热门话题排行都是很有用的，因为这些话题适合微博的每个人，如果善加策划，并加进我们的营销内容，就可以增加被用户搜索到的机率。一般在热门关键词前后加“#”号，如#世界经理人#。

4. 主动搜索相关话题

把用户在百度知道中常问的企业所在的行业问题总结整理出来，提取出重要关键词，如世界经理人、世界经理人管理、世界经理人资讯…… 随时关注微博用户讨论内容，主动搜索，主动与用户互动。

5. 制定有规律的更新频率

每日发6～20条，一个小时发1～2条，频率和节奏把握不好，会让粉丝流失。

6. 让内容有“连载”

例如，每天推荐一个好作品或热门资讯，每周发布一次活动结果，连载会让粉丝的活跃度增高。

7. 规划好发帖时间

微博有几个高峰，上班、午休、下午4点后、晚上8点，要抓住这些高峰人群时间发帖，才可能产生高阅读率和高转发率。

8. 善用关注

在微博推广前期，关注能够迅速聚集粉丝。对新浪来说每天最多只能关注500个人，关注的上限人数为2000人。

9. 活动

一定要定期举办活动，活动能快速地增加粉丝数量，并且增加其忠诚度以及建立与竞争对手的区隔。

10. 互动

创造有意义的 Experiences（体验）和 Interactions（互动）。只有做到这两点，客户和潜在客户才会与你交流，才会分享你的内容。

五、微博营销的主要策略

1. 内容营销

内容营销就是通过让用户喜欢上你的内容从而吸引用户的眼球，因此需要巧妙利用视频、图片等工具，配合一条 140 字的微博，精心雕琢，真正与用户达成情感共鸣。“有调查显示，如果用户所发布的信息能配上一张图，其关注度往往高于纯文字的微博”。

2. 领袖营销

锁定一些相关领域内的重要意见领袖，并引导意见领袖去讨论、传播产品信息的营销模式，便是领袖营销。如“围脖女王”姚晨的粉丝数量达到惊人的7000多万人，而一张报纸的日发行量也就百万份，所以能否得到意见领袖的关注将对企业微博起到重要作用。

3. 活动营销

企业微博还要多进行活动营销，如送出免费产品或促销活动等，这不仅能够快速带来粉丝数量的增长，而且能增加其忠诚度。

4. 情感营销

此外，还要善于运用情感营销，即通过发布轻松的话题，调动用户参与其中，深层次地进入用户内心，用情感连接起品牌的影响力。例如，《新周刊》的官方微博，除了每天更新新闻与读者互动外，该微博管理者还别出心裁地在早、午、晚三个时间段，分别发布对应的名人名言，很容易使粉丝产生共鸣。

任务实施

一、认识微博平台，完成注册

（1）打开百度搜索页，输入搜索内容，如图 7-1 所示查找四大门户微博平台相关知识，完成表 7-1。

表 7-1 四大门户微博平台

名称	测试时间	字数限度	拥有用户数	具备功能
新浪微博				
网易微博				
搜狐微博				
腾讯微博				

注意：（1）2014 年 7 月，中国互联网络信息中心第 34 次发布的《中国互联网络发展状况统计报告》显示，截至 2014 年 6 月，微博用户规模为 2.75 亿，活跃用户 1.20 亿。其中，手机微博用户数为 1.89 亿，活跃用户 6766 万。

（2）新浪官方发布的数据：截止 2013 年年底，新浪微博用户为 1.29 亿，活跃用户 6140 万。

（3）另有其他网站公布新浪微博注册用户：截止 2013 年 3 月，注册用户为 5.365 亿；截止 2013 年 9 月，活跃用户为 6020 万。

知识链接

中国四大门户微博简介及评价

新浪微博目前是国内排名第一的微博产品，截止至 2014 年 3 月，活跃用户 1.438 亿。其主要特点在于力推名人圈，通过庞大的认证名人资源使得舆论领袖效应明显，目前已基本覆盖大部分知名文体明星、企业高管和媒体人士。2010 年年初，新浪微博推出了 API 开放平台。例如，http://weibo.com/chejianxinweibo。

腾讯最大的资源就是海量的 QQ 用户，因此，腾讯微博最大的特点是和腾讯 QQ 功能整合。在腾讯 QQ 2010 体验版中，微博功能就已经被整合进了 QQ 客户端。由于两者已经绑定，因此客户在发布微博的时候不用专门登录腾讯微博，为客户带来便捷。

搜狐微博着重于草根微博和校园微博的建设，致力于自身旗下各种社会性网络产品，如白社会以及与 ChinaRen 挂钩的产品之间的整合和信息之间的共享互动，致力于提升用户体验。

搜狐微博的特点首先在于和博客、视频、相册、圈子、新闻的整合；其次，搜狐微博没有 140 个字的限制；再次非注册用户也可以阅读微博内容：用户对搜索网站内新闻的跟帖评论会自动收录到用户微博中。

网易微博支持文字、图片发布，字数限制为 163 个字，没有推出名人认证类功能。基于网易微博开发的应用工具较少，因此网易微博的口号是“有态度的微博”。

四大微博各有特点，相互之间有相似处也有不同点，最近还推出了一种新的微博模式，就是新浪的轻微博，这种微博的特点是更符合搜索营销特点的一种介于微博和博客之间的营销媒介，作为一种新媒介我们有必要去了解和使用这些新媒体工具来营销。

（2）进入四大门户微博网页。

① 打开 IE 浏览器，在地址栏内输入微博官方地址：

新浪微博：http://t.sina.com.cn；

网易微博：http://t.163.com；

搜狐微博：http://t.sohu.com；

腾讯微博：http://t.qq.com；

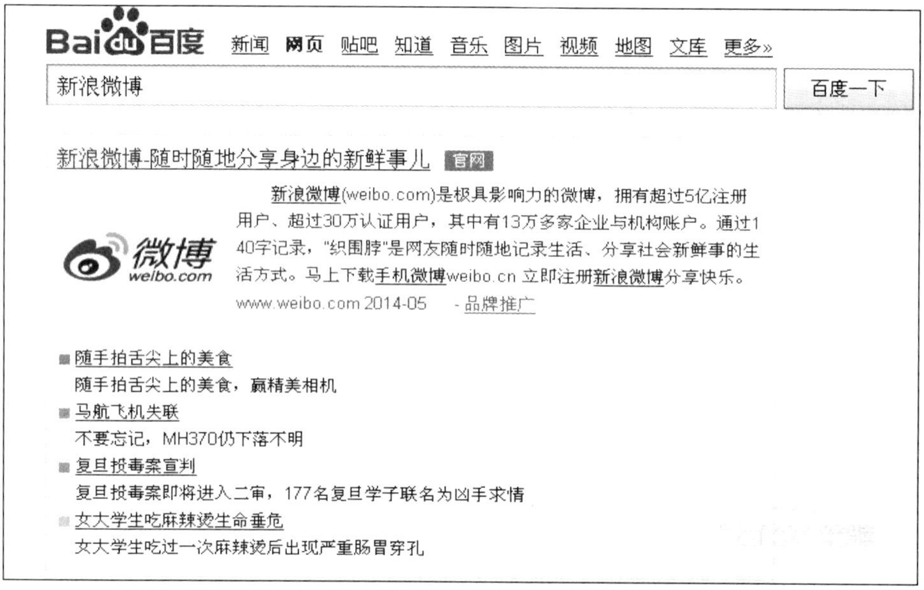

图 7-1　搜索页面

② 进入 IE 搜索引擎，直接输入“新浪微博”、“网易微博”、“搜狐微博”、“腾讯微博”进行搜索，进入各微博首页，如图 7-2～图 7-5 所示。

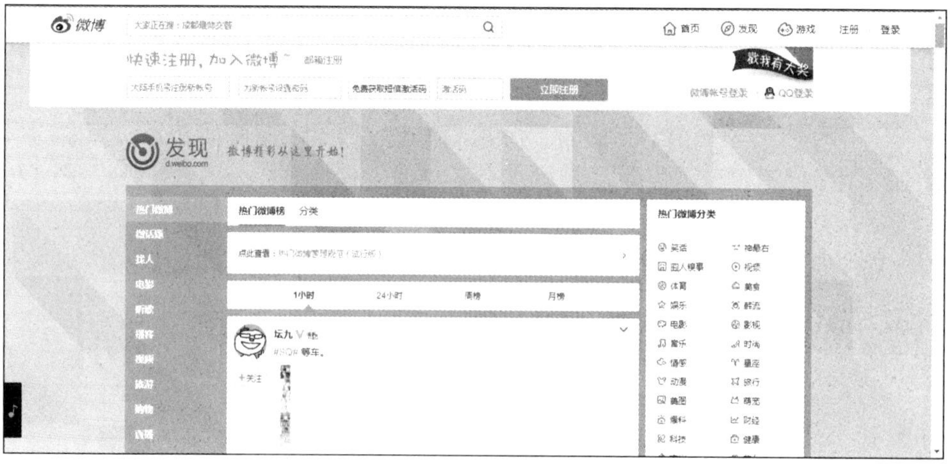

图 7-2　新浪微博首页

图 7-3　网易微博首页

图 7-4　搜狐微博首页

图 7-5　腾讯微博首页

知识链接

手机版登录页面，如图 7-6 和图 7-7 所示。

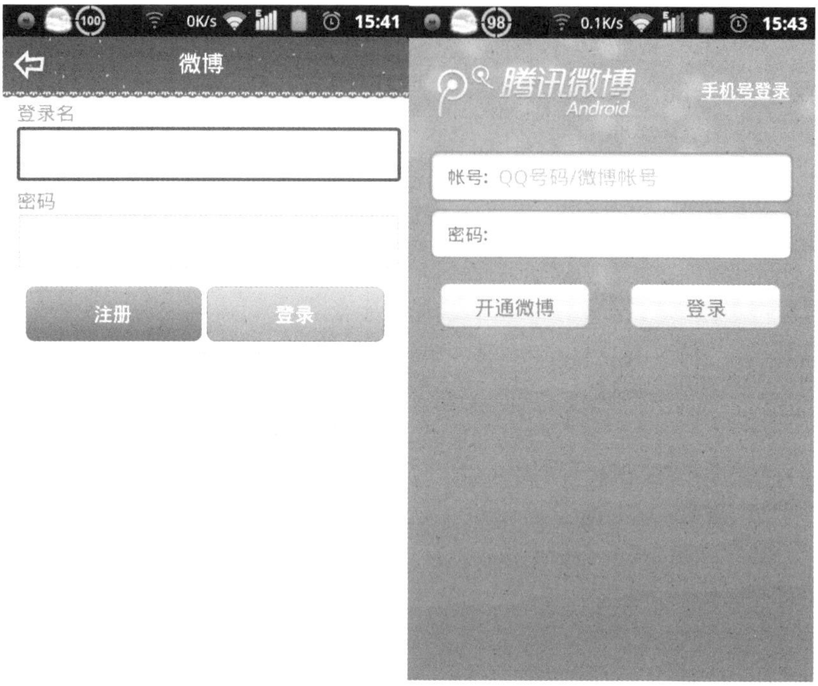

图 7-6　微博手机登录界面（新浪、腾讯）

图 7-7　微博手机登录界面（搜狐、网易）

从客户端上的登录页面操作中得出，用户名和密码都是默认记录的，都支持多用户切换。

（3）注册微博账号（以新浪微博为例）。

① 进入新浪微博首页，单击“立即注册”按钮。注册页面里有两大选项，分别是个人注册（手机注册、邮箱注册）和官方注册（手机注册、邮箱注册），可以按照需求选择注册，如图7-8和图7-9所示。

图7-8 新浪微博首页

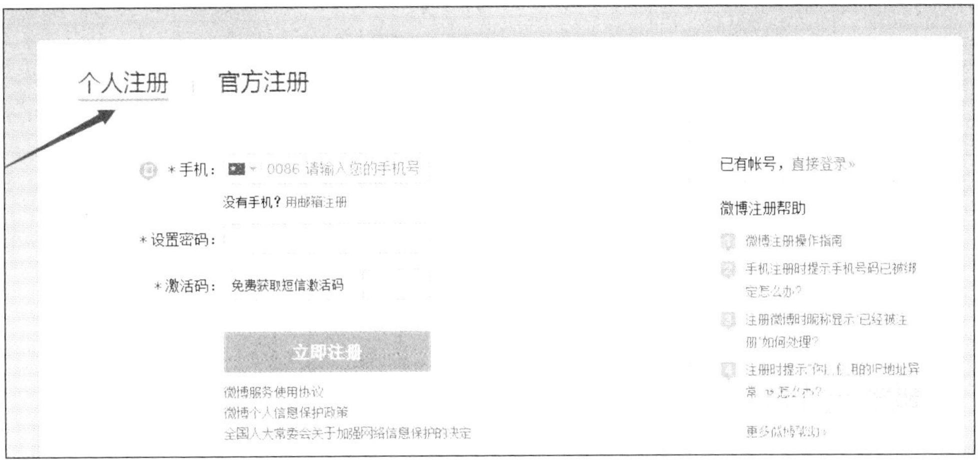

图7-9 注册页面

小贴士

官方认证类型（官方注册）包括：政府、企业、媒体、网站、应用、机构、公益、淘宝个人卖家、校园组织。

注意：非官方类用户，请直接在“个人注册”处注册。

② 填写相关资料，选择兴趣（可选择1～5个），进入微博，如图7-10～图7-12所示。

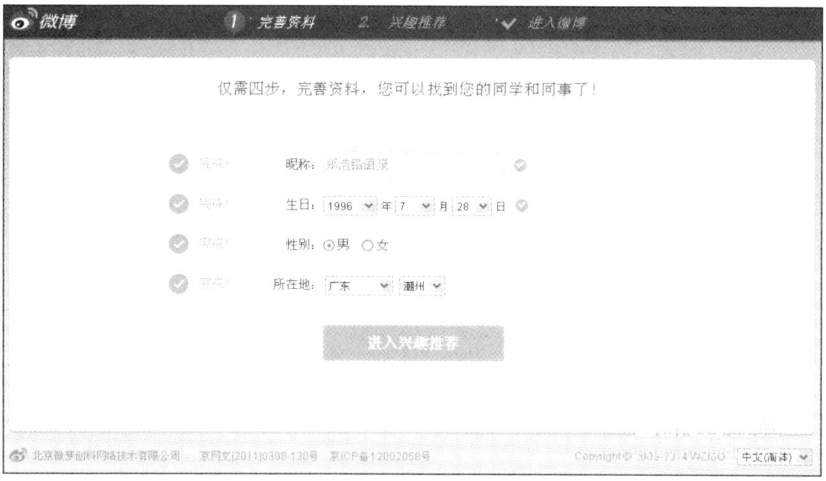

图 7-10　填写资料

图 7-11　选择兴趣

图 7-12　进入微博

③ 如果是用邮箱注册的，注册成功后，新浪微博会有 30 天的体验期。只要确认邮件地址，激活便可以使用微博的所有功能，如图 7-13 所示。

图 7-13　激活账号

二、浏览微博界面，学习常用设置

1. 认识微博界面（如图 7-14～图 7-16 所示）

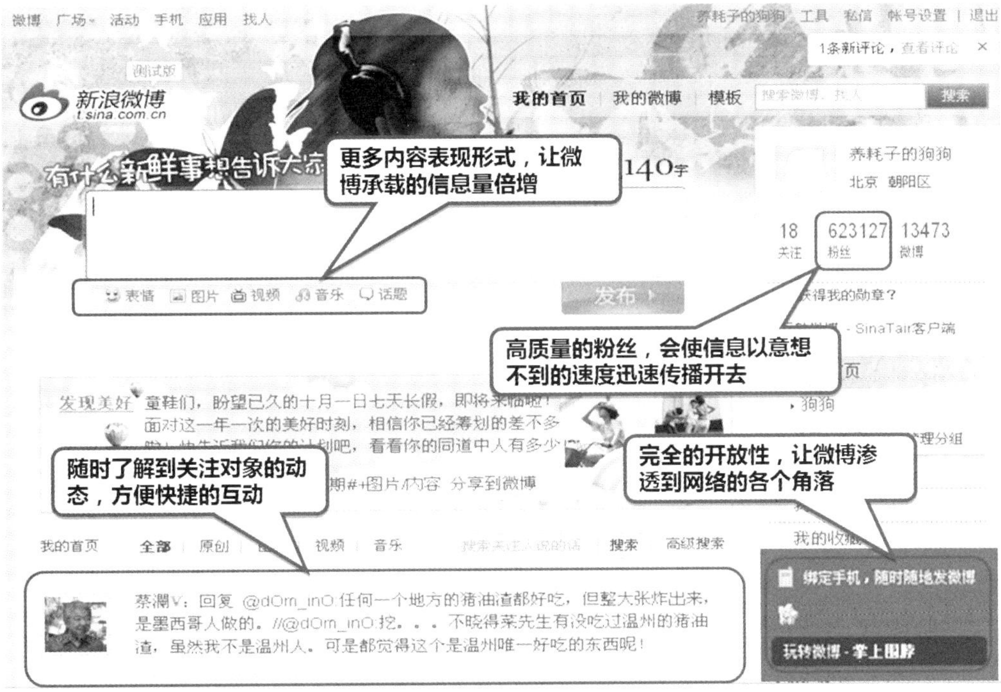

图 7-14　微博界面说明 1

2. 学习常用设置

（1）修改昵称及个人资料。

① 登录微博，点击页面顶部导航处的“帐号设置”，如图 7-17 所示。

② 进入个人资料页之后，就可以对昵称及资料进行修改了。

图 7-15　微博界面说明 2

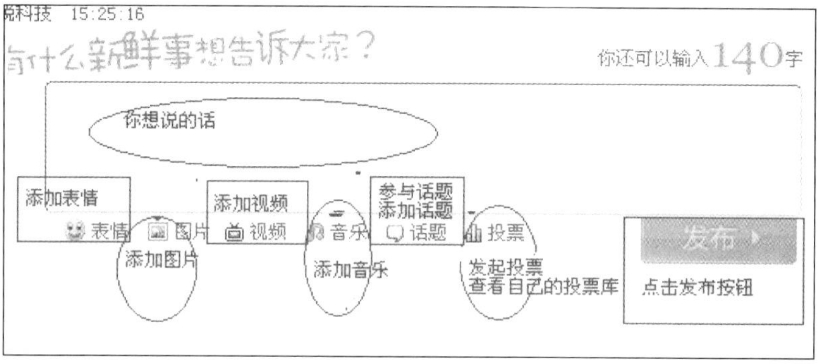

图 7-16　简单的微博应用

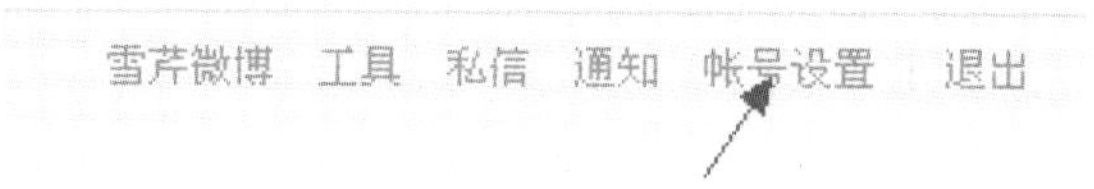

图 7-17　帐号设置

小贴士

昵称：在新浪微博中使用的是虚拟姓名。当别人浏览您的微博信息时，他只能看到您的昵称，而不会看到您的微博登录名。昵称在注册后，可以随时更改。微博的昵称是唯一的，一个昵称只允许一个用户使用。为了让昵称更高效地使用，对于注册后 30 天内 0 粉丝 0 微博的用户，微博有权收回昵称。

（2）更换头像。

① 在个人资料页面，单击“修改头像”按钮，进入到修改头像页面，单击页面中的“浏览”按钮，开始修改头像，如图 7-18 所示。

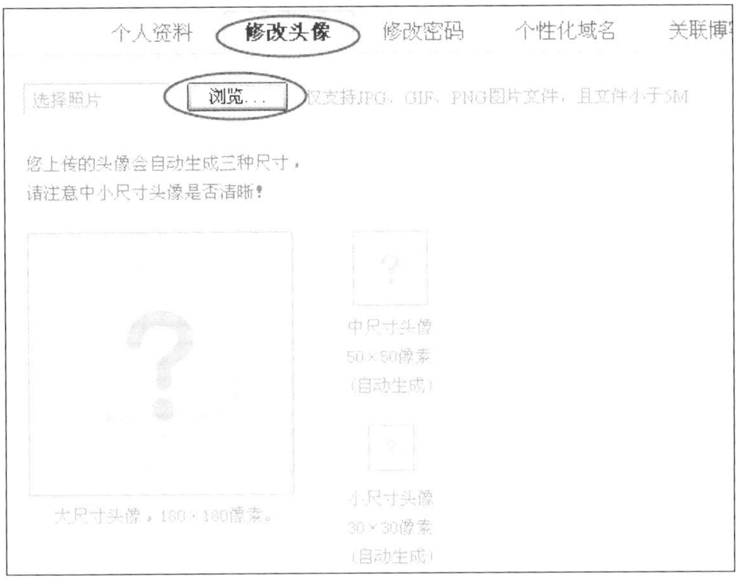

图 7-18 头像修改 1

② 选择本地计算机中的一张图片，页面即可显示个人头像编辑框，就可以在页面调整图片的大小、方向等设置（下图中的红色区域）。头像修改后，单击“保存”按钮，头像更换成功，如图 7-19 所示。

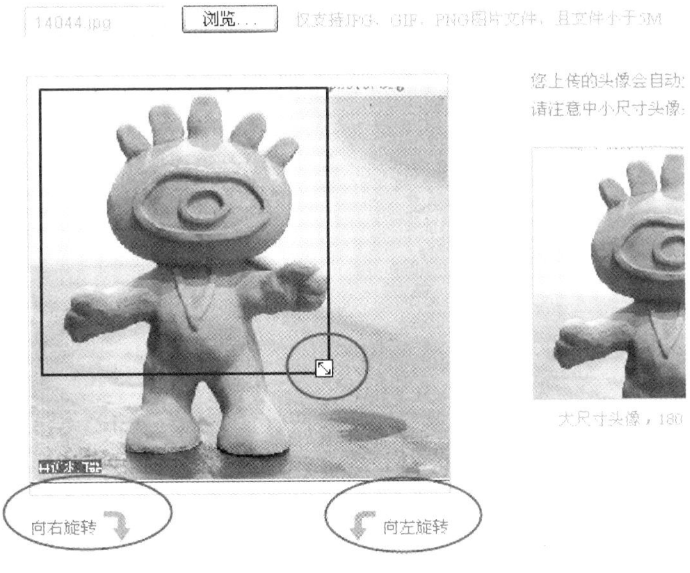

图 7-19 头像修改 2

（3）设置个性模板。

① 在登录微博后，单击个人资料上的“模板”按钮，如图 7-20 所示。

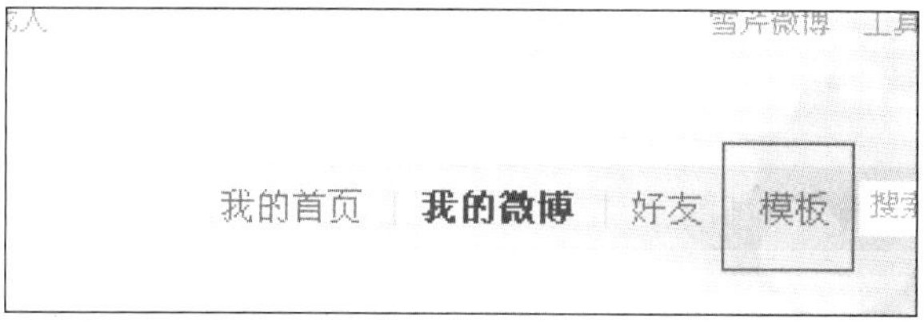

图 7-20　单击“模板”按钮

② 进入设置页面之后，选择喜欢的“个性模板”，单击“保存”按钮即可，如图 7-21 所示。

图 7-21　个性模板

三、使用新浪微博

（1）发表微博：将在生活中看到、听到、想到的，微缩成一句话（140 字）或者一张图片，发到新浪微博上和朋友分享。

方法：登录微博后，在“我的首页”上方输入框中填写你想说的话，单击“发表”按钮发布，如图 7-22 所示。

图 7-22　发表微博

小贴士

你也可以绑定手机，通过手机随时随地发表你所看到、聆听到、感悟到的一切。

（2）添加关注：通过对方昵称，单击他微博首页头像下方的“如注”按钮，就可以成功关注他，如图 7-23 所示。

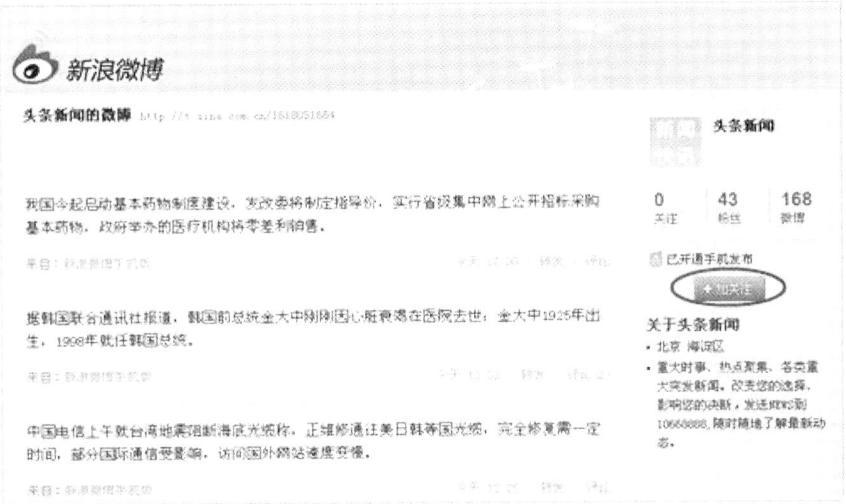

图 7-23 加关注

小贴士

（1）关注是一种单向、无须对方确认的关系，只要您喜欢就可以关注对方，类似于“添加好友”。添加关注后，系统会将该网友所发的微博内容显示在您的微博中，使你可以及时了解对方的动态。“关注”的人越多，则获取的信息量越大。

（2）拥有粉丝：假如有人关注了你，那么他就成为了你的粉丝，多关注别人，别人也会关注你，你的粉丝会越来越多。邀请身边的朋友来关注你的微博，也是一种快速获得粉丝的好办法，如图 7-24 所示。

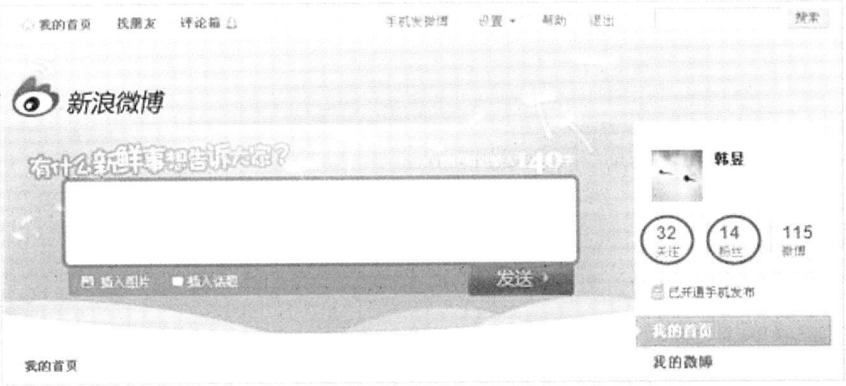

图 7-24 点击查看“关注”及“粉丝”

（3）参与话题：就当下最火爆最热闹的事件发起话题或讨论。发起或者参与话题讨论，可以认识更多的网友，和他们成为朋友，分享更多的信息，如图 7-25 所示。

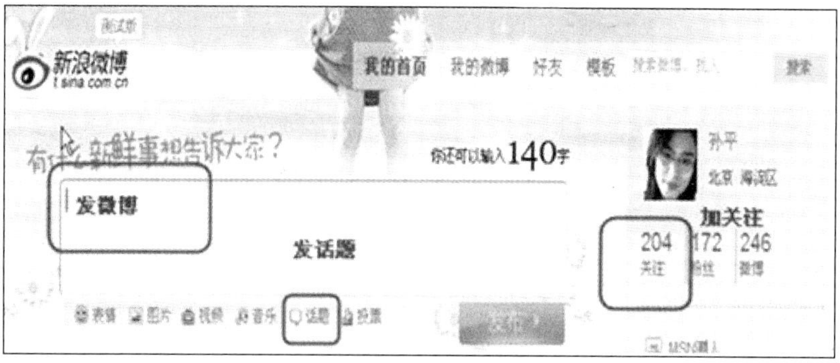

图 7-25　发起话题

（4）@他人：只要在微博用户昵称前加上一个@，然后按“空格”键再输入你要对他（或她）说的话，对方就能看到了，如图 7-26 所示。

注意：“@昵称”后一定要加一个空格，否则系统会把后面的话默认为昵称的一部分。

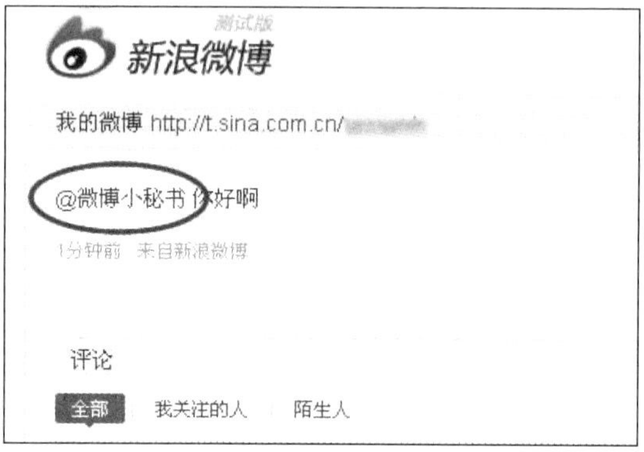

图 7-26　@功能使用

知识链接

如何查看谁@我：回到“我的首页”，在右侧列表中即可看到，如图 7-27 所示。

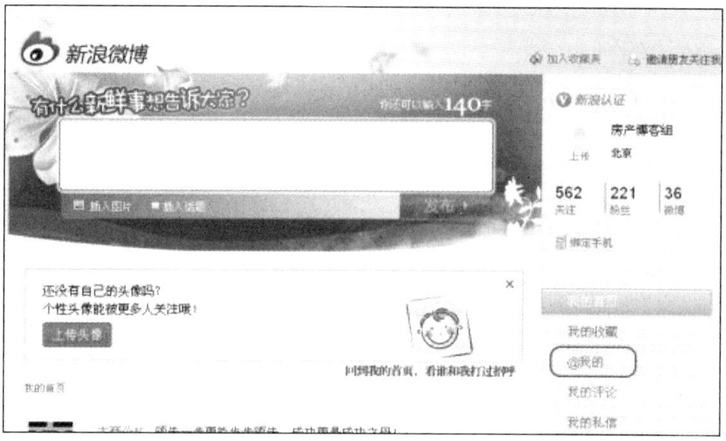

图 7-27　查看@我的用户

任务评价

学习成果评价表

评价内容	评价方式			评价等级
	自评	小组评议	教师评议	
准备情况（预习、资料的收集）				A. 准备好； B. 准备一般； C. 没有准备
知识技能掌握情况				A. 真正理解并掌握； B. 初步理解； C. 参与有关活动
任务完成情况（包括成果的展示）				A. 好 ；B. 一般； C. 未完成
认真的学习态度 （听讲、讨论、课堂发言、操作活动）				A. 认真；B. 一般；C. 不认真
善于与同学合作				A. 能； B. 一般； C. 不足
思维的条理性 （表达意见有条理，解决问题过程清楚）				A. 强； B. 一般； C. 不足
思维的创造性 （提出和别人不同的问题，或用不同的方法解决问题）				A. 强； B. 一般； C. 不足
信息技术素养				A. 强； B. 一般； C. 不足
小　计				
总　评				
被评价人自我反思				

说明：1. 评价内容前四项 A 为 15 分，B 为 12 分，C 为 8 分；后四项 A 为 10 分，B 为 8 分，C 为 6 分。
2. 总评=自评×30%＋ 组评×30%＋ 师评×40% 。
3. 85 分以上为优秀，75～85 为良好，60～75 分为合格，60 分以下尚需努力。

知识拓展

微博营销案例

作为新的营销工具和平台，微博的优势在于其强大的互动性、参与性及传播速度快。微博营销在短时间内从边缘切入主流，成为营销领域的又一重要新战场。在微博营销的火热势头当中，不少企业利用微博营销，别出心裁，使企业达到一个很不错的营销效果，当中还不乏一些脍炙人口的微博营销案例。

一、宏碁“南非丢本 MM”浪漫营销

2010 年南非世界杯期间最红的恐怕就要数“章鱼哥”了，六次成功预测德国队比赛结果，成为世界杯的传奇。然而还有一位在南非看球时名为 Sonrisa 的漂亮中国美女，也在南非世界杯期间一夜走红，特别是她的若干张“奇特姿势的美腿照片”。2010 年 6

月，世界杯期间，一名中国的体育记者在南非的一家酒吧里邂逅了一位中国女孩 Sonrisa，女孩离去的时候忘记带走随身携带的 Acer 笔记本电脑。这名记者偏偏是个固执的痴情汉，在寻找未果的情况下，他在 facebook 上、微博上到处散发一则寻找“丢本 MM”的寻人启事（图 7-28）。

半岛都市报　体育新闻·综合

"丢本MM"就是我！

本报足球宝贝姜晓梦南非看球期间遗失笔记本电脑
中国一记者捡到发帖寻找失主引发10万网友大搜索

酒吧偶遇捡到电脑

姜晓梦就是"丢本MM"

十万网友寻找"丢本MM"

"小鱼"费舍尔宣布留守湖人

西班牙狂欢 两球迷丧生

荧屏观战

前一天　后一天　上一版　下一版

友情提示：按F11全屏浏览效果更佳

图 7-28 “南非丢本 MM”的新闻报道

扑朔迷离的剧情和引人遐想的结尾带给网友无限猜测，几天时间微博及各大社区转帖达到数万人次，并有越来越多的网友参与其中。而事件的配角“一台 Acer D260 电脑”也伴随着数张美女的个人生活照自然体现，至此，植入营销成功塑造。在创意构思方面，可谓别出心裁，世界杯时间，男性荷尔蒙浓度达到顶点，给营销事件注入温情和浪漫是最好的选择。

二、“凡客体”走红微博

当地产大佬任志强取下眼镜，用眼镜腿一字一字地写微博时，SOHO 的潘石屹在微博上嘲笑其得了“微博症”，同时也让许多人发现，微博就在身边。当“凡客体”走红微博的时候，人们对企业在微博领域的营销才有了更深层次的体会和领悟。

2010 年 7 月以来，“爱……，不爱……，是……，不是……，我是……”这种采用 80 后的口吻调侃社会的另类手法招致众多网友围观，并掀起了 PS 热潮。微博上，网友竞相上传和转发各种不同版本的“凡客体”，已有数万多条相关信息。网友调侃道：“在凡客体世界，只有想不到，没有看不到”。

“凡客体”最早出自前奥美创意总监邱欣宇之手。这则“山寨版”广告（图 2-29）好像是从 PS 黄晓明的图片开始，但幕后是谁做的，我们还真不知道。

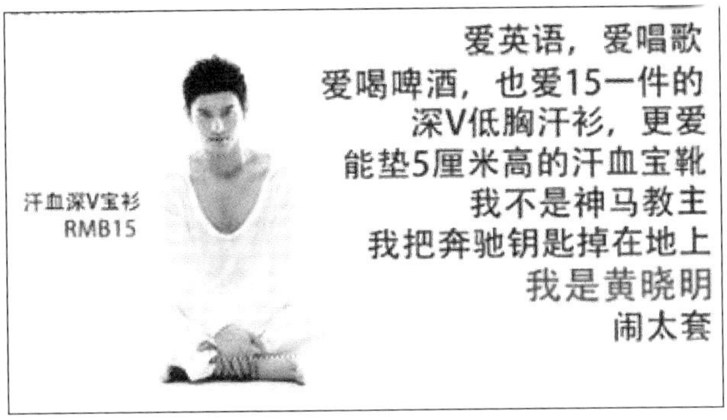

图 7-29 凡客体

三、“优雅女”的微博营销

“最近在帮俞灏明办理新加坡移民的手续”、“我从美国订了辆车给杰宝（张杰）”、“爸爸打算明年投资《阿凡达 2》”、“杰伦想借我家在比华利山庄的别墅拍一组照”。2010 年，一名博主“后宫优雅”，靠在网上晒自己与明星的关系风生水起。

随着她的“爆料”越来越猛，越来越多的人也开始意识到，这只是一场胡思乱想的“游戏”。但是，虚妄的文字依然有读者，“后宫优雅”的网络粉丝越来越多，很多人专门注册了微博，就是为了每天上去看看“后宫优雅”今天又发了什么“梦”，就连潘石屹在微博上也偶尔转发一下“优雅女”。

直到最后的几篇微博算是“暴露”了马脚：“中国大陆有款名叫《降龙之剑》的游戏，想找我当代言人。有大陆的网友帮我调查一下，这是一款什么游戏?”原来正题在这里。

看了以上几个案例，或许你会觉得微博营销十分美妙，但实则并不简单，因为其门槛非常高。一个很直接，很现实的问题是，拥有大量粉丝的微博大都是有影响力的名人，考虑到形象问题，一般情况下，不会轻易直接放广告。即便放了，如果广告没有吸引力，效果也会大打折扣，因此微博并不适合硬广告和形象广告。

拓展实训

（1）收集最新的微博营销案例与全班一起分享，并说明该营销的独特之处。

（2）借鉴成功营销案例，动手策划一起吸人眼球的营销活动，并发布在微博上，活动结束后记录增加的新粉丝数。

任务 7.2 微 信 营 销

任务要求

微信是“强关系”的营销平台，微信营销是网络经济时代企业营销模式的一种创新，伴随着微信的火热而兴起。本次任务要求学生注册并设置个人微信，包括名称、头像、个人签名、朋友圈等；以组为单位创建一个或多个公众账号；利用个人微信号和公众微信号，开展营销宣传，统计分析营销效果。

知识准备

一、微信概述

微信（WeChat）是腾讯公司于 2011 年 1 月 21 日推出的一个为智能终端提供即时通信服务的免费应用程序，微信支持跨通信运营商、跨操作系统平台通过网络快速发送免费（需消耗少量网络流量）语音短信、视频、图片和文字，同时，也可以共享流媒体内容的资料和基于位置的社交插件“摇一摇”、“漂流瓶”、“朋友圈”、“公众平台”、“语音记事本”等。

微信提供公众平台、朋友圈、消息推送等功能，用户可以通过“摇一摇”、“搜索号码”、“附近的人”、“扫二维码”的方式添加好友和关注公众平台，同时微信将内容分享给好友以及将用户看到的精彩内容分享到微信朋友圈。

截至 2013 年 11 月，注册用户量已经突破 6 亿，是亚洲地区最大用户群体的移动即时通信软件。

2014 年 9 月 13 日，为了给更多的用户提供微信支付电商平台，微信服务号申请微信支付功能不再收取 2 万元保证金，开店门槛降低。

2015 年春节期间，微信联合各类商家推出春节“摇红包”活动，送出金额超过 5 亿的现金红包。

二、微信支付规则

（1）绑定银行卡时，需要验证持卡人本人的实名信息，即姓名、身份证号。

（2）一个微信号只能绑定一个实名信息，绑定后实名信息不能更改，解卡不删除实名绑定关系。

（3）一个身份证号码最多只能注册 10 个（包含 10 个）微信支付。

（4）一张银行卡（含信用卡）最多可绑定 3 个微信号。

（5）一个微信号最多可绑定 10 张银行卡（含信用卡）。

（6）一个微信账号中的支付密码只能设置一个。

（7）银行卡无须开通网银（中国银行、工商银行除外），只要在银行中有预留手机号码，即可绑定微信支付。

注：一旦绑定成功，该微信号则无法绑定其他姓名的银行卡或信用卡，请谨慎操作。

三、微信与微博对比

（1）平台属性。微信是一个社会化的关系网络，是强关系弱媒体平台，“用户关系”是这个网络的纽带。通常是真实的人际关系，属于移动的 SNS；微博则是社会化的信息网络，是媒体性弱关系平台，“信息关系”是这个网络的纽带，媒体属性强，影响范围更广。

（2）产品形态。微信主要是对话、交流与沟通；微博则是快速表达、信息的浏览与传播。

（3）传播属性。微信是精准的一对一推送所形成的闭环交流；微博是面向所有粉丝广泛覆盖，传播是开放性的。

（4）人群属性。微信是精准的人群覆盖，关注者为高粘性用户；微博是基于兴趣的关注，粘性普遍偏低。

（5）时间同步性。微信的实时提醒功能，使它可以实现实时传播；微博默认为时间排序，可通过智能排序、热门微博、搜索等功能实现实时传播。

（6）营销侧重点。微信更多是强调与用户的互动深度，而微博则强调更长的传播链条，更多的转发和更多的粉丝覆盖。

（7）用户关系。微信用户之间是亲朋好友生活工作等比较紧密的真实关系，微博用户之间是基于兴趣、爱好、行业属性、观点、时间、快餐式交流互相聚集形成的微弱关系，相对比较虚拟。

（8）推广策略。微信的推广强调线上线下的全线联动，微博侧重于在微博范围内的覆盖。

（9）粉丝来源。微信更多是来自于微信之外的推广手段，微博的粉丝主要来自微博。

（10）内容营销上。都同样的强调短小、凝练、精悍、趣味、具备口碑传播价值。

任务实施

一、个人微信设置

（1）注册微信账号（微信图标如图 7-30 所示）。手机下载安装了微信软件后，可根据个人需要，选择以下方式注册微信（如图 7-31 所示）。

① QQ 用户：在微信登录界面直接输入 QQ 号和密码，根据提示完成注册即可。

② 非 QQ 用户：在微信登录页面，选择“如果你没有 QQ 号，可以使用手机号注册”或“创建新帐号”注册，通过输入手机号码，根据提示完成注册即可（目前支持全球 100 多个国家手机号码注册微信）。

图 7-30 微信图标

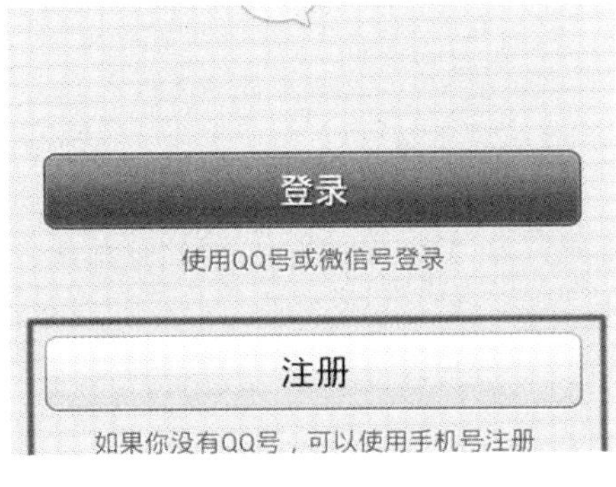

图 7-31 注册页面

小贴士

5.0 以上版本的微信，是不能直接用 QQ 号注册的，必须要用手机号。

（2）进入微信界面，点击下方的“我”，进入个人信息设置界面，可以设置微信头像、名字、个人签名、二维码名片、微信号等，如图 7-32 和图 7-33 所示。

图 7-32　微信界面

图 7-33　个人信息页面

知识链接

个人微信的定位

名字：必须要真实

头像：必须是本人而且还要美观

男性：阳光、积极、快乐、帅哥、明星脸

女性：可爱、活泼、调皮、时尚、明星脸

个性签名：（1）要体现自己的企业品牌、核心产品与优势

（2）要体现带给客户的好处

（3）通过通信录和 QQ 联系人，或通过微信扫一扫，雷达加好友等方式增加你的微信好友，至少加 50 个好友，如图 7-34 所示。

图 7-34　添加好友

（4）关注至少5个跟本组所选行业相关的微信公众号（通过“添加朋友”→“公众号”→“输入关键词搜公众号”→“关注公众号”添加，如图7-35和图7-36所示）。

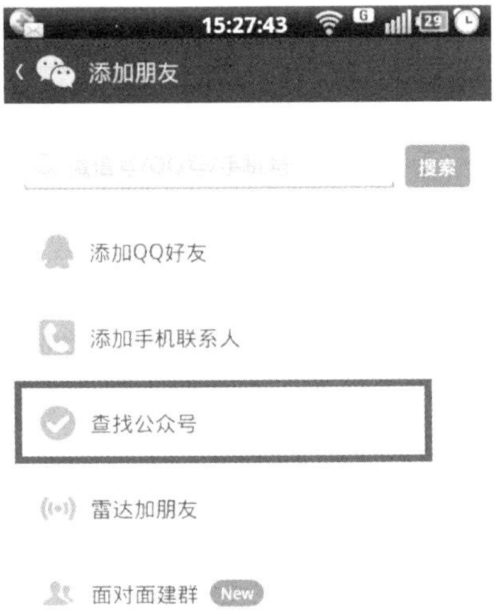

图7-35　查找公众号

图7-36　关注公众号

小贴士

扫描微信二维码也可添加关注，如图7-37所示！

图7-37　二维码

（5）查看你所关注的微信公众账号，查看有价值的信息（点开“通信录”→“公众号”，“点开”一个微信公众号，点击右上角人头标志，选择“查看历史信息”），把你认为有价值的信息分享到朋友圈，如图7-38所示。

（6）朋友圈的营销布局，进行封面的设置与相册的管理，如图7-39和图7-40所示。

图7-38　分享到朋友圈

图 7-39　封面设置

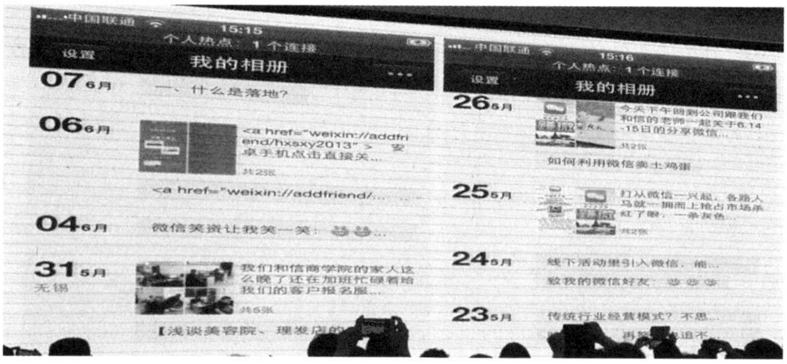

图 7-40　我的相册

知识链接

相册管理的规则

图片：企业产品、自己的照片（工作与生活）、领导照片、团队照片、客户案例。

内容：（1）分享正能量的学习与心得；（2）分享与定位相关的内容；（3）根据微友分类分享感兴趣的内容。

朋友圈的营销智慧

内容编辑的智慧：(1) 与企业“核心产品”有关的话题；(2) 与用户体验中“出现的问题”有关的话题；(3) 分享客户现场体验的评价；(4) 偶尔适当地分享自己生活的有关话题；(5) 要懂得加入一点惊喜，可以要求适当的转发；(6) 分享内容要做到“图文并茂”，图片必须符合文字内容；(7) 链接分享必须要加上自己的引导式总结内容。

建立关系的智慧：(1) 主动地为每一个微友点赞；(2) 每天筛选 20 个微友的朋友圈内容，用心阅读并回复相应的话题；(3) 主动发起话题并提醒 20 个微友进行讨论；(4) 在讨论中挖掘微友的需求并主动提出为大家提供解决方法的参考内容；(5) 一对一地推送解决微友需求的文章，文章来自企业公共平台。

二、创建公众微信

（1）进入微信的官方网站：http://weixin.qq.com/，再单击“公众平台”按钮，如图 7-41 所示。

图 7-41　进入公众平台

（2）单击“立即注册”按钮，如图 7-42 所示。

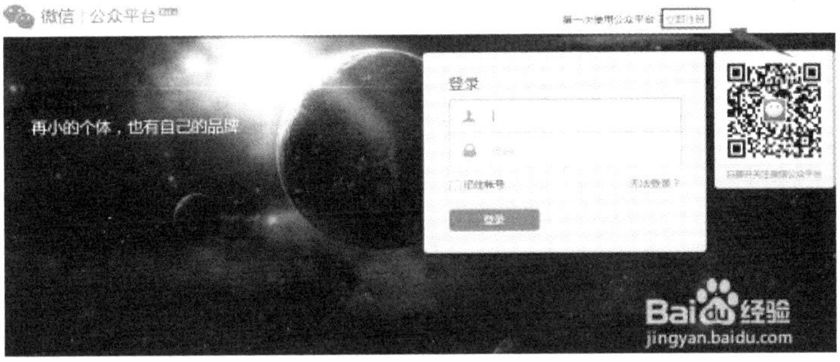

图 7-42　单击“立即注册”

（3）输入邮箱地址和登录微信公众平台的密码，单击“注册”按钮，如图 7-43 所示。

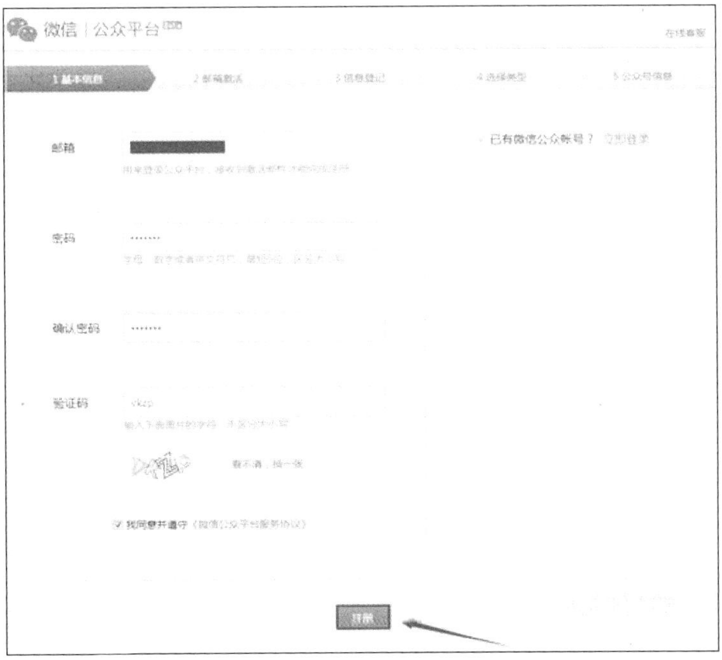

图 7-43　填写信息

（4）进入邮箱查看邮件，并激活公众平台账号，如图 7-44 所示。

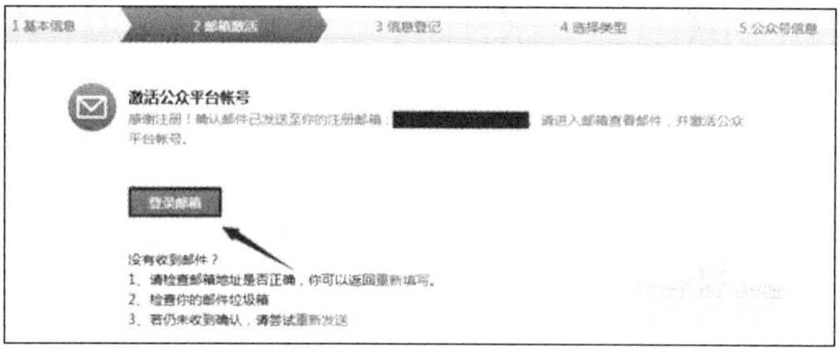

图 7-44　登录邮箱

（5）打开邮箱以后会收到一封激活微信账号的邮件，进入邮件后请其中的链接激活账号，如图 7-45 所示。

图 7-45　激活账号

（6）输入个人相关信息，需要真实并有效的资料，如图 7-46 和图 7-47 所示。

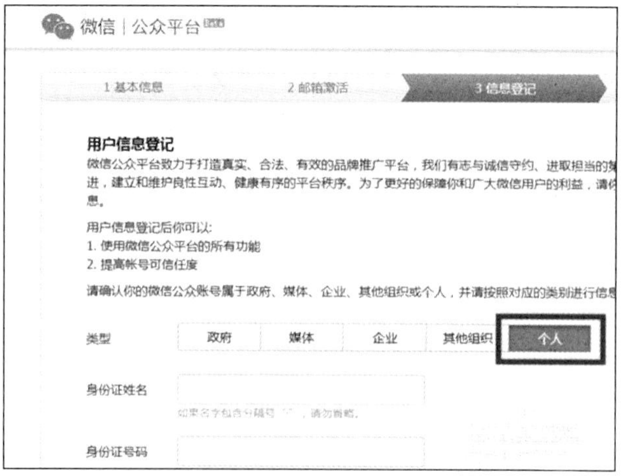

图 7-46　信息登记（选择“个人”）

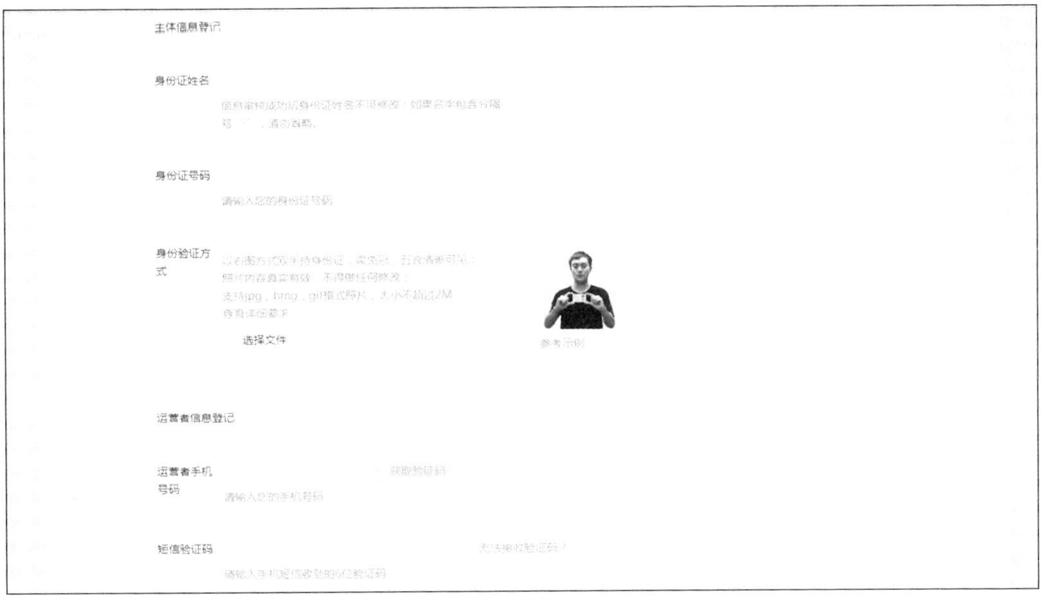

图 7-47　主体信息登记

小贴士

个人只能申请订阅号，申请服务号需要企业相关的证件信息。

个人用身份证申请的订阅号认证免费，用关联的已经认证成功的腾讯微博来认证，要求公众号名字，微博名字，身份证名字一致。公司用营业执照申请的订阅号认证是每年300元，在后台提交认证申请，按要求准备公司资料（如图7-48所示），会有腾讯指定的第三方机构来完成认证。

公众帐号注册需要准备的材料				
政府类型	媒体类型	企业类型	其他组织类型	个人类型
政府全称	组织名称	企业名称	组织名称	身份证姓名
授权运营书	组织机构代码	营业执照注册号	组织机构代码	身份证号码
运营者身份证姓名	组织机构代码证扫描件	营业执照扫描件	组织机构代码证扫描件	运营者身份验证
运营者身份证号码	运营者身份证姓名	运营者身份证姓名	运营者身份证姓名	运营者手机号码
运营者身份验证	运营者身份证号码	运营者身份证号码	运营者身份证号码	
运营者手机号码	运营者身份验证	运营者身份验证	运营者身份验证	
	运营者手机号码	运营者手机号码	运营者手机号码	

图 7-48　注册所需材料

（7）公众号信息中的账号名称设置完成后便不能更改。其他的项目根据个人的需求输入，最后单击“确定”按钮完成注册，如图7-49和图7-50所示。

图 7-49　基本信息填写

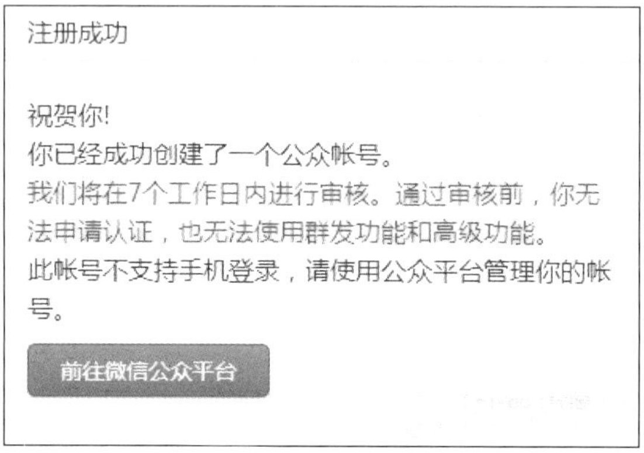

图 7-50　公众平台注册成功

知识链接

微信公众平台

微信公众平台主要是面向名人、政府、媒体、企业等机构推出的合作推广业务。在这里可以通过微信渠道将品牌推广给上亿的微信用户，减少宣传成本，提高品牌知名度，打造更具影响力的品牌形象。微信公众平台目前分为订阅公众号和服务公众号两种类型，申请注册微信公众号时服务号和订阅号选择后一经申请则不可更改，请慎重选择。

（1）公众平台服务号

公众平台服务号，是公众平台的一种账号类型，旨在为用户提供服务。

特点：每月可群发 4 条信息给粉丝，群发的消息显示在聊天列表中，下发消息即时通知粉丝。

适用用户：主要是为粉丝提供服务。一般比较适合银行和企业用户，如招商银行（如图 7-51 所示）、中国南方航空。

图 7-51 服务号类型

（2）公众平台订阅号

公众平台订阅号，是公众平台的一种账号类型，为用户提供信息和资讯。

适用用户：主要是提供信息和资讯。一般比较适合媒体用户，如骑行西藏、央视新闻（如图 7-52 所示）。

特点：每天可群发 1 条消息给粉丝、群发消息收至订阅号文件夹、群发消息不会提示推送。

主要区别：（1）服务号不用认证可免费申请自定义菜单，而订阅号需要认证。（2）服务号每月能群发 4 条信息，订阅号可以每天群发 1 条消息。（3）服务号群发的消息有消息提醒，订阅号群发的消息没有，并直接放入订阅号文件夹当中。（4）服务号可以申请微信支付，而订阅号不能。

图 7-52 订阅号类型

三、利用公众平台发布图文信息

（1）登录微信公众平台，单击“素材管理”按钮，可以看到里面有图文消息、图片、语音、视频几个栏目，默认是打开图文消息栏目。在图文消息处可以发布文章，有单图文消息和多图文消息两种形式，如图 7-53 所示。

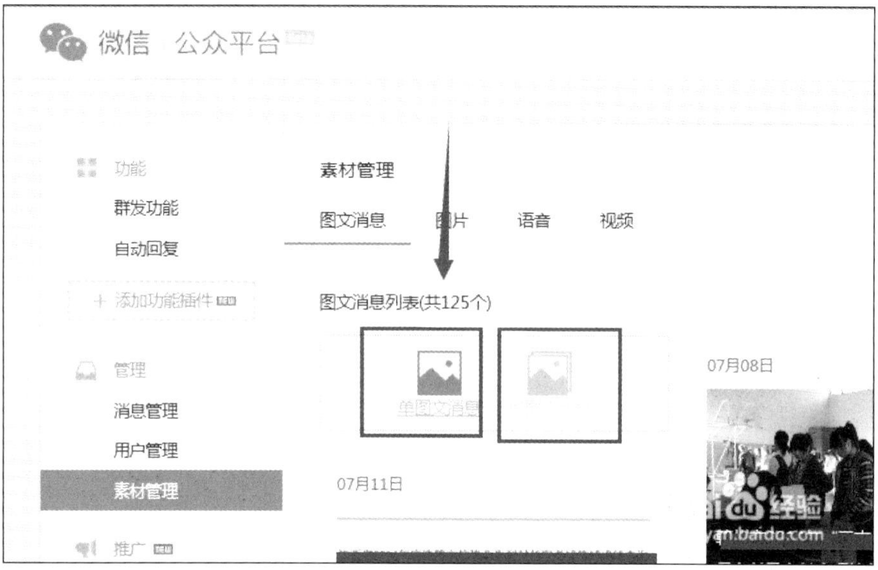

图 7-53　素材管理

（2）发布单图文消息。发布文章一定要写标题、封面图片、正文内容，作者可填可不填，写好内容后单击“保存”按钮，如图 7-54 所示。

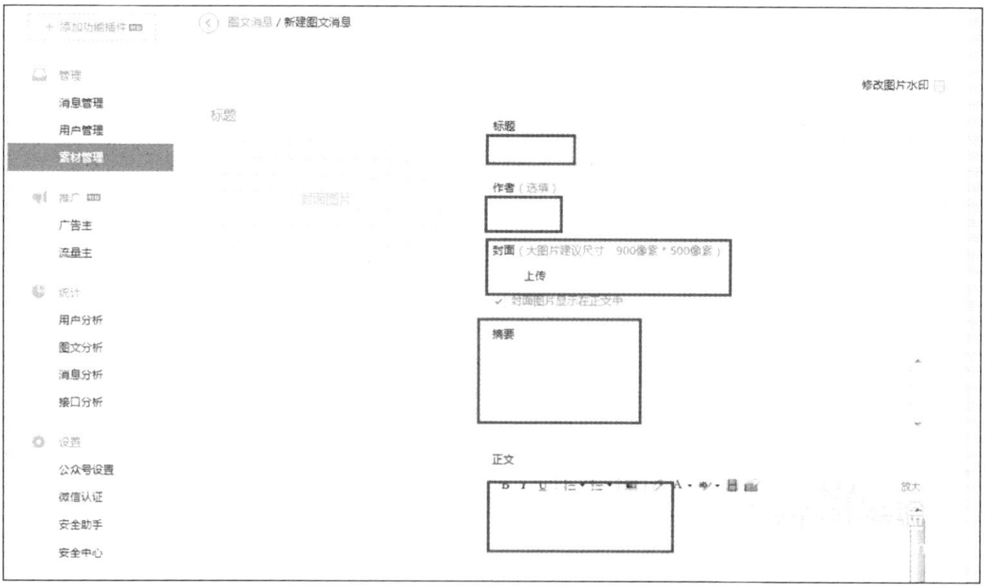

图 7-54　单图文发布文章

小贴士

多图文消息最少需要发布两篇文章，目前最多是发布八篇文章。

（3）文章保存后，自动跳转到素材管理页面，可以看到刚刚发的文章为第一个，然后再单击选择左侧的“群发功能”按钮，如图7-55所示。

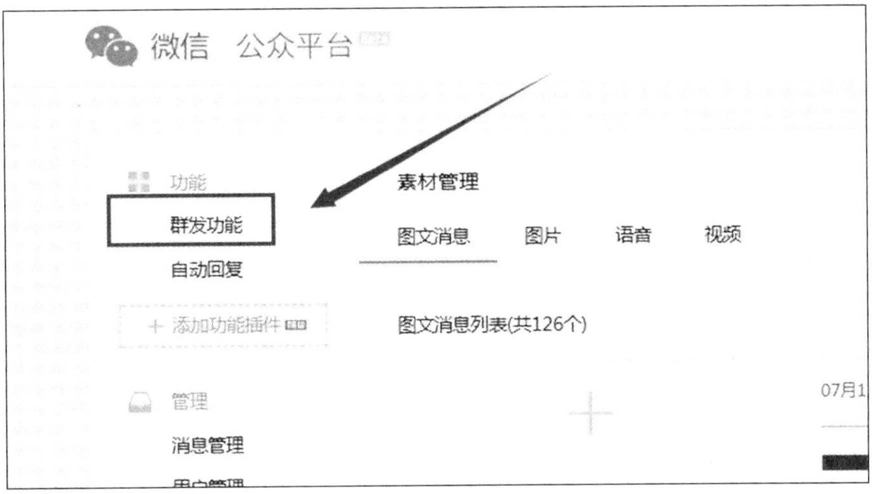

图7-55　群发功能模块

（4）在群发功能里选择编辑框上第五个图标“图文消息”（本页下方可看到当天还可以发送几条消息），如图7-56所示。

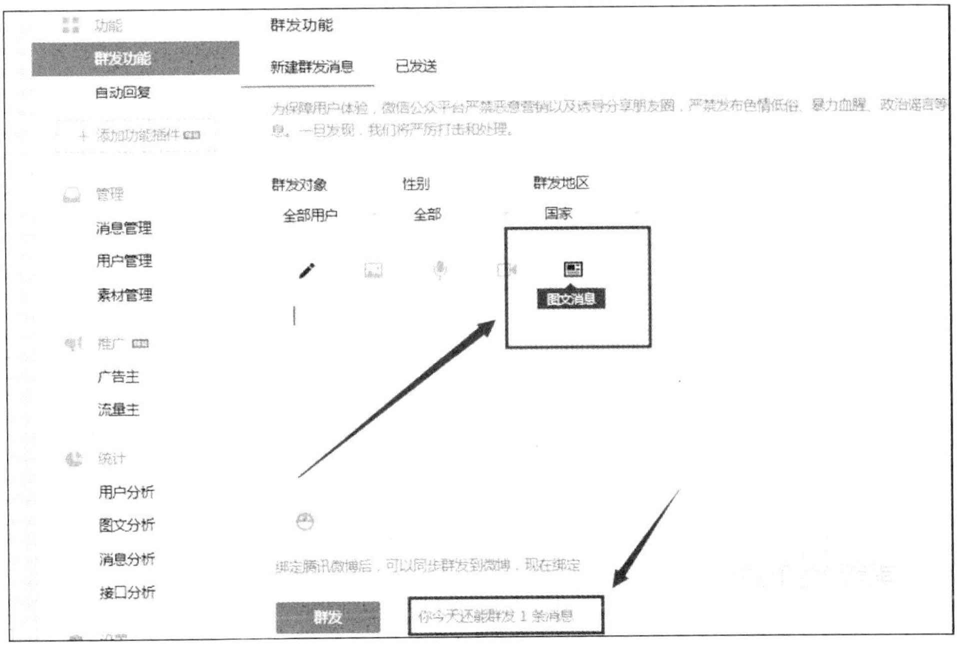

图7-56　单击“图文消息”

（5）选择素材，选中编辑好的文章，再单击“确定”按钮，如图 7-57 所示。

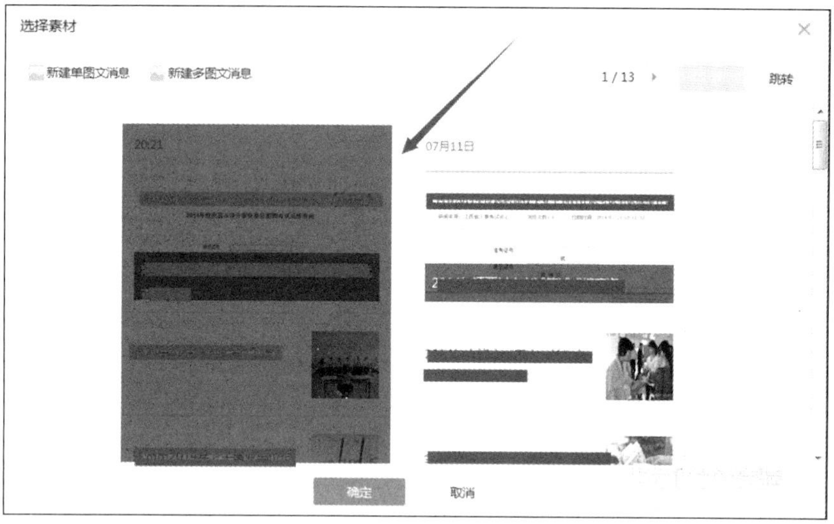

图 7-57　选择素材

（6）单击“群发”按钮，按步骤进行微信验证，如图 7-58 所示。

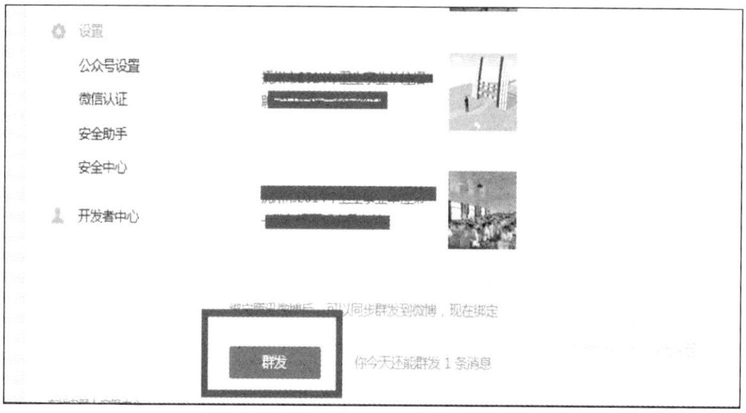

图 7-58　点击“群发”

（7）完成微信公众平台的图文消息发送，在自己的微信里可以看到该微信公众平台里发的消息，如图 7-59 所示。

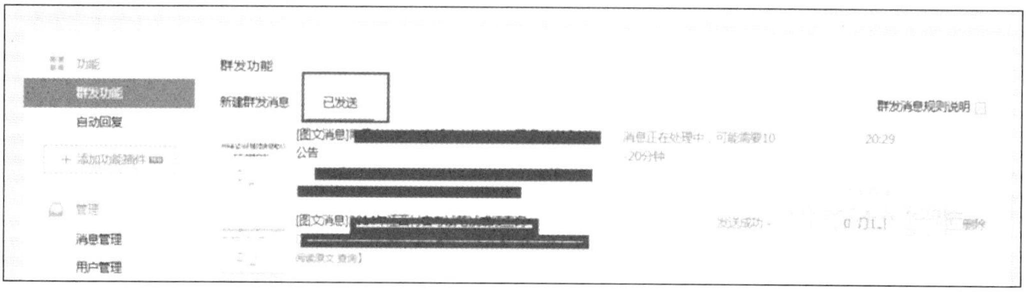

图 7-59　发送成功

任务评价

学习成果评价表

评价内容	评价方式			评价等级
	自评	小组评议	教师评议	
准备情况（预习、资料的收集）				A. 准备好； B. 准备一般； C. 没有准备
知识技能掌握情况				A. 真正理解并掌握； B. 初步理解； C. 参与有关活动
任务完成情况（包括成果的展示）				A. 好 ；B. 一般； C. 未完成
认真的学习态度 （听讲、讨论、课堂发言、操作活动）				A. 认真；B. 一般；C. 不认真
善于与同学合作				A. 能； B. 一般； C. 不足
思维的条理性 （表达意见有条理，解决问题过程清楚）				A. 强； B. 一般； C. 不足
思维的创造性 （提出和别人不同的问题，或用不同的方法解决问题）				A. 强； B. 一般； C. 不足
信息技术素养				A. 强； B. 一般； C. 不足
小　计				
总　评				
被评价人自我反思				

说明：1. 评价内容前四项A为15分，B为12分，C为8分；后四项A为10分，B为8分，C为6分。

2. 总评=自评×30%＋ 组评×30%＋ 师评×40% 。

3. 85分以上为优秀，75～85为良好，60～75分为合格，60分以下尚需努力。

知识拓展

微 信 营 销

自2012年8月18日开通微信公众平台以来，各大品牌积极抢注，但微信貌似还没有为公众账号营销做好充足的准备，账号只能通过各种宣传二维码方式来被动地等待关注，相对于微博来说微信想要增长粉丝量就困难得多。目前存在以下几种推广和互动方式来绑定微信粉丝。

一、线下微信签到有礼

对于公众账号来说，不能登录手机微信，享受不到“查找附近的人”和“摇一摇”的福利，只能在对外宣传上下功夫来推广微信二维码吸引粉丝，我们经常看到户外广告、电梯广告、宣传彩页、易拉宝上都有微信二维码，等待被关注。虽然公众微信不能像早期微博那样通过转发有奖的形式来吸引粉丝，但可以通过线下活动签到来增加粉丝。

适用于：展会、会议、影院、咖啡馆的聚众地点。

二、微生活会员卡

微信的微生活会员卡是针对地标购物中心的营销方式，通过微信扫描商场二维码获得微生活会员卡，可享受商家的优惠，获知商家优惠信息和一些特权优惠政策。

适用于：餐饮、商场、超市、百货等。

三、自定义回复有心机

公众平台后台可设置的自定义条目上线是200条，如果是单纯的设置你好、地点、简介等关键词太普通了，反而让新粉丝感到无趣。在此基础上就要动一下脑筋，继续挖坑，例如，首先设置关注自动回复内容："很高兴关注我们XXXX，请回复数字1了解我们，回复2了解优惠，回复3了解礼品，回复4了解地点……"，以此类推，这样吸引新粉丝进行互动，当粉丝输入数字后，还可以设置下一条内容，一步一步地让自定义回复更有趣味性。

四、陪聊

细心的公众账号维护专员可以发现公众平台已经提供了基本的会话功能，可以主动与微信粉丝发起会话进行交互沟通，但粉丝越多，陪聊的人工成本就越大，需要根据自身的经营范围而考虑是否采取这种方式。

五、微社区互动

微社区是基于微信公众账号的互动社区，它可以广泛应用于微信服务号与订阅号，是微信公众号运营者打造人气移动社区、增强用户黏性的有利工具。

微社区解决了同一微信公众账号下用户无法直接交流、互动的难题，把公众账号"一对多"的单向推送信息方式变成用户与用户、用户与平台之间的"多对多"沟通模式，双向交流给用户带来了更好的互动体验，让互动更便捷、更畅快。

微社区首次把Web 2.0的交互模式引入微信公众平台，基于话题和共同兴趣，结合发帖和回复，促使用户从被动的信息接收者转向移动互联网信息的创造者，在公众账号与用户，用户与用户之间的互动中共同完成内容制造和传播。

适用于：自媒体人

六、微小店

微信公众平台更新增加了微信小店功能，微信小店基于微信支付，包括添加商品、商品管理、订单管理、货架管理、维权等功能，开发者可使用接口批量添加商品，快速开店。必须是已通过微信认证、已接入微信支付的服务号，才可在服务中心中申请开通微信小店功能。

公众号可通过以下五步，完成微信开店。具备开发能力的用户，可基于接口实现更灵活的功能。

第一步：添加商品

（1）选择类目。

（2）然后再按照指引填写商品的基本信息，包括商品名称、商品图片、运费、库存、详情描述等。

第二步：商品管理

（1）商品分组管理：可以设置不同的分组来管理商品，分组可用于将商品填充到货架中。

（2）商品上下架：可以快速对商品进行上下架操作。

第三步：货架管理

（1）货架的定义：商家用于承载商品的模板，每一个货架都是由不同的控件组成的。

（2）选择完货架之后，商家可以将分组管理里面的商品添加到货架中。

（3）发布货架：发布编辑好的货架，然后复制链接，链接可以填入自定义菜单中，或者下发到商品消息中。

第四步：小店概况可以查看小店所有的数据信息，如订单数、成交量等。

第五步：订单管理

用户支付成功后会生成一笔订单，商家可以查询订单，并进行发货等操作。

拓展实训

1. 利用漂流瓶进行活动式营销。把你的“公众号”信息或其他需要推广的信息放进瓶子里，让用户主动捞起得到信息并传播出去。

2. 设定自己品牌的二维码，制作用折扣和优惠来吸引用户关注的宣传海报，开拓O2O营销模式。

项目8

即时通信营销

项目背景

你想象过这样的场景吗？一个企业没有办公室，所有员工都在家里办公，老板也从来不用电话与员工沟通交流，不用监督员工的日常行为，但只有一件事情所有员工都必须遵守，那就是每天必须在 8 点后和 18 点前登录在即时通信上。每天，有着数千个消费者与不同的销售人员和客户服务人员通过即时通信咨询、订购产品或者要求售后服务，销售人员要求消费者将购物款项通过电子银行支付到公司的电子银行账户，然后通过即时通信工具自动生成定单并将定单传给不同地区的经销商或者公司的配送人员，经销商和配送人员在即时通信平台上接到定单，将产品按照定单要求送到或邮寄到消费者手中。公司从来没有会议，很多人员彼此也从来没有见过面，即使老板发工资也是通过电子银行划账，但每年有着数千万元的产品销售出去。这一切都来自于在即时通信平台上的广告宣传、信息发布和业务处理。

上面的场景其实并不遥远，部分已经在现实中存在。即时通信平台正向营销人展示其无穷的营销魅力，等待营销人的挖掘和创造。

学习目标

- 了解即时通信及即时通信营销的相关知识，掌握各种即时通信软件安装和配置以及即时通信营销的各种方法。
- 通过实践操作，能添加网站即时通信工具，使用企业网站即时通信的基本功能进行交流。
- 掌握即时通信营销的各种技巧，包括营销推广的渠道以及如何寻找潜在客户和管理现有客户的方法。

任务8.1　即时通信软件安装配置

任务要求

要想利用即时通信达到企业营销目标，首先要明确什么是即时通信、即时通信软件有哪些，然后才能选择适合本企业的即时通信软件。本次任务要求学生选择最常用的即时通信工具软件——腾讯QQ进行安装、配置（以QQ为主要探讨对象是因为QQ在中国的市场占有率高，其他IM工具异曲同工），并进行班级同学间添加联系人、信息交流、发送和接收图片等文件的基本操作，以此拓展到其他即时通信软件的安装与配置。

知识准备

一、即时通信概述

1. 即时通信定义

即时通信（Instant Messaging，简称IM）是一个终端服务，允许两人或多人使用网络即时地传递文字信息、档案、语音与视频交流。

2. 即时通信的种类

根据即时通信属性的不同，可以将IM即时通信工具分为以下几个类别。

（1）个人IM：主要是以个人用户为主，非盈利目的，方便聊天、交友、娱乐，例如，QQ、MSN、雅虎通、网易POPO、新浪UC、百度HI、移动飞信（PC版）等。这类软件通常以软件为主、网站为辅，增值使用为主、免费使用为辅。

（2）商务IM：此处的商务泛指买卖关系。商务IM通常以阿里旺旺贸易通、阿里旺旺淘宝版为代表。商务IM的主要作用是为了实现寻找客户资源或便于商务联系，从而以低成本实现商务交流或工作交流。此类IM用户以中小企业、个人实现买卖为目的，外企也可以方便地实现跨地域工作交流。

（3）企业IM：一种是以企业内部办公用途为主，旨在建立员工交流平台；另一种是以即时通信为基础，系统整合各种实用功能，如企业通。

（4）行业IM：主要局限于某些行业或领域使用的IM软件，不被大众所知，如盛大圈圈，主要在游戏圈内盛行。行业软件，主要依赖于单位购买或定制软件。

3. 即时通信的特点

即时通信是互联网技术发展的最有价值的产品和服务之一。从其诞生开始，就以使用简便、沟通快捷等优点迅速普及到全世界。这种多功能的通信工具由其交流即时的特性所引导，在通信的时效性上击败了电子邮件，在交流的内容多样性上战胜了移动电话，从而在互联网平台上和移动通信平台上都处于领先位置。

二、即时通信的营销功能

一些企业已经不满足于仅仅将即时通信平台作为一个内部沟通交流的工具和广告发布的工具，更希望将其发展为销售平台，即时通信平台有着与生俱来成为营销平台的可能。

首先，即时通信平台可以承载多样化的文本、语音、视频等内容，可以成为互联网网站的进入工具，将网站的各种内容、产品和服务集合在一起，向用户宣传。

其次，即时通信平台的低成本、高效率可以使企业销售人员和客户服务面对客户和消费群体进行一对一快速方便的交流沟通，处理客户和消费者的服务要求或者服务建议。

第三，即时通信平台有着良好的技术扩展性和再开发性，目前已经出现的一些应用，如机器人，可以处理大量即时信息，是替代大量接线员、客户服务人员等人工的最佳选择。

最后，即时通信用户所组成的群是其最大的营销优势。群是按照不同地区、不同兴趣类型进行划分的，群里的成员往往有着相同或相似的消费方向，而且相互之间进行沟通交流频繁密切，极有可能产生连锁消费，这正是传统企业所极力想要获得的小众市场。

任务实施

一、搜索即时通信工具

（1）打开百度搜索页，输入搜索内容：即时通信工具，如图 8-1 所示。

图 8-1　启动浏览器搜索

小贴士

搜索引擎：是一个对互联网信息资源进行搜索整理和分类，并储存在网络数据库中供用户查询的系统，包括信息搜集、信息分类和用户查询三部分。目前流行的搜索引擎有两大类：分类目录式搜索引擎和关键词全文检索式搜索引擎。常见的搜索引擎如图 8-2 所示。

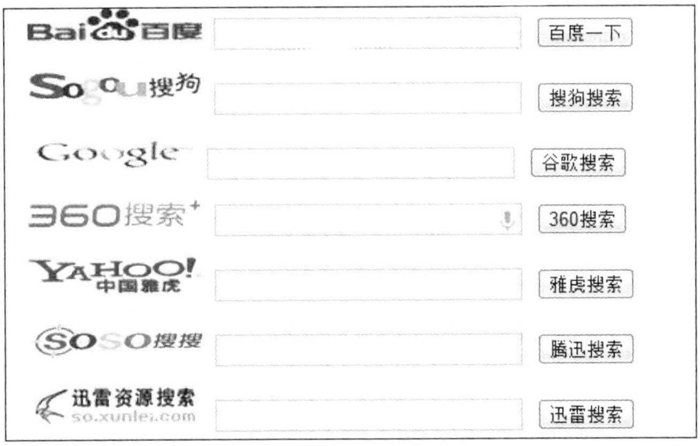

图 8-2　常见的搜索引擎

（2）对搜索到的即时通信工具进行汇总整理，选择十种具有代表性的即时通信工具完成表 8-1 的填写。

表 8-1　十种常见的即时通信工具

名　称	特　色
腾讯 QQ	功能强大丰富、操作简单而易用，娱乐性很强，拥有无比庞大的用户数量，号称中国人的 IM

二、即时通信软件安装（以腾讯 QQ 为例）

（1）搜索通信软件。打开 IE 浏览器，进入百度搜索页，在文本框中输入“qq 软件下载”，出现如图 8-3 所示的页面。

图 8-3　搜索到的 QQ 软件页面

小贴士

另一种下载方法：直接登录 http://im.qq.com/ 在软件快速下载通道中选择最新版本进入，在跳转的页面单击“立即下载”按钮，根据页面的提示一步步操作下载即可。

（2）选择最新版本下载。单击进入下载页，选择正确链接下载 QQ 安装包，如图 8-4 所示。

图 8-4　QQ 安装包

小贴士

安装包（Install Pack），即软件安装包，是可自行解压压缩文件的集合，其中包括软件安装的所有文件。运行这个安装包（可执行文件），可以将此软件的所有文件释放到硬盘上，完成修改注册表、修改系统设置、创建快捷方式等工作。安装包文件多为.exe 格式。

（3）安装软件到电脑。双击安装包，进入安装向导，按步骤操作直至完成安装，桌面出现“QQ 图标”，如图 8-5 所示。

图 8-5　桌面 QQ 图标

注意：不同的安装包安装时出现的“安装向导”有所不同，按步骤操作即可。

三、注册账号并登录

（1）启动腾讯 QQ 后，在登录窗口中单击“注册账号”按钮，如图 8-6 所示进入注册页面。

图 8-6　单击“注册账号”按钮

（2）在注册页面输入昵称、密码、性别、生日、所在地等信息后单击“立即注册”按钮，如图 8-7 所示。

（3）完成账号申请，登录新账号，如图 8-8 所示。

四、QQ 相关设置

（1）点击 QQ 面板的“状态标志”按钮，打开下拉菜单，单击下拉菜单中的“添加状态信息”、“系统设置”、“我的资料”选项，分别进行相关设置，如图 8-9 所示。

图 8-7　注册页面

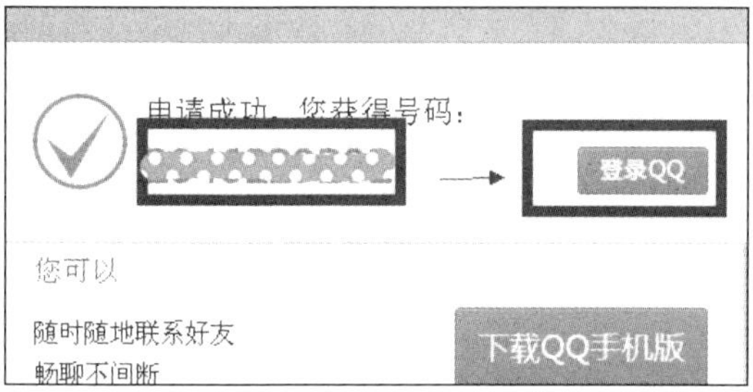

图 8-8　账号申请成功

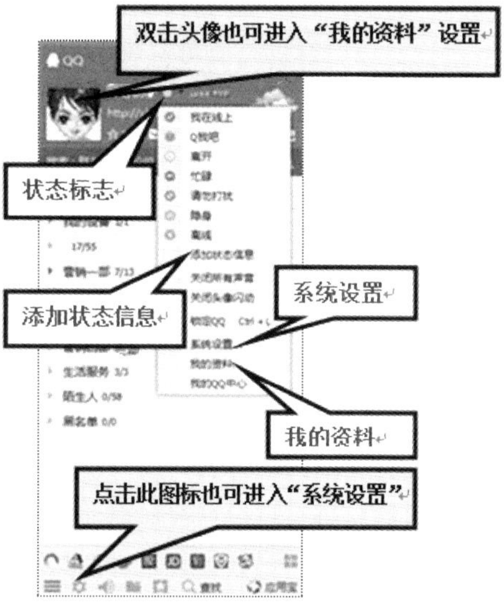

图 8-9　设置面板

小贴士

（1）QQ 状态信息可以在自己忙碌的时候提醒给自己发消息的 QQ 好友或客户自己的当前状态，避免好友或客户以为自己故意不理睬而发生误会。

（2）系统设置下“基本设置”第三项“状态”中的“自动回复设置”和“快捷回复设置”：当自己的电脑在一段时间之内没有任何操作时，可以设置 QQ 自动转为离线或隐身的状态时自动回复发送者的留言，或给别人重复发送相同内容的时候，设置 QQ 快捷回复可以提升速度节省时间。

（2）点击添加状态信息之后，进入到状态信息设置窗口，选择窗口上面的状态类别，然后输入文字内容，再单击“确定”按钮，完成设置，如图 8-10 所示。

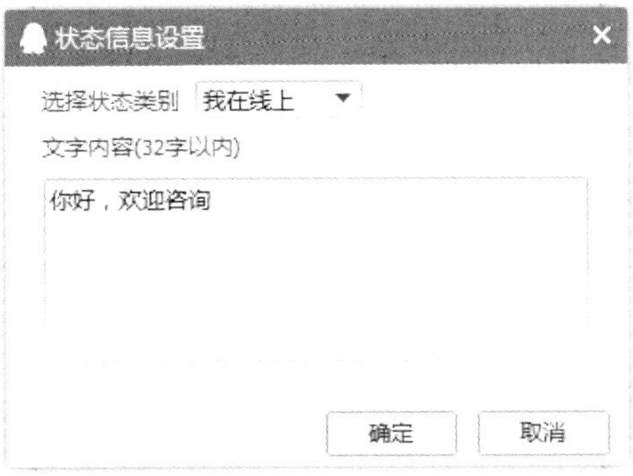

图 8-10　状态信息设置

（3）打开“状态”面板，在右侧的状态栏里勾选“离开、忙碌、请勿打扰时自动回复”，然后再单击“自动回复设置”按钮和“快捷回复设置”按钮分别设置回复语，如图 8-11 所示。

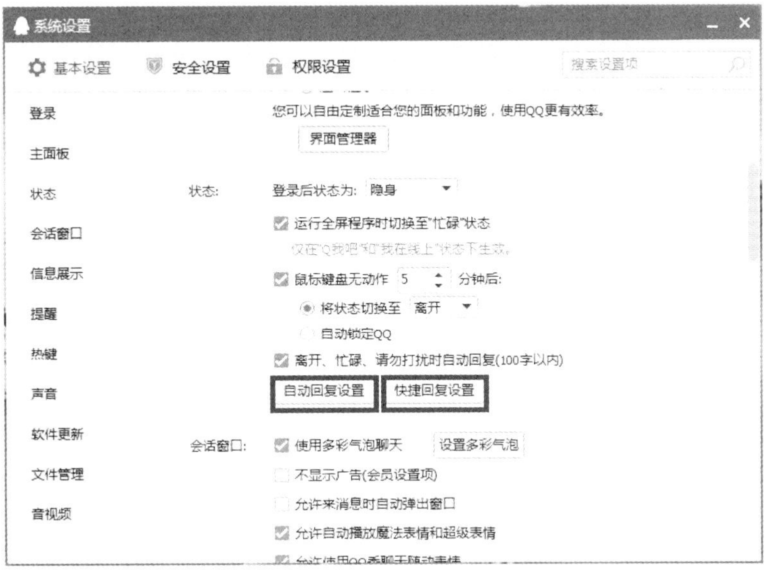

图 8-11　系统设置

知识链接

自动回复与快捷回复语参考

- 你好，店家在吗？是这样的，我们是一家大型导购平台，首页广告位每天只要 3 元钱，请问有需要了解一下吗？
- 亲，您好！欢迎光临铭腾服饰专营店！很高兴为您服务！请问有什么需要帮助的吗？

- 亲爱的会员，6月21日七格格TOP潮店携手淘宝官方高达300款低至7折还有满就减，最划算劲爆5折！新品秒杀活动也仅限21日当天哦！
- 六月促销：各位亲们，莫凡小店“冲金冠，全场包邮”啦！仅限6月7～8日2天哦！还有新YY陆续上架等你选，先到先得，赶紧吧！
- 狂欢舞台，谁是格女郎！7月10日起，七格格“盛夏T恤狂欢节”盛情开幕，三重狂欢低至5折！sugargirl.taobao.com。
- 七格格TOP潮店7月爱心公益活动30000件女装最低至4折，格女郎的爱心凝聚活动于周二雷打不动启动，上新新品9折包邮还能参加满300减50的活动。
- 淘宝网——爱乐鞋业专营店，邀您参与7月28日闪拍体验。全场39元包邮，满200减20。

（4）单击“我的资料”选项进入资料窗口，单击右边的“编辑资料”选项，如图8-12所示。

图8-12　个人设置

知识链接

QQ的设置技巧

（1）头像最好真实，有特色，能够让人一眼记住，最好是稳重正规的，给人信任度，有亲和力的。

（2）名字（昵称）要真实，要健康向上、活泼个性，真名可以极大地增加信任度，最好不要用复杂的英文字母或者非主流的文字。

备注：这里着重说一下名字的事情，以个人网名为例。

个人网名就好像一个公司的名称和商标一样，是个人网上品牌，所以不要轻易修改名称，改来改去的，别人很难记住。取名时最好考虑营销的目的，时间积累就是知名度、品牌积累的过程，品牌就意味着背景、人脉和资源。

（3）个人资料要完善，所谓的个人资料包含签名、年龄、性别、地区、个人说明等，越完善，给人的感觉越靠谱（另外 QQ 年限越老越靠谱，最好还经常更新一下 QQ 空间的日记、照片等，这就会更靠谱。）。

（4）排名位置要靠前。现在每人的 QQ 动辄就会有几百的好友，你在好友列表中的位置很重要，肯定是靠前好，要是每天都在前几位，那么就算不做什么，也可以做到无声胜有声，达到营销的目的。

做到排名靠前的方法有几个：

① 开通会员，会员排序要比普通号码靠前，且颜色为红色，更加显眼，也可以加更多的好友。

② 将 QQ 状态设置为 Q 我吧，这种设置方式即使是普通号码也比会员排名要靠前，唯一的缺憾是这种设置会自动弹出消息。

③ 在名字前加一个特殊字符，QQ 好友排名会按照用户名拼音中 ABCDE 顺序排列，如果前面加一个空格，排名就会很靠前。

④ 在互联网上多留名，这里说的留名包括论坛、贴吧、博客等。要是在网上搜索时，出来一堆你的名字跟一个都没出现的效果显然是不一样的。

⑤ 个性签名一定要认真对待，这是绝佳的广告位置。

五、添加好友互动交流

（1）单击 QQ 窗口下方的“查找”按钮，出现“查找”对话框，如图 8-13 所示。可以按照“对方的 QQ 号”或者“对方的昵称”等关键词查找，输入查找的内容，再单击“查找”按钮，就可以查找到满足条件的用户，添加为好友（添加本班同学新注册账号）。

图 8-13　查找对话框

（2）本班同学互为客户进行互动交流，发送、接收图片、音乐等文件，如图 8-14 所示。

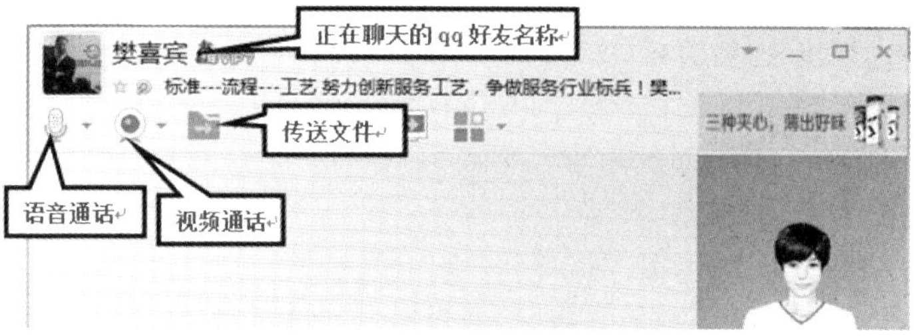

图 8-14　互动窗口

知识链接

QQ 沟通技巧（聊天技巧）

① 图片表情要慎发，偶尔发一下可以缓和气氛调节关系，但是不恰当的图片使用会引起对方反感，甚至抵触。

② 语气助词要慎用，如呵呵、嘿嘿、哦、晕等（有网友总结："嘿嘿"太玩笑，"哈哈"太随意，"嘻嘻"太幼稚，"呵呵"太敷衍，"啊"太神经，"哈"太女性）。

③ 称呼称谓莫乱用，如小王、小李等，显然就是以对方长辈自居，当然你若真是对方长辈那就自当别论，对于一般的好友可以称呼 X 兄、X 总、X 大姐等。

④ 聊天速度要得当，不宜过快也不宜过慢，要慎重掌握节奏。

⑤ 字体、字号、颜色莫乱改，尤其不要用特殊装饰过的文字，最好是比默认字体稍大一点（默认字体为 10 号黑色宋体），颜色也不宜太鲜艳，稳重才好。

⑥ 信息发布时机要看准，没什么特别重大的事情不要在休息时间打扰对方。

⑦ 弹窗震动（视频弹出邀请）不要乱用，有时候回复或者发出信息，对方没来得及回复，那或许是对方不方便或临时有事，要有耐心，要是主动弹窗震动或者视频邀请，很不尊重对方，极易引起反感。

⑧ 要礼貌，无论跟什么人交流，礼貌用语往往会起到神奇的作用，如"您""谢谢""请""辛苦了"等，表现出对别人的尊重。

任务评价

学习成果评价表

评价内容	评价方式			评价等级
	自评	小组评议	教师评议	
准备情况（预习、资料的收集）				A. 准备好；　B. 准备一般； C. 没有准备
知识技能掌握情况				A. 真正理解并掌握； B. 初步理解； C. 参与有关活动

续表

评价内容	评价方式			评价等级
	自评	小组评议	教师评议	
任务完成情况（包括成果的展示）				A.好 ；B.一般； C.未完成
认真的学习态度（听讲、讨论、课堂发言、操作活动）				A.认真；B.一般；C.不认真
善于与同学合作				A.能； B.一般； C.不足
思维的条理性（表达意见有条理，解决问题过程清楚）				A.强； B.一般； C.不足
思维的创造性（提出和别人不同的问题，或用不同的方法解决问题）				A.强； B.一般； C.不足
信息技术素养				A.强； B.一般； C.不足
小　计				
总　评				
被评价人自我反思				

说明： 1. 评价内容前四项 A 为 15 分，B 为 12 分，C 为 8 分；后四项 A 为 10 分，B 为 8 分，C 为 6 分。
2. 总评=自评×30%＋ 组评×30%＋ 师评×40%。
3. 85 分以上为优秀，75～85 为良好，60～75 分为合格，60 分以下尚需努力。

知识拓展

企业即时通信

企业即时通信，简称 EIM（Enterprise Instant Messaging），它是一种面向企业终端使用的网络沟通工具，使用者可以通过安装即时通信的终端机进行两人或多人之间的实时沟通，交流内容包括文字、界面、语音、视频及文件互发等。

企业级的即时通信实际上也可以说是个人即时通信的应用延伸。据统计，90%以上的企业网内的终端机上都在运行 QQ、MSN 等个人即时通信软件，人们已经习惯使用即时通信工具进行日常的工作联络。但是，大多数员工都是在没有获得企业许可的情况下使用个人即时通信工具，这给企业网络带来了比较大的安全和效率问题。加上个人即时通信工具经常让员工陷入非工作状态的聊天中，因此很多企业也通过各种手段禁止员工登录 QQ、MSN 等软件。在这种现状下，采用企业级的即时通信软件自然就成为了企业客户最好的解决方案，既满足了内部员工的沟通习惯，又解决了公司制度和网络安全等问题，一举两得。

在这里我们介绍两款具有代表性的 EIM 进行阐述。

（1）IMO（Instant Messaging Office，互联网即时通信办公室），它是首款企业级免费 EIM 软件，最大特色是倡导零成本，持续免费升级，为企业“部署”在互联网上的虚拟办公室。它是具备“杜绝私聊，即装即用”两大特点的企业级即时通信平台，由“即时通信办公室”和“虚拟办公设施”两部分组成。

企业部署了 IMO 后，员工可以通过“即时通信办公室”，了解公司组织结构和人事状况，同事之间进行文字、语音、视频等即时沟通、电子白板文档协作……；办公功能丰富，账号资源归企业，构建企业沟通平台。

IMO 功能演示网址：http://www.imoffice.com/imo_demo/，具体内容如图 8-15～图 8-19 所示。

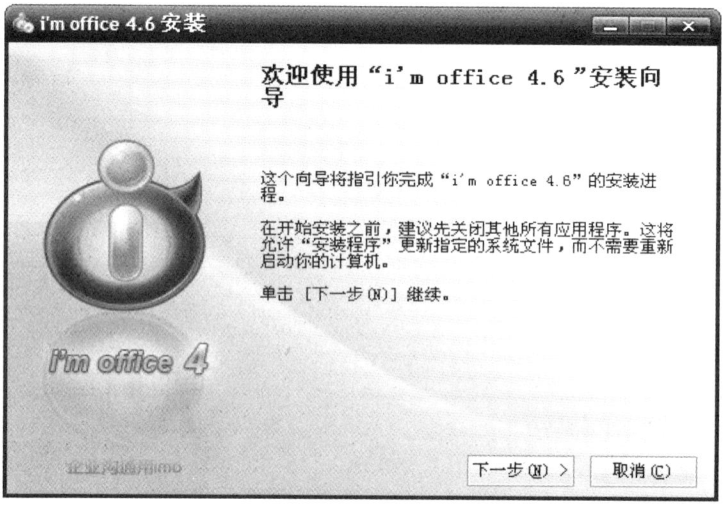

图 8-15　IMO 安装向导

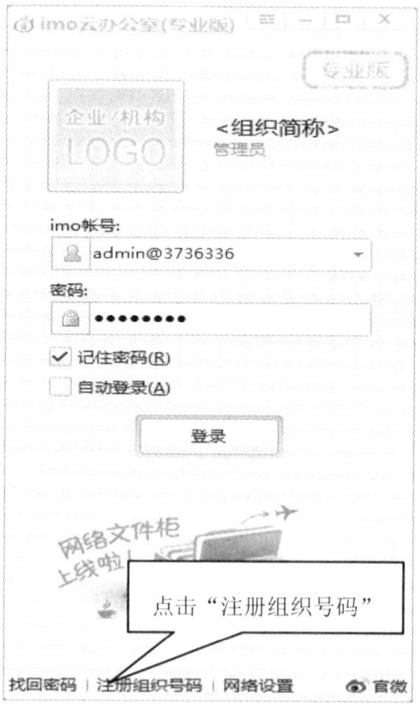

图 8-16　IMO 注册、登录界面

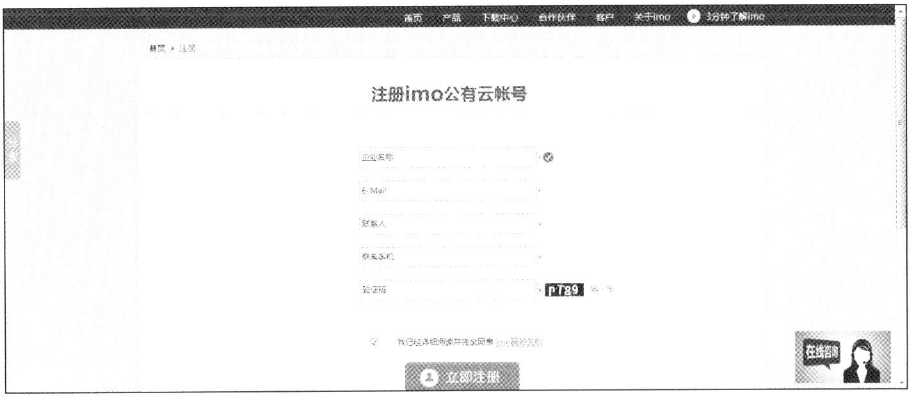

图 8-17　IMO 注册页面

图 8-18　IMO 注册成功

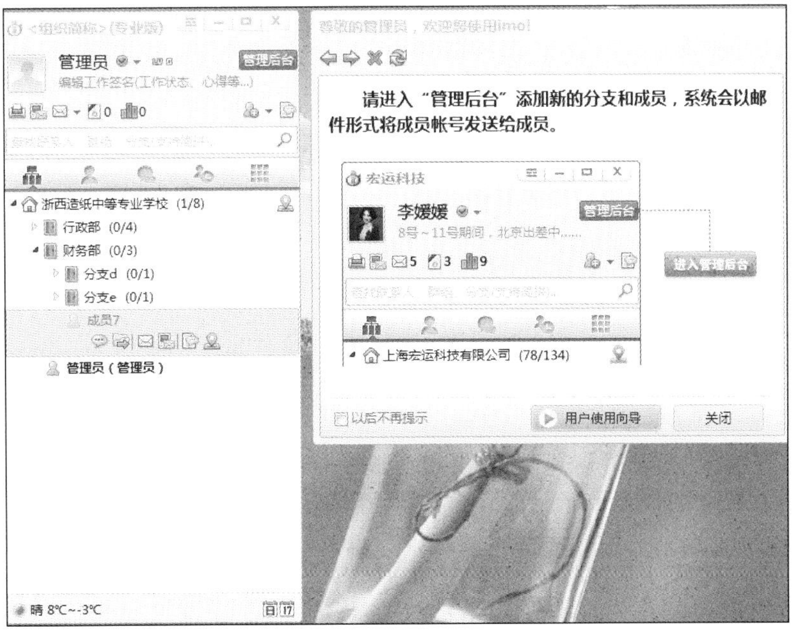

图 8-19　IMO 主界面

（2）企业 QQ 办公版。腾讯企业 QQ 办公版是在个人 QQ 平台基础上，为中小企业用户提供量身定制的高效的企业级即时通信产品。企业 QQ 办公版基于 QQ 海量用户平台，搭建了与 7 亿 QQ 用户便捷沟通的通道。它既能够满足企业成员内部沟通的各种需要，又能在最大程度上满足企业内部成员与企业外部联系人的沟通需求，在实现企业即时通信模式多样化的同时，提升了企业沟通的效率。

企业 QQ 办公版主要包括企业 QQ 账户中心和企业 QQ 办公版 PC 客户端两部分。企业管理员可以通过账户中心后台对企业组织架构和企业成员信息进行简单快速的部署管理操作，并对企业 QQ 办公版客户端进行登录管理等企业行为进行监督。

企业 QQ 办公版功能演示网址：http://b.qq.com/eim/intro.html，具体内容如图 8-20～图 8-23 所示。

图 8-20　企业 QQ 登录界面

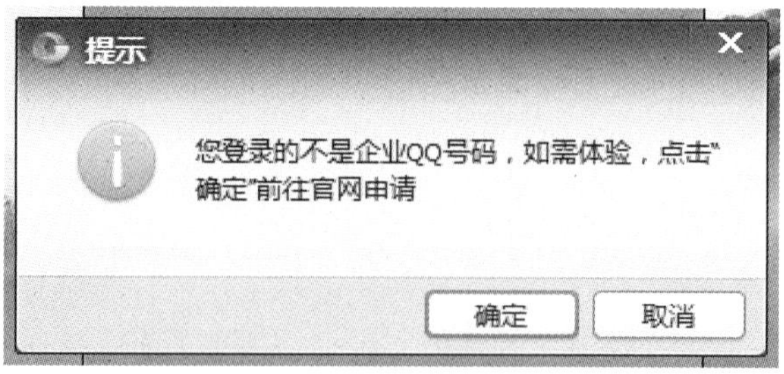

图 8-21 个人 QQ 账号不能登录企业 QQ

普通套餐资费标准

套餐类型	企业QQ	邮箱	企业QQ加邮箱优惠总价
10套餐(2年)	4500元	2980元	6500元(共优惠980元)
20套餐(2年)	7500元	5920元	11400元(共优惠2020元)
30套餐	4500元	4410元	7400元(共优惠1510元)
50套餐	6750元	7250元	11600元(共优惠2400元)

图 8-22　企业 QQ 资费情况

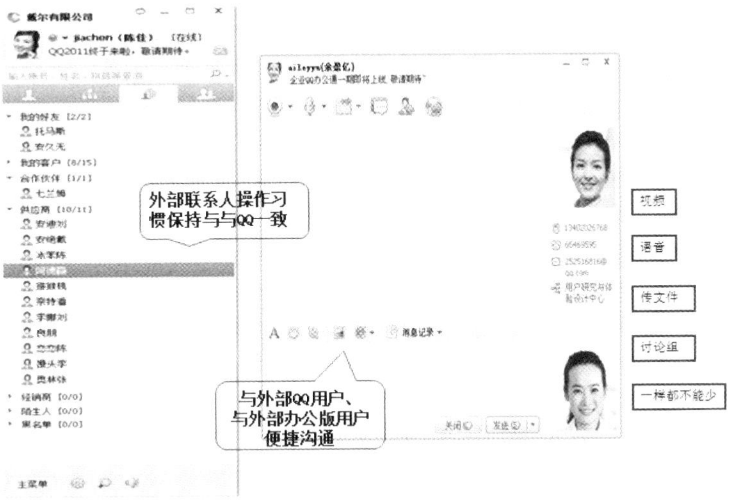

图 8-23　兼顾外联

拓展实训

（1）熟悉 IMO 软件，完成以下操作：

① 下载并安装 IMO 软件，注册账号，写出操作步骤并截图保存。

② 同学间互相添加好友，以任务小组为单位角色扮演企业各部门成员。

③ 对 IMO 其他各项进行设置，熟悉 IMO 主界面，并与同学进行交流。

（2）自主学习其他即时通信软件的操作。

任务 8.2　企业网站即时通信

任务要求

当今国内的各大门户网站都有自己的即时通信工具，根据自己网站的特点，建立实时网站是今后网站的发展趋势。本次任务要求学生了解嵌入式即时通信，掌握企业网站嵌入即时通信工具的方法，并在网上查找此类网站，能与在线客服进行交流沟通。

知识准备

一、嵌入式即时通信

1. 嵌入式即时通信含义

嵌入式即时通信，是一类可以被嵌入到 Web 页面中提供即时通信服务的 Widget 控件，故也称 IM Widget。通俗地说，这是一种由服务商提供的基于 Web 的即时通信功能的服务平台，该平台通常以一段 HMTL+JavaScript 的代码为接口提供给本地使用，本地管理员通过在本地网页源文件中插入该代码完成服务平台的本地设置，管理员和用户可以利用该平台实现基于网页的实时交流。

2. 嵌入式即时通信功能

（1）便于用户端使用。免安装， 用户无须再像使用传统 IM 那样下载和安装 IM 软件，并可免注册、甚至免登录，直接在网页上进行实时通信，实现了真正的无门槛在线交流。

（2）便于管理端集成。管理员可以方便地将服务嵌入到本地网页的任意位置。代码移植过来后，本地网页中会增加一个即时通信的接口。根据设置的不同，接口的表现形式可以是超链接，也可以是悬浮图标，甚至是聊天窗口等。

（3）提供整合 IM 服务。国外不少嵌入式 IM 的服务提供商都提供基于 Web 的即时通信整合服务，即允许用户使用自己的传统 IM（AIM、 ICQ、Yahoo！Messenger、MSN 等）账号登录整合 IM 服务网站与其他用户进行基于网页的实时交流。

二、网站即时通信

1. 网站即时通信含义

网站即时通信是网站为平台商家提供的可即时与在线客户沟通交流的工具，该工具还可以与网站商家操作平台功能相集成，优化网站用户体验。

2. 与普通在线客服的区别

网站即时通信工具的基本功能可概括为在线客服，将即时通信软件嵌入在网页中，同样能及时的发送和接收消息，但网站即时通信工具与普通在线客服系统有本质的区别

（1）实现功能不同。网站即时通信工具，不仅能实现普通在线客服系统的功能，其桌面客户端更能集成网站商家操作平台，并允许商家与客户之间互加好友，建立群组保持稳固的联系。网站即时通信工具还可开发手机客户端，顺应当下商务移动互联网的发展潮流。

（2）客户数据存储不同。普通在线客服系统的所有网站客户数据都只能存储在在线客服系统提供商的服务器之上，这样网站的客户数据会存在安全隐患。而网站即时通信工具，不论是网站自己研究开发，或是寻找专业即时通信服务提供商，都可将网站的所

有客户数据存储在自己的服务器上，消除网站数据安全隐患。

任务实施

一、查找与分析网站即时通信工具

（1）打开 IE 浏览器，输入相关内容，查找企业网站上的即时通信工具，如图 8-24 和图 8-25 所示。

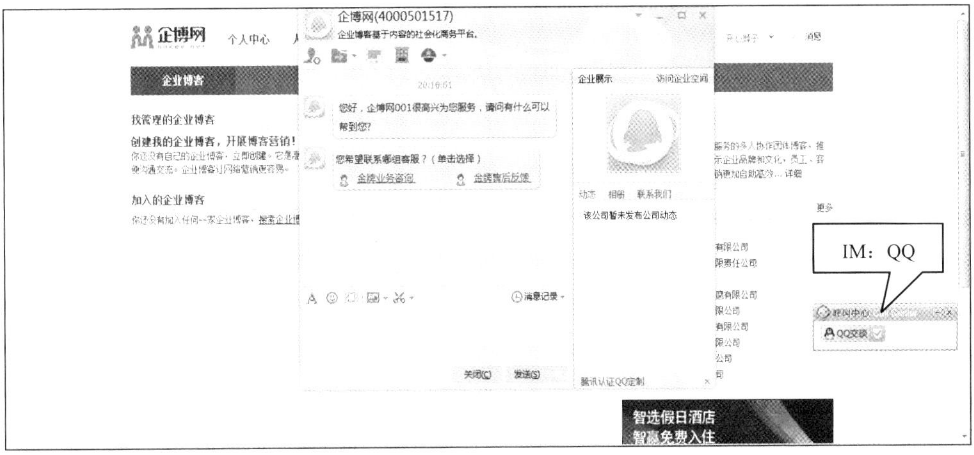

图 8-24　企博网 IM

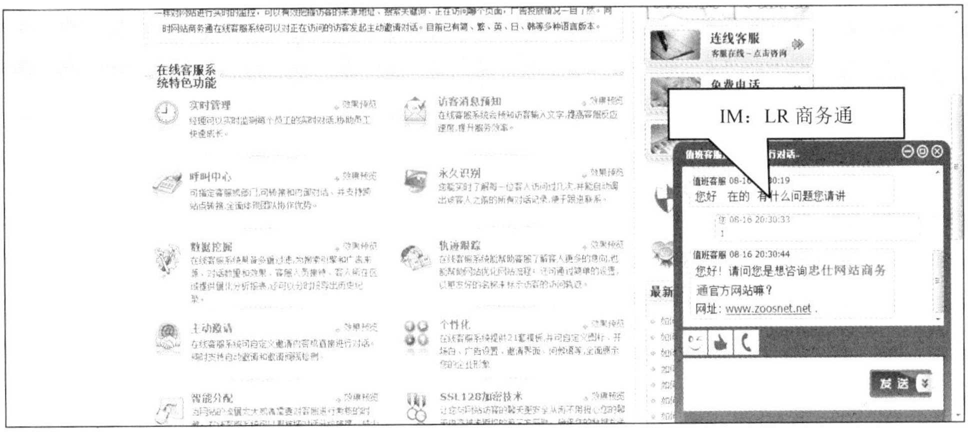

图 8-25　忠仕网站 IM

> **小贴士**
>
> 查找嵌入网站 IM 的方法：一是通过搜索“即时通信软件”或“企业即时通信软件”查找相关企业网站；二是通过查找企业黄页搜索企业网站，查看是否嵌入 IM。

（2）将上述查找到的结果进行分析，记录到 Excel 工作表中，如图 8-26 所示。

	企业网站即时通讯查找记录			
	网址	企业名称	IM名称	备注
3	http://www.qycn.com/	广东群英网络有限公司	CC客服	CC客服是集在线即时通讯、访客监控、流量统计、客户管理等于一体的先进互联网在线客服系统。系统能像雷达一样对网站进行实时监控，有效把握访客IP、来源、搜索关键词、访问页面等，广告投放效果一目了然。同时，可以对正在访问的访客发起主动对话，化被动等待咨询为主动销售。目前已经有简、繁、英、俄等多种语言版本。
4	http://www.zoosnet.net/	大连忠仕软件技术有限公司	LR客服	网站商务通在线客服系统服务于即时通讯行业已10年，是一款专业的在线客服系统。网站商务通在线客服可以像雷达一样对网站进行实时的监控，可以有效把握访客的来源地址、搜索关键词、正在访问哪个页面，广告投放情况一目了然。同时网站商务通在线客服系统可以对正在访问的访客发起主动邀请对话。目前已有简、繁、英、日、韩等多种语言版本。
5	http://sdytd.bokee.net/	山东省亿通达蒸汽节能服务有限公司	企业QQ	

图 8-26　企业网站即时通信查找记录表

（3）从中选择 1～2 个企业网站上的客服进行交流，交流结果截图保存，如图 8-27 所示。

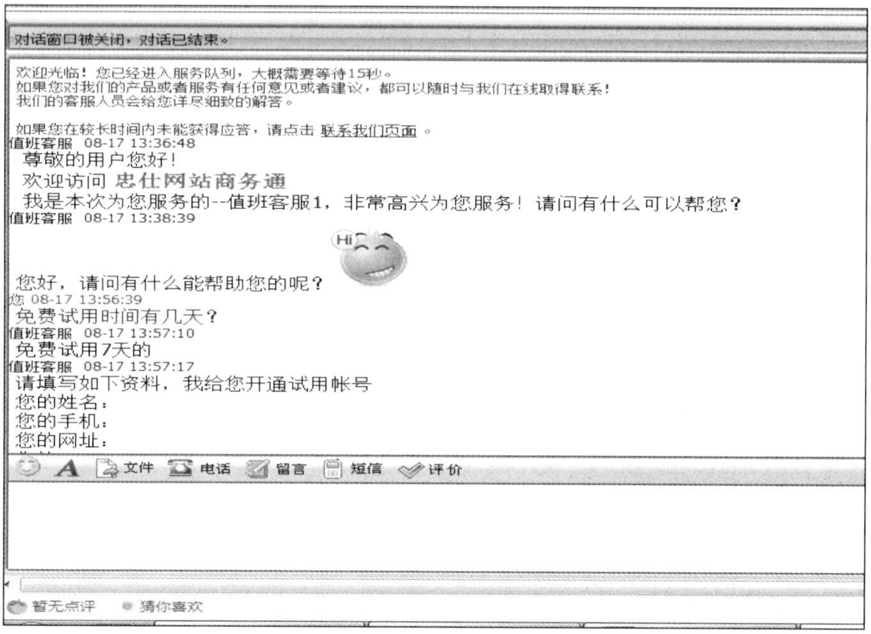

图 8-27　与 LR 客服交流截图

二、嵌入即时通信工具

1. 嵌入 QQ

登录腾讯 QQ 在线状态页面（http://b.qq.com/wp/），填写 QQ 号码和网站地址后单击“生成代码”按钮，拷贝生成的代码加入网页即可（添加代码方法见后面的任务操作），如图 8-28 所示。

图 8-28 企业 QQ 在线状态生成代码页面

小贴士

企业 QQ 在线状态代码对普通的 QQ 仍然是有效的，而且申请过程比普通 QQ 在线状态方便得多。但如果单独在网站上做一个普通 QQ 漂浮图片，就不能实现访客跟踪，统计分析也看不到访客来源，而且 QQ 是一款独立的在线客服系统，访客端也必须得安装 QQ 软件并处于登录状态才能聊天。

2. 嵌入 CC 客服

（1）注册账号。登录 CC 客服网站（http://www.qycn.com/kf/），了解 CC 客服后注册 CC 账号，如图 8-29 和图 8-30 所示。

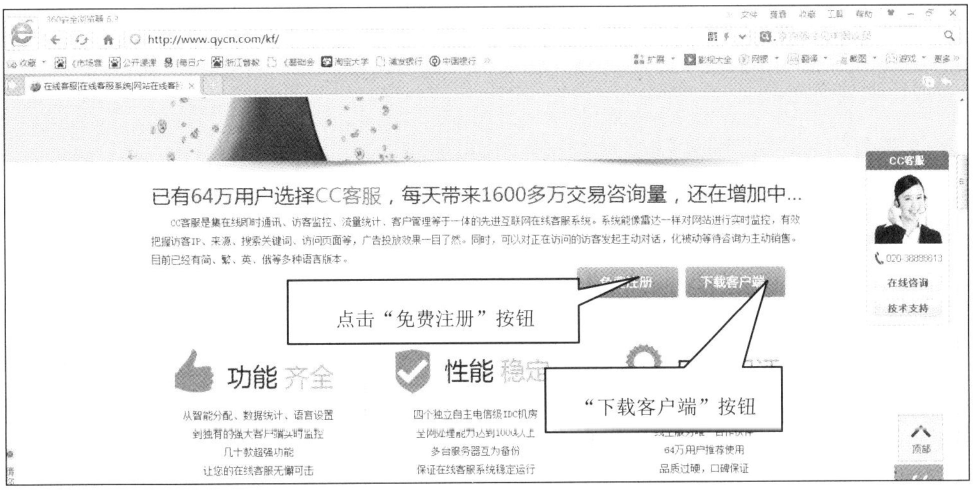

图 8-29 CC 客服网站页面

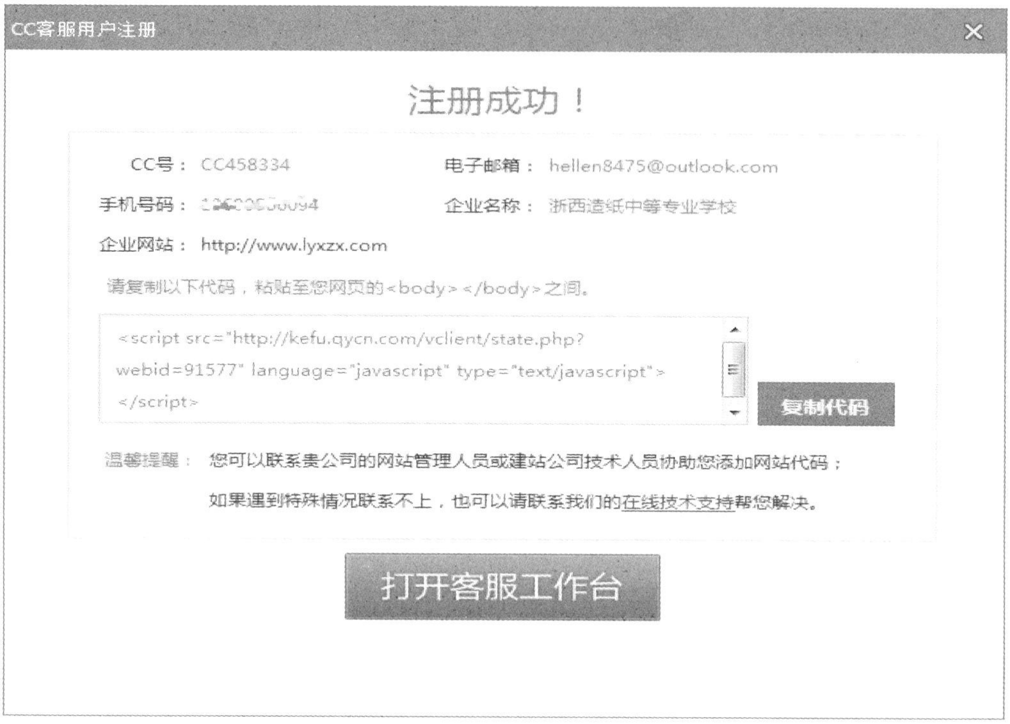

图 8-30　CC 账号注册成功

知识链接

CC 客服

CC 在线客服系统（简称 CC 客服）是集即时在线沟通、客户管理、客服监控、数据统计等内容为一体的互联网在线客服软件。系统能像雷达一样对网站进行实时监控，有效把握访客 IP、来源、搜索关键词、访问页面等，广告投放效果一目了然。

CC 客服不限网站，基础功能永久免费，更开发出十余种强大的增值服务功能供选择，全面满足各类型网站的日常营销需求。它的作用体现在:

（1）实时网站监控，把握访客动态。实时显示每一位来访者的信息，查看他们曾经浏览过的网页内容、从哪里来、为何而来等重要信息。

（2）客服主动出击，让流量变销量。客服可以主动邀请或强制访客对话，适时给予客户关怀。

（3）关注访客体验，提升企业形象。多套风格主题、自定义公司 logo、设置公司广告等方式可以建立企业网站形象。

（4）集成 QQ/旺旺，拓宽营销渠道。访客无需安装任何插件即可发起对话，快速沟通；集成 QQ、Skype、旺旺三大通信软件，拓展企业营销渠道。

（5）丰富数据分析，帮助企业决策。通过数据统计分析，可以清晰了解新旧访客、来源、时间、地域、对话量等信息，为网站营销决策提供支持。

（2）添加代码。

① 在注册成功页面单击“工作台”按钮，如图 8-31 所示。

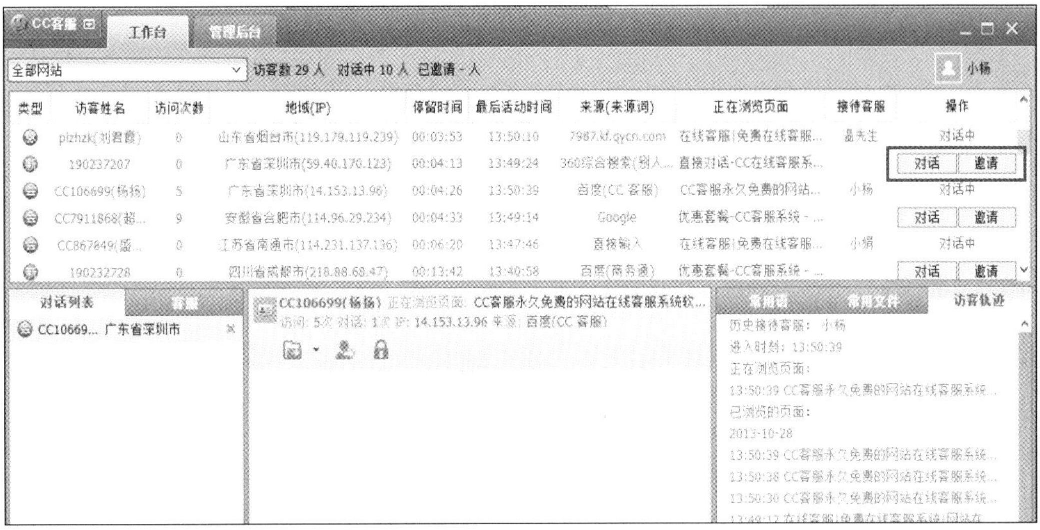

图 8-31　CC 工作台

② 单击“CC 客服”→“添加代码”输入网址获取网站代码，如图 8-32 所示。

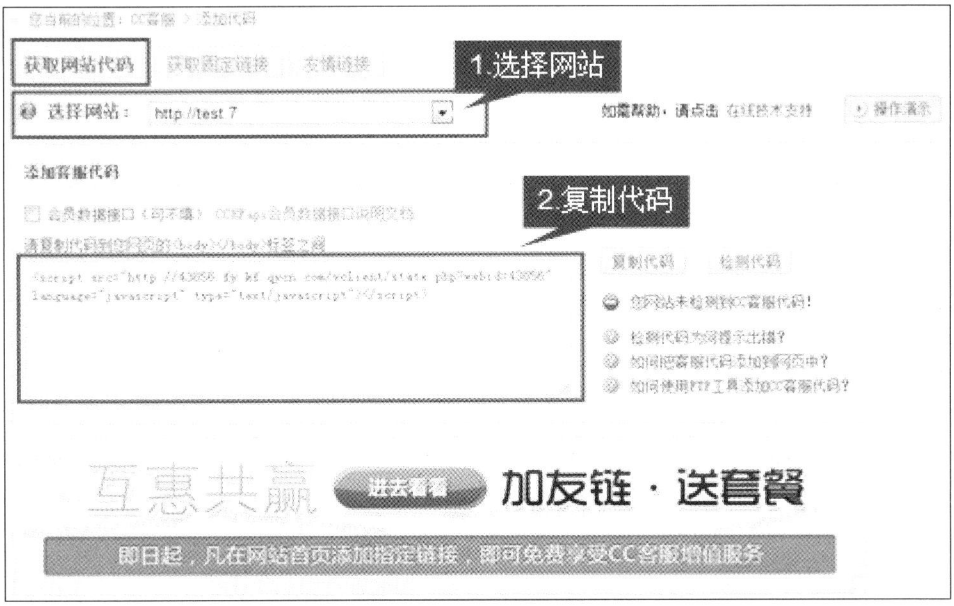

图 8-32　获取网站代码

③ 插入代码到网页。获取了代码之后，打开网页记事本找到<body></body>标签，并将复制的代码添加到</body>标签之前，保存后关闭，如图 8-33 所示。

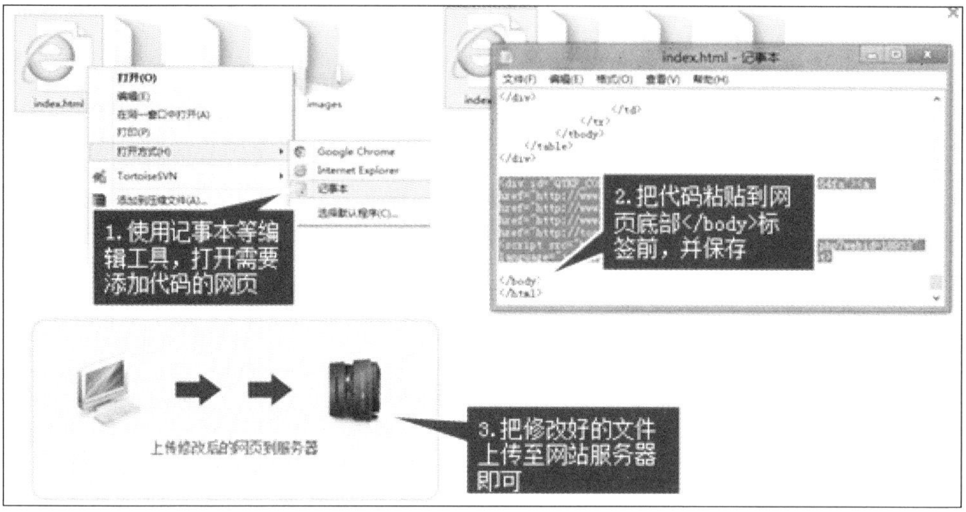

图 8-33　添加网站代码

小贴士

学生没有独立网站，可利用自己开的淘宝店铺进行代码添加活动（因为 C 店没有自主服务器，只能体验操作过程，CC 客服无法添加到店铺网页中）。首先通过网页“文件”菜单将自己的店铺另存为到桌面，从桌面店铺网页图标右击“打开方式”打开记事本（网页源代码），找到<body></body>标签，并将复制的代码添加到</body>标签之前，保存后关闭。

④ 检测代码。返回 CC 工作台“添加代码”页面，单击右侧的“检测代码”按钮，系统会自动检测网页中添加的代码是否正确，如果添加代码正确则系统提示“您的 CC 客服代码已经添加成功”；否则系统提示“您的网站未检测到 CC 客服代码！”，需重新添加。

（3）下载登录 CC 客服。登录 CC 客服客户端，了解 CC 客服的其他功能，使用 CC 客服系统与网站访客进行对话。

小贴士

CC 客服学堂：http://cckf.qycn.com/

任务评价

学习成果评价表

评价内容	评价方式			评价等级
	自评	小组评议	教师评议	
准备情况（预习、资料的收集）				A. 准备好；　B. 准备一般；C. 没有准备

续表

评 价 内 容	评价方式			评 价 等 级
	自评	小组评议	教师评议	
知识技能掌握情况				A. 真正理解并掌握； B. 初步理解； C. 参与有关活动
任务完成情况（包括成果的展示）				A. 好 ；B. 一般； C. 未完成
认真的学习态度 （听讲、讨论、课堂发言、操作活动）				A. 认真；B. 一般；C. 不认真
善于与同学合作				A. 能； B. 一般； C. 不足
思维的条理性 （有条理表达意见，解决问题过程清楚）				A. 强； B. 一般； C. 不足
思维的创造性 （提出和别人不同的问题，或用不同的方法解决问题）				A. 强； B. 一般； C. 不足
信息技术素养				A. 强； B. 一般； C. 不足
小 计				
总 评				
被评价人自我反思				

说明： 1. 评价内容前四项A为15分，B为12分，C为8分；后四项A为10分，B为8分，C为6分。

2. 总评=自评×30%＋组评×30%＋师评×40%。

3. 85分以上为优秀，75～85为良好，60～75分为合格，60分以下尚需努力。

知识拓展

博客也能“即时通信”

作为博客的主人，肯定很想知道来访者对自己博客的看法，而很多“懒人”就是不肯留言，要是能实时交流就好了……为了缩短博主与博友之间的距离，博主们可以在博客中加入QQ，从而达到在线交流的目的。

具体做法：在管理博客的操作界面下选择“定制我的首页”，在出现的首页的编辑状态下，从左侧的浮动菜单中选择“添加模块”，在“自定义空白面板”中选择“创建新的空白面板”，在编辑的文本框里选择“显示源代码”，这里出现的便是HTML编辑状态，将从腾讯网站上得到的源代码复制到这里即可。

如果了你了解HTML语言，可以在此编辑状态下进行布局的修改，然后为面板起个喜欢的名字保存即可。保存后在自定义面板下面会出现刚才命名的面板，选中后单击“选取”按钮，保存设置。

拓展实训

1. 在自己的博客网站尝试添加QQ工具。
2. 继续熟悉CC客服客户端。要求：将学习到的内容按教材“任务实施”格式，以

Word 文档形式编写《CC 客服操作手册》。

任务 8.3 即时通信营销

任务要求

对营销人来说，即时通信是一种很有潜力的、开拓性的营销机会。本次任务在学生了解即时通信营销相关知识的基础上，要求学生利用国内用户规模最大的即时通信工具——QQ 进行营销体验：明确 QQ 可以开展的营销传播工作，并能精准地锁定潜在客户、管理现有客户。

知识准备

一、即时通信营销的含义

即时通信营销是企业通过即时工具 IM（Instant Messaging）帮助企业推广产品和品牌的一种手段。常用的主要有以下两种情况：

第一种：网络在线交流。中小企业在建立网店或者企业网站时一般会有即时通信在线，这样潜在的客户如果对产品或者服务感兴趣自然会主动和在线的商家联系。

第二种：广告。中小企业可以通过 IM 营销通信工具，发布一些产品信息、促销信息，或者可以通过图片发布一些网友喜闻乐见的表情，同时加上企业要宣传的标志。

二、即时通信营销的特点

（1）门槛低：不管你是做什么的都可以用 IM 来营销你的产品，没有高低贫贱之分。

（2）精准性高：例如，你是卖美容产品的，你可以加些关于美容类的 QQ 群，或者淘宝群，还可以加一些高端人士所在的群，如购物群，女性车友群等，建立感情并维护。

（3）灵活性大：它可以随时改变策略，规模随意，覆盖度随意。

（4）成本低：一般不需要什么费用，买个群发软件或者下载个免费的软件即可。一般一个企业一个人负责就可以了，每天去维护好用户群及好友，每天发一次广告，不要发的太多，广告内容需要丰富些。

（5）回报快：可能你刚发完广告，马上就有成交的客户，这就是 IM 营销最大的好处，也是企业想要的效果。

（6）大众化：覆盖面广，接触的人群多。

三、即时通信营销的优势

1. 互动性强

无论哪一种 IM，都会有各自庞大的用户群，即时的在线交流方式可以让企业掌握主动权，摆脱以往等待关注的被动局面，将品牌信息主动展示给消费者。当然这种主动不是让人厌烦的广告轰炸，而是巧妙利用 IM 的各种互动应用，可以借用 IM 的虚拟形象服务秀，也可以尝试 IM 聊天表情，将品牌不露痕迹地融入进去，这样的隐形广告很少会遭到抗拒，用户也乐于参与这样的互动，并在好友间广为传播，在愉快的氛围下自然会对品牌留下好印象，促成日后的购买意愿。

2. 营销效率高

一方面，通过分析用户的注册信息，如年龄、职业、性别、地区、爱好等，以及兴趣相似的人组成的各类群组，针对特定人群专门发送用户感兴趣的品牌信息，能够诱导用户在日常沟通时主动参与信息的传播，使营销效果达到最佳。另一方面，IM 传播不受空间、地域的限制，类似促销活动这种消费者感兴趣的实用信息，IM 能在第一时间告诉消费者。

3. 传播范围大

任何一款 IM 工具都聚集有大量的人气，并且以高品质和高消费的白领阶层为主。IM 有无数个庞大的关系网，它们的好友之间有着很强的信任关系，企业的任何有价值的信息，都能在 IM 中扩散传播，产生的口碑远非传统媒体可比。

有强大的用户规模作为后盾，IM 蕴含的巨大市场营销价值已经被越来越多的企业所认可，而 IM 承载的传播形式更是变得越来越丰富。未来的营销战场，IM 营销必不可少。

任务实施

一、明确 QQ 信息传播渠道

各小组讨论 QQ 信息传播渠道，并通过这些渠道宣传“RC 我爱美丽”店铺，网址：http://shop65184209.taobao.com。

也可进入“三打哈——网络推广服务平台：http://www.sandaha.com/”，接受网络推广任务，如图 8-34 和 8-35 所示。

1. 利用 QQ 本身的直聊功能

QQ 的直聊功能是 QQ 最基本也是最重要的应用，包括 QQ 群的群聊功能，可以对产品或者品牌进行一对一或者一对多的推广。在利用 QQ 的直聊功能进行推广时，有两个关键性的问题需要注意：一是确定目标群体，实现精准营销；二是精心打造准备发送

图 8-34　推广任务悬赏

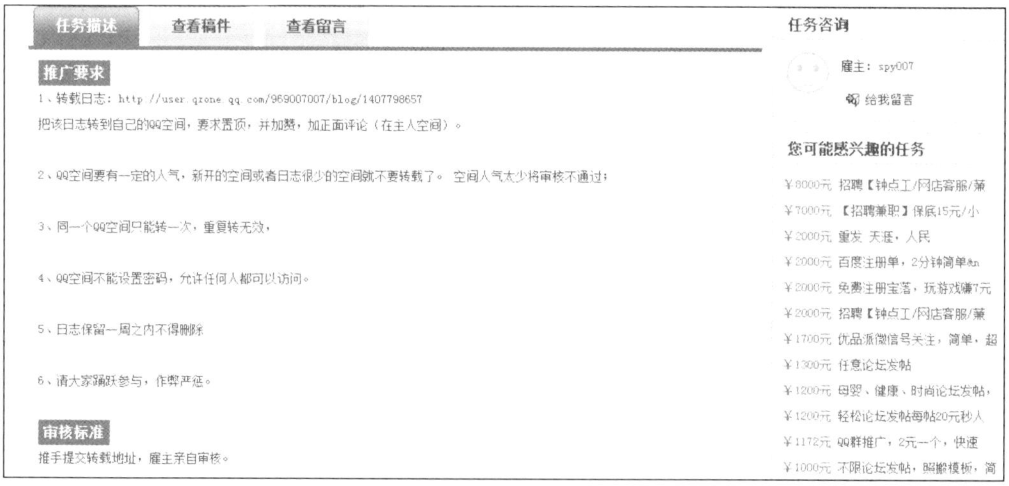

图 8-35 悬赏任务描述

的广告语，尤其是在 QQ 群里，终极目标是不被对方反感，不被踢出群，比如下面的句式可以考虑，“刚才朋友给我推荐了这个，不知道好不好，大家帮忙参考一下，http://shop65184209.taobao.com。”

2. 利用 QQ 空间的转载功能

传播主体可以建立自己独特的 QQ 空间，围绕企业和产品开展信息传播和推广。利用 QQ 空间的转载功能进行推广的基础是高质量的软文，通过软文实现病毒式的扩散传播，或者带来更多的销售，或者实现更多的浏览。

3. 利用 QQ 相册进行推广

很多人对别人空间里的照片都是有兴趣的，这是一个很好的推广资源，一定要善于利用。上传的照片可以加上网站的水印，同时应该重点关注每一张照片的相片描述、标签等，这是进行宣传推广的重要阵地。

4. 利用漂流瓶进行推广

在利用漂流瓶进行推广时，要注意广告措辞尽量温和，不要太赤裸裸地宣传推广；另外如果选择漂流瓶作为推广工具，要注意更换自己的头像，让别人有点击的欲望；如果瓶友在线进行交流，沟通技巧同 QQ 直聊的沟通技巧。

5. 利用 QQ 的自动回复功能

对 QQ 号进行自动回复设置：因为咨询的人太多，暂时比较忙，亲们可以留言，或者进入网址（网址备注），那里有我的专栏，可以看看能否解决亲的问题。

6. 利用 QQ 个性签名进行推广

该签名可以传达给该 QQ 所有的好友。如果设置了同步更新到 QQ 空间的说说里，那么这些信息都能在好友浏览自己空间时看到。

二、锁定潜在客户

（1）查找群。在 QQ 查找上输入“购物”、“美容”类字样，会出现很多美容交流群，查找后可直接添加，如图 8-36 所示。

图 8-36　查找用户群

小贴士

在 IM 工具中，不管用什么营销方式，都需要先确定对象。而找客户的方式，一般就是如何最快地找到陌生人并且营销，我们首先推荐的就是通过群去定位人。

（2）锁定人。首先跟群主搞好关系，使群主尽可能地成为我们的意见领袖，最好能够成为我们的合作 QQ 群，还可以专门针对活跃用户进行宣传。

知识链接

QQ 群推广技巧

① 先感情，后推广。无论是加入的群还是自建的群，都需要较长时间跟群里的会员培养感情，而不是加入就发带有营销性质的信息，极易引发反感而且容易被踢出。先培养感情，都是朋友了，偶尔发一下小广告，不仅不会踢出，还极大地增加了可信度，事半功倍。

② 推广对象，具体到人。这个要慎重，意思是说信息发布到多少个群不重要，关键是保证信息发布到具体的人，影响到每个人从而提高转换率。

③ 传播内容需要少而精。也就是发布的段子一定要精心准备，当然最好是可以引发成员自愿转发到其他群。还有一个问题就是少，频率也不要太频繁。一部电视剧偶尔放点广告可以，要是太多，就倒胃口了。

④ 巧用群其他功能。QQ 群还有其他一些位置可以作为营销场地，操作方法自己灵活掌握，如群公告、群共享、群空间、群论坛，尤其是群邮件。群邮件是很强大的一个功能，可以发送给群里的每位成员，右下角还会自动提醒，要求群要开通群邮件功能。

⑤ 申请成为管理员或者搞定群主。同群里管理者搞好关系，对以后的工作大有帮助。

⑥ 建立 QQ 群联盟。一个人的 QQ 总是有限定的，可以跟他人合作，成立联盟。

三、管理现有客户

1. 建立客户数据库。按照一定的属性对客户进行分组，为每个客户设置一些标签，来展现客户的特点，为每个客户添加备注信息（客户的购买次数、客户的个性化需求、消费能力），如图 8-37 所示。

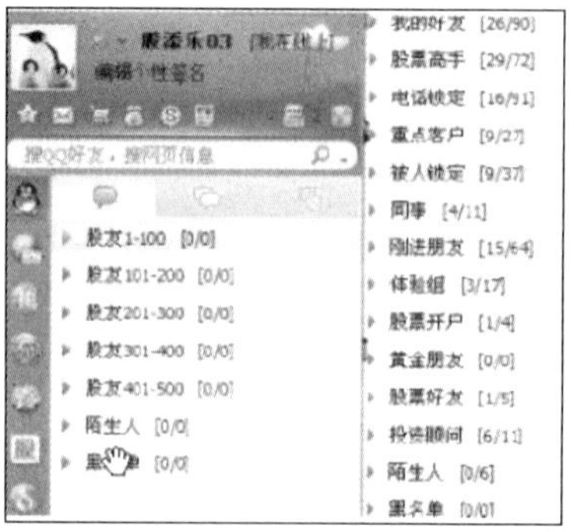

图 8-37　群组分级示范

2. 进行客户关怀。给客户主动发送的内容，有很多种形式，如节假日的祝福、问候的信息；新品上市、产品促销信息；有价值的资讯；耐人寻味的小故事……通过这些不同形式内容的信息，可以让我们和客户一直保持联系，而不会让客户淡忘公司的产品。

任务评价

学习成果评价表

评价内容	评价方式			评价等级
	自评	小组评议	教师评议	
准备情况（预习、资料的收集）				A. 准备好； B. 准备一般； C. 没有准备
知识技能掌握情况				A. 真正理解并掌握； B. 初步理解； C. 参与有关活动
任务完成情况（包括成果的展示）				A. 好 ；B. 一般； C. 未完成
认真的学习态度 （听讲、讨论、课堂发言、操作活动）				A. 认真；B. 一般；C. 不认真
善于与同学合作				A. 能； B. 一般； C. 不足
思维的条理性 （表达意见有条理，解决问题过程清楚）				A. 强； B. 一般； C. 不足
思维的创造性 （提出和别人不同的问题，或用不同的方法解决问题）				A.强； B. 一般； C. 不足
信息技术素养				A.强； B. 一般； C. 不足
小 计				
总 评				
被评价人自我反思				

说明： 1. 评价内容前四项A为15分，B为12分，C为8分；后四项A为10分，B为8分，C为6分。
2. 总评=自评×30%＋ 组评×30%＋ 师评×40% 。
3. 85分以上为优秀，75～85为良好，60～75分为合格，60分以下尚需努力。

知识拓展

软文广告

软文广告顾名思义，它是相对于硬性广告而言的，由企业的市场策划人员或广告公司的文案人员来负责撰写的“文字广告”。与硬广告相比，软文之所以叫做软文，精妙之处就在于一个“软”字，好似绵里藏针，收而不露，克敌于无形。

当你发现这是一篇软文的时候，你已经冷不丁地掉入了被精心设计过的“软文广告”陷阱。它追求的是一种春风化雨、润物无声的传播效果。如果说硬广告是外家的少林功夫，那么，软文则是绵里藏针、以柔克刚的武当拳法，软硬兼施、内外兼修，才是最有力的营销手段。

软文的形式是多种多样的，但是万变不离其宗，根据软文的内容可以将软文分为以下几类：

（1）悬念式：也可以叫设问式，核心是提出一个问题，然后围绕这个问题自问自答，如“人类真的可以长生不老？”等，通过设问引起话题和关注是这种方式的优势。

（2）故事式：通过讲一个完整的故事带出产品，使产品的“光环效应”和“神秘性”给消费者心理造成强暗示，使销售成为必然。讲故事不是目的，故事背后的产品线索是文章的关键。

（3）情感式：情感最大的特色就是容易打动人，容易走进消费者的内心，所以“情感营销”一直是营销百试不爽的灵丹妙药。

（4）恐吓式：恐吓式软文属于反情感式诉求，情感诉说美好，恐吓直击软肋——“高血脂，瘫痪的前兆”。实际上恐吓形成的效果要比赞美和爱更具备记忆力，但是也往往会遭人诟病，所以一定要把握度，不要过火。

（5）促销式：如“某某产品，一天断货三次”，“**厂家告急!”。这样的软文直接配合促销使用效果更佳。通过“攀比心理”，“影响力效应”多种因素来促使消费者产生购买欲望。

（6）新闻式：所谓事件新闻体，就是为宣传寻找一个由头，以新闻事件的手法去写，让读者认为仿佛就是昨天刚刚发生的事件。这样的文体是对企业本身技术力量的体现，但是，告诫文案要结合企业的自身条件，多与策划沟通，不要天马行空地写，否则，会造成负面影响。

范例：《汶川地震捐款顺口溜》

一杯可乐两元钱，肯德基里卖六元。　一个土豆切成条，做成薯条又七元。
两片面包一块肉，夹成汉堡卖几元？　外商赚钱不算少，地震捐款捐多少？
不捐难赚中国钱，磨磨蹭蹭捐一点。　哪有民族企业好？患难之下见分晓。
不见经传王老吉，一捐就捐一个亿。　兄弟姐妹醒一醒，一脉相连血肉情。
食品饮料日用品，国产不比洋货差。　从此改喝王老吉，不媚洋货买国货。
中华儿女一家人，民族振兴靠国人。　各位朋友转一转，莫枉做个中国人。

评析：在2008年汶川大地震赈灾期间，这条消息在各大IM工具上流传，相信大家并不陌生。我们也可以从中品味出，在段子中植入的王老吉品牌，得到了非常好的传播。和那些直接的牛皮癣广告相比，高下立见：这段信息抛却了直接对产品信息的诉求，将品牌与网友的爱国情感相对接，很显然爱国这个独特的“心灵按钮”在网友中更容易激起涟漪。王老吉唤醒了众多网民（以年轻人为主）心底的民族情绪，发自内心的“支持民族品牌、支持王老吉”的呼声响彻网络，王老吉由此名利双收。但是如果在IM中发“怕上火，喝王老吉”的信息，可能效果就不同了。

拓展实训

写一篇宣传本校的软文，并在即时通信工具上进行营销推广。

项目9

网络营销策划

项目背景

目前世界经济的形势是：一方面，传统商务向互联网转移，已成为一种不可阻挡的潮流，不管是否愿意，不管是积极投入还是被拖着、拽着，都将迈向互联网；另一方面，互联网的发展速度是非常惊人的。正像Cisco公司的总裁约翰·钱伯斯所言："互联网不会等待任何人、任何公司、任何国家，因此你如果跟不上很快就会被别人超过。"因此，及早制定并发展网络营销的应对之策，是任何一家公司都必须认真对待的大事。

企业开展网络营销，一定要落实一份企业网络营销策划书，一份合理又有操作性的网络营销策划书能够使我们的网络营销进行得顺风顺水，它在很大程度上起到了决定性的导航作用，那我们应该如何制定网络营销方案呢？

学习目标

- 理解组合营销四因素，掌握实施营销组合的策略，提高应对竞争的能力。
- 了解网络营销方案的本质，掌握网络营销方案制定的七个步骤。
- 了解网络营销效果评价实施的重要性，掌握网络营销评价的实施过程与评价方法。
- 能针对特定企业的运营情况，制定一份较为全面合理的网络营销方案。
- 能对网络营销实施效果进行评测，加快成功经验的复制。

任务9.1 组 合 营 销

任务要求

企业经营的成败，很大程度上取决于营销组合策略的选择和它们的综合运用效果。本次任务要求学生广泛查阅和搜集营销组合策略的相关理论，收集有代表性的企业实施营销组合策略的资料进行整理、分析，记录下来与其他同学一起赏析。

知识准备

一、组合营销的定义

组合营销是市场营销的基础概念或模型，指一系列营销工作者所能影响和操作的市场营销变量和就此所拟就和实施的营销战略。此模型强调以各种不同因素的“组合”为途径来实现公司和消费者的目标。该模型由内尔·波登（Neil H. Borden）于 1964 年提出，1948 年他第一次使用了“组合营销”这个词。

二、组合营销的因素

组合营销的四个因素常称作 4P。

（1）产品（Product）。产品策略主要研究新产品开发，产品生命周期，品牌、包装、服务营销等，是价格策略、分销策略和促销策略的基础。

（2）价格（Price）。价格策略又称定价策略，主要研究产品的定价目标和方法以及调价等的市场营销工具。

（3）分销（Place）。又称渠道策略，是指为了达到产品分销目的而起用的销售管道，既包含批发商，也包含零售商，甚至包含物流配送商，或是公司业务人员直接对消费者销售。

（4）促销（Promotion）。主要是指企业利用各种信息传播手段刺激消费者的购买欲望，促进产品销售的方式来实现其营销目标，其中包括与促销有关的广告、人员推销、营业推广，公共关系等可控因素的组合和运用。

三、组合营销的发展

1. 7P

7P 是 4P 的延续营销组合，即产品（Product）、价格（Price）、区域（Placement）、促销（Promotion）、人员（People）、流程（Process）、环境（Physical evidence）。现有一种组合营销软件 SKYCC，就是这个概念衍生的最新产品。

2. 4C

顾客（Customer）：不是售出制造的产品，而是要满足消费者的需求。

成本（Cost）：不要根据竞争者或者自我的盈利策略定价，而是要通过一系列测试手段了解消费者为满足需求而愿意付出的成本。

便利（Convenience）：不要以自身为出发点，想着网点怎么布置，采用什么样的通路策略，而要关注消费者购买产品的便利性。

沟通（Communication）：不是想着如何通过媒体传播来提升销量，而要和消费者互动沟通。

任务实施

一、广泛查阅和搜集营销组合策略的相关理论

从概念、特点等方面充分了解网络营销产品，利用几个网站了解企业网络产品策略。

1. 网络产品

指在网络营销活动中消费者所期望的能满足自己需求的所有有形实物和无形服务的总称。

2. 网络营销产品的层次

营销产品应是一个产品整体，包含三个层次：核心产品、有形产品和附加产品（延伸产品），如图9-1所示。

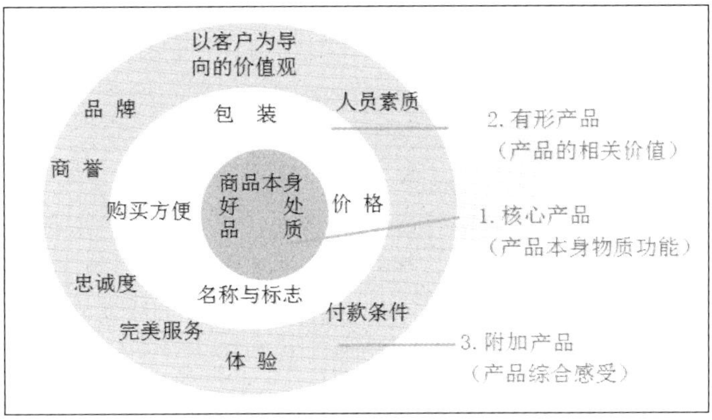

图9-1　产品的层次

网络营销产品在原产品层次上还要增加两个层次，即期望产品层次和潜在产品层次，以满足顾客的个性化需求，如图9-2所示。

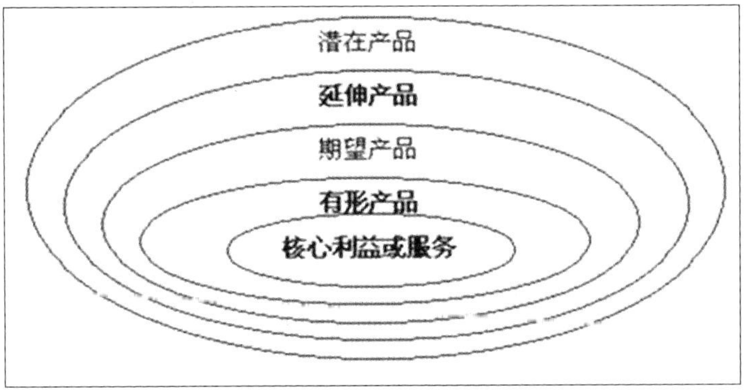

图9-2　网络营销产品的层次

（1）核心利益或服务层次。

这是产品最基本的层次，是满足顾客需要的核心内容，是顾客要购买的实质性的东西。例如，消费者购买食品的核心是为了充饥和营养的需要等，营销的目标在于发现隐藏在产品背后的真正需要，把顾客所需要的核心利益和服务提供给顾客。有时同一种产品可以有不同的核心需要，如人们对服装、鞋帽的需要，有些以保暖为主；有些则以美观为主，强调装饰和美化人体的功能。所以，营销者要了解顾客需要的核心所在，以便进行有针对性的生产经营。

（2）有形产品层次。

这是产品在市场上出现时的具体物质形态，是企业的设计和生产人员将核心产品通过一定的载体，转载为有形的物体而表现出来。它包括产品的质量水平、功能、款式、特色、品牌和包装等。

（3）期望产品层次。

在网络营销中，消费需求呈个性化的特征，不同的消费者可以根据自己的爱好对产品提出不同的要求，因此产品的设计和开发必须满足顾客的个性化消费需求。顾客在购买产品前对产品的质量、使用方便程度、特点等方面的期望值，就是期望产品。例如，中国海尔集团提出"您来设计我实现"的口号，消费者可以向海尔集团提出自己的需求个性，如性能、款式、色彩、大小等，海尔集团可以根据消费者的特殊要求进行产品设计和生产。

（4）延伸产品层次。

这是指顾客在购买产品时所得到的附加的服务或利益，主要是帮助消费者如何更好地使用核心利益和服务，如提供信贷、质量保证、免费送货、售后服务等。例如，美国IBM公司最先发现，用户最新购买计算机，不仅是购买进行计算的工具设备，而且主要是购买解决问题的服务，如用户需要使用说明、软件程序、快速简便的维修方法等。因此，该公司率先向用户提供一整套计算机体系，包括硬件、软件、安装、调试和教授使用与维修技术等一系列附加服务。

（5）潜在产品层次。

这是在延伸产品层次之外，由企业提供能满足顾客潜在需求的产品层次，主要是产品的一种增值服务。它与延伸产品的主要区别是，顾客没有潜在产品层次的需要时，仍然可以很好地使用顾客需要的产品的核心利益和服务。因为随着高科技的发展，有很多潜在需求和利益或服务还没有被顾客认识到。

3. 网络营销产品的特点

产品性质：网上营销的产品最好是与高技术或与计算机、网络有关，如优酷网、土豆网。

产品质量：易于标准化的产品，如图书、软件、CD等。

产品式样：符合各个国家或地区的风俗习惯、宗教信仰和教育水平，满足个性化需要。

产品品牌：它必须拥有明确、醒目的品牌。

产品包装：它的包装必须符合网络营销的要求。

目标市场：网上销售的产品要适合覆盖广大的地理范围。

产品价格：一般网上销售的产品采用较低价位定价，也有网上竞价销售的。

4. 网络营销新产品的开发

网络营销新产品的研制与开发，首先是新产品构思和概念的形成。新产品的构思可以来源于顾客、科学家、竞争者、公司的专业技术人员、公司的销售人员、中间商和高层管理者，但最主要还是来源于市场即由顾客来引导产品的构思。

网络营销新产品开发策略主要有以下几种类型：

（1）全新产品：即开发一个全新市场的产品。这种策略一般主要应用于创新公司，同时也是网络时代中最有效的策略。

（2）新产品线：即公司首次进入现有市场的新产品。互联网技术的扩散速度非常快，利用互联网迅速模仿和研制开发出已有产品是一条捷径。但由于网络时代新产品开发速度的加快和产品寿命周期的缩短等因素的影响，所以这种策略只能作为一种对抗的防御性策略。

（3）现有产品线外新增加的产品：即补充公司现有产品线的新产品。由于网络时代市场需求差异性加大，市场分工越来越细，每种新产品只能对准较小的细分市场，这种策略不但能满足不同层次的差异性需求，而且还能以较低的风险进行新产品开发。

（4）对现有产品的更新换代：即提供改善功能或较大感知价值并且能替换现有产品的新产品。在网络营销市场中，消费者挑选商品的范围、权利与传统市场营销相比大大增加。所以，企业为了满足消费者的需求，就必须不断改进现有产品和进行更新换代，否则就会被市场淘汰。目前，产品的信息化、智能化和网络化是必须考虑的，如电视机的数字化和上网功能等。

（5）降低产品的成本：即提供同样功能但成本较低的新产品。在网络时代，消费者虽然注重个性化消费，但消费者的消费行为将变得更加理智，可以对商品的价格进行精心比较，消费者更强调产品给消费者带来的价值，同时包括所花费的代价，因此，提供相同功能但成本更低的产品更能满足日益成熟的市场需求。

通过价格理论分析，掌握几种主要的网络定价策略，利用几个网站了解企业的部分网络定价策略。

（1）分析价格理论

① 影响网络营销定价的因素：主要从企业内部和企业外部两个方面来考虑。其中企业内部因素主要有定价目标、营销组合战略、成本因素、产品的生命周期、产品的属性等；企业外部因素包括顾客因素、市场和需求的性质，以及竞争环境和竞争对手等。

② 网络营销定价特征。

全球性：企业面对的是全球性网上市场，全球化和本土化结合采用差异化定价。

低价位定价：互联网倡导的是自由、共享和免费的原则，因此网络产品定价要采取免费或低价。

顾客主导定价：以C2C为代表的网上拍卖定价，定制定价。

（2）网络营销定价策略

① 免费价格策略，如图 9-3 所示。

图 9-3　上人民网看人民日报电子版免费

② 低价位定价策略，如图 9-4 所示。

图 9-4　聚划算，真划算

③ 定制定价策略（顾客主导定价策略、个性化定价策略），如图 9-5 所示。

图 9-5　戴尔个性化配置

④ 使用定价策略，如图 9-6 所示。

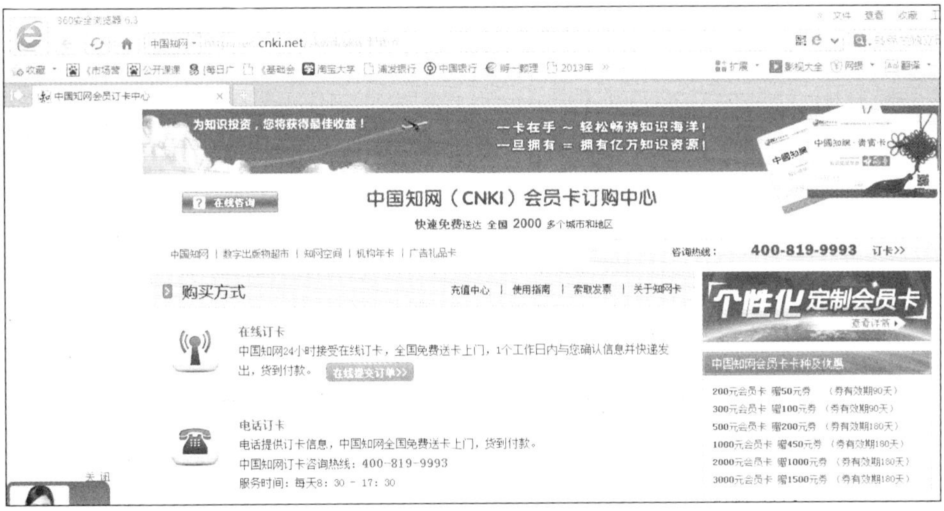

图 9-6　中国知网，在线阅读每页五毛

⑤ 拍卖竞价策略，如图 9-7 所示。

图 9-7　国际著名的拍卖网：易趣网

⑥ 动态定价策略，如图 9-8 所示。

图 9-8　根据购买量自动降价

学习网络营销渠道策略，利用几个网站了解不同企业的部分网络营销渠道策略。

（1）网络渠道

一般是指借助互联网技术提供产品或服务信息以帮助消费者实现信息沟通、资金转移和产品转移的一整套相互依存的中间环节。它的主要任务是为产品由生产者向消费者转移提供方便。一个完善的网上销售渠道应有三大功能：订货功能、结算功能和配送功能。

（2）KFC 网站的上下整合策略（www.kfc.com.cn）

KFC 快餐连锁店推广 KFC 快餐，利用线上优势，实现顾客任意点击 KFC 任何一款食物，便可以清楚地看见该食物的营养成分，这无疑凸现了 KFC 食物的营养优势，强化了卖点的感染力，让客户对 KFC 食物吃起来更加放心。

（3）沃尔沃的延伸策略

沃尔沃除了自身的网络销售平台之外，还通过门户型网站的搜索引擎，B2B 网站的商家信息发布、商品目录、虚拟市场、虚拟商业街或虚拟商店等电子中间商实现营销范围的延伸。这种延伸在理论上来讲是没有边界的，只要互联网能到的地方，都可以成为沃尔沃营销的渠道终端。

学习网络促销的 4 种形式：网络广告、网络营销站点推广、网络促销和网络公共关系。

（1）网络广告（如图 9-9～图 9-17 所示）

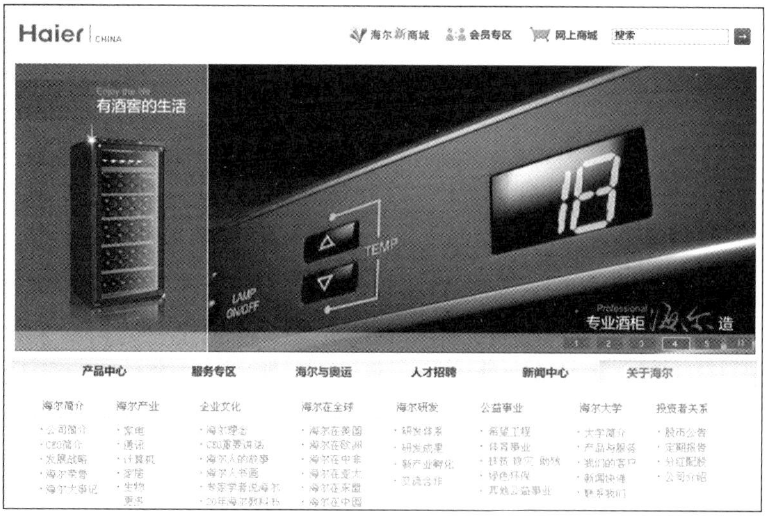

图 9-9　旗帜广告

图 9-10　按钮广告

图 9-11　壁纸广告

图 9-12　赞助式广告

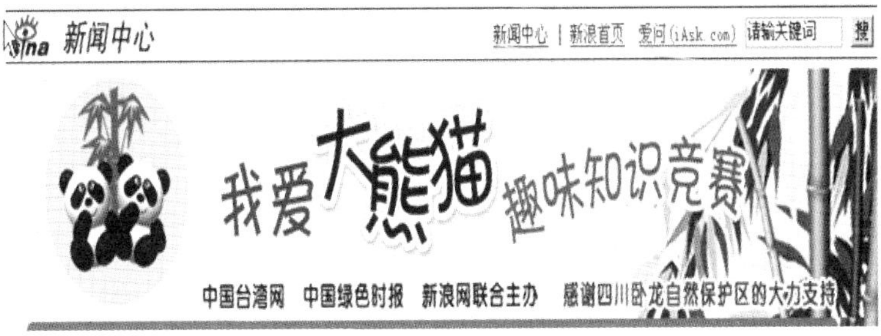

图 9-13　竞赛或推广式广告

图 9-14　插页式广告

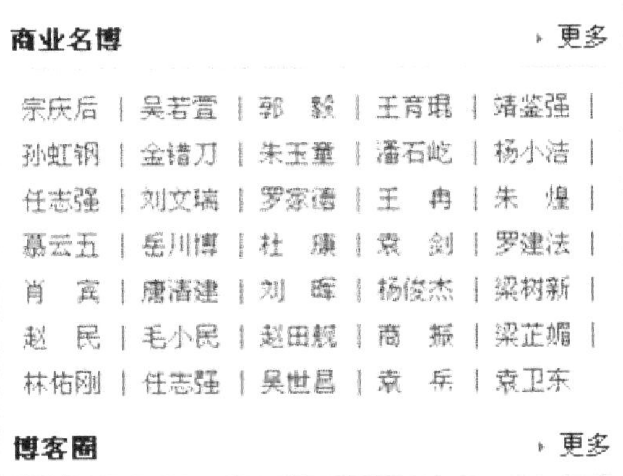

图 9-15　文字链接广告

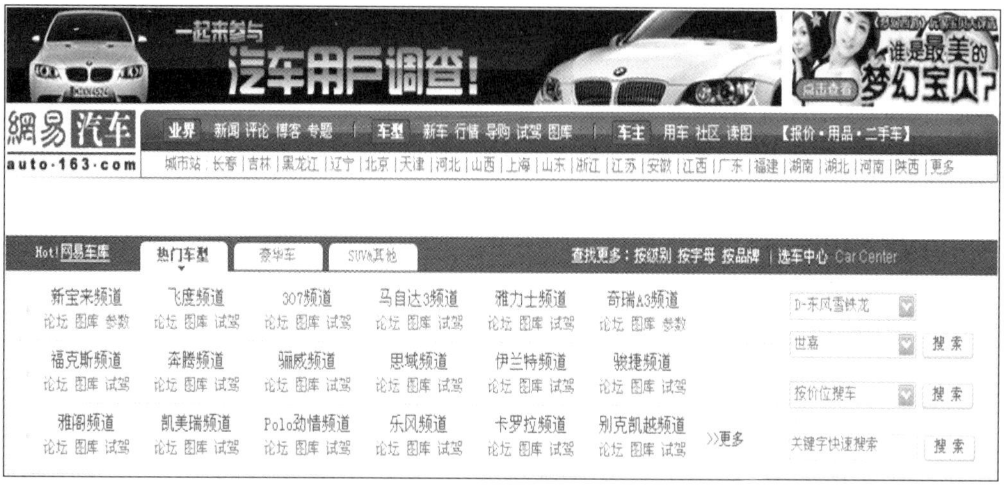

图 9-16　分类广告

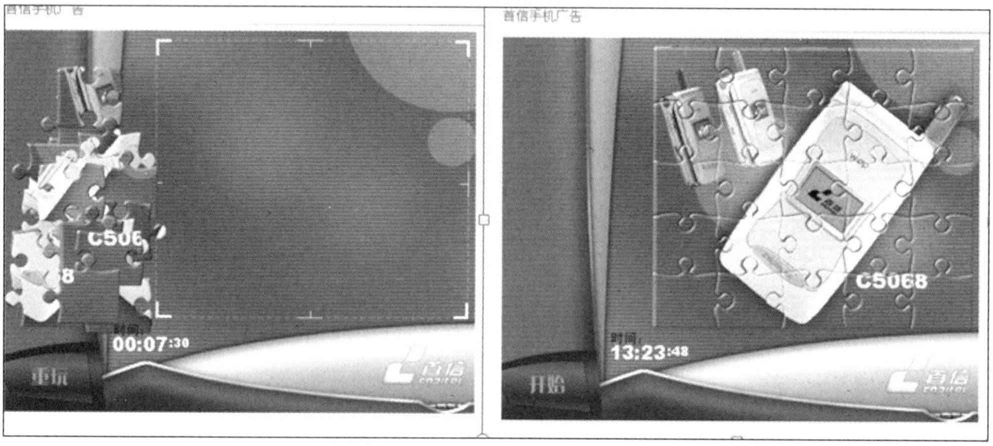

图 9-17　互动游戏广告

（2）站点推广

①搜索引擎注册；②互换链接；③发布网络广告；④借助网络社区、聊天室、BBS；⑤发送 E-mail；⑥提供免费服务；⑦使用传统的促销媒介。

（3）网络促销

①网上折价；②增加商品附加值；③网上赠品；④网上抽奖；⑤积分促销；⑥拍卖促销；⑦返利；⑧优惠券；⑨节庆促销；⑩联合促销；⑪会员制促销。

（4）网络公共关系

网络公共关系是指企业利用互联网进行的公关活动，是企业营销沟通组合中的关键环节和营销工具。在网络营销中，“网络”赋予了公共关系新的内容、特色和规则，也为公共关系提供了新的途径。网络公共关系要素与传统公关要素一样，也包括公关主体、公关客体和公关中介。

二、收集有代表性的企业实施营销组合策略的资料进行整理、分析

1. 宝洁以消费者愿意付出的成本为定价原则

解析：宝洁最初打入中国市场时是以高品质、高价位的品牌形象进入的，虽然当时中国消费者的收入并不高，但宝洁仍将自己的产品定在高价上，价格是国内品牌的3～5倍，但要比进口品牌便宜1～2元。而这正切中了我国消费者崇尚名牌的购买心理，消费者愿意以较高的价格购买其产品，这使宝洁拥有着强大的竞争力，得以在洗发水用品市场上从众多品牌中脱颖而出。而现阶段，宝洁继续保持其高品质，而价格却更大众化。宝洁官方网站如图9-18所示。

图9-18 宝洁官方网站

2. 宜家家居（IKEA）

于1943年创建于瑞典，瑞典宜家集团已成为全球最大的家具家居用品商家，销售主要包括座椅/沙发系列、办公用品系列、卧室系列、厨房系列、照明系列、纺织品系列、炊具系列、房屋储藏系列、儿童产品系列等约10000个产品。宜家家居官方网站如图9-19所示。

解析：宜家给自己的产品定位是“提供种类繁多、美观实用、老百姓买得起的家居用品”。宜家在追求产品美观实用的基础上保持低价格，宜家低价格策略贯穿于从产品设计到（造型、选材等）OEM厂商的选择管理、物流设计、卖场管理的整个流程。宜家的渠道策略表现在宜家卖场的成功上，如今，宜家已不仅是一个家具品牌，也是一个家具卖场品牌。

图 9-19　宜家官方网站

任务评价

学习成果评价表

评价内容	评价方式			评价等级
	自评	小组评议	教师评议	
准备情况（预习、资料的收集）				A. 准备好；　B. 准备一般； C. 没有准备
知识技能掌握情况				A. 真正理解并掌握； B. 初步理解； C. 参与有关活动
任务完成情况（包括成果的展示）				A. 好 ；B. 一般；　C. 未完成
认真的学习态度 （听讲、讨论、课堂发言、操作活动）				A. 认真；B. 一般；C. 不认真
善于与同学合作				A. 能；　B. 一般；　C. 不足
思维的条理性 （表达意见有条理，解决问题过程清楚）				A. 强；　B. 一般；　C. 不足
思维的创造性 （提出和别人不同的问题，或用不同的方法解决问题）				A. 强；　B.一般；　C.不足
信息技术素养				A. 强；　B.一般；　C.不足
小　计				
总　评				
被评价人自我反思				

说明：1. 评价内容前四项 A 为 15 分，B 为 12 分，C 为 8 分；后四项 A 为 10 分，B 为 8 分，C 为 6 分。

2. 总评=自评×30%＋ 组评×30%＋ 师评×40% 。

3. 85分以上为优秀，75～85为良好，60～75分为合格，60分以下尚需努力。

知识拓展

网络营销组合

一、附加信息的产品

互联网带来了企业产品策略观念的转变，即从“产品是企业获得利润的重要来源，服务是帮助产品销售”转变成“产品是服务的平台，而服务是企业获得利润的主要来源”。在网上营销组合中，互联网根据顾客对包装、送货、付款条件和售后服务的要求而创造出新产品。网上销售的产品本身可能亏本，但由此可以获得顾客群的完整信息，为开发个性化增值服务提供保障，从而创造出更大的价值。

二、动态价格

在网络营销组合中，互联网创造出新的付款方式。网上的营销价格对互联网用户而言是完全公开的，价格的判定将受到同行业、同类产品的价格约束，因为互联网为消费者提供了一个广泛的比较空间，制约了企业通过价格获得高额垄断利润的可能。

三、增值分销

在网络营销组合中，互联网起到了分销商的作用，这大大降低了中间商的价值，互联网可以担当在全球范围内的分销，而且比传统渠道成本低。同时，网上营销改变了传统渠道的性质，从销售导向改变为服务导向。因此，以互联网为载体的直复营销并非完全丢弃了渠道，而是转变了增值代理（VAR），主要做服务和增值工作。据IDG（International Data Group，美国国际数据集团）的数据证实，戴尔电脑每年总收入的10%来自渠道VAR。

四、互动促销

在经典的营销组合中，促销细分为销售促进、广告、推销人员、公共关系及直销等策略要素。在网上营销组合中，互联网的本质带来了交互式的沟通方式，顾客不仅可以与供应商就购买进行交流，而且还可以在售后反馈自身的反应和满意程度。

五、合作与结盟

网站之间、线上和线下、横向与纵向、合作和结盟的形式多种多样。个人自助旅游网站“商旅通”（http://www.moneyok.cn）不但积极与国内著名的门户网站进行合作（如与新浪网等达成协议，新浪网的所有会员都可以很方便地享受商旅通的服务），而且也和传统的旅游行业合作，成为它们的中介机构。

拓展实训

以自己或同学的网店为例，分析该店铺营销组合策略实施的现状、存在的问题，探讨进一步优化该店铺营销组合策略的对策措施。

任务 9.2　网络营销方案制定

任务要求

“凡事预则立，不预则废”，策划是为了达到特定目标而进行构思、设计、规划的过程。本次任务要求学生根据上次任务完成的店铺营销组合策略的分析与探讨（在此，任务实施演示过程以学生自己开的淘宝店铺——sweety 日系铺子为例），上网收集相关的资料，分析、确定消费者的特点和需求，制定出网络营销方案。

知识准备

一、网络营销方案

（1）含义：是指企业在特定的网络营销环境和条件下，为达到一定的营销目标而制定的综合性的、具体的网络营销策略和活动计划。

（2）种类：从时间上看，可分为长期策划方案和短期策划方案；从内容上看，可分为单项策划方案和整体策划方案。

（3）作用：可以强化网络营销目标，规划网络营销活动过程；同时还可以提供新观念、新思路、新方法，为企业降低成本，增强竞争力。

二、网络营销方案制定的基本原则

（1）系统性原则：网络营销是以网络为工具的系统性的企业经营活动，它是在网络环境下对市场营销的信息流、商流、制造流、物流、资金流和服务流进行管理。策划人员必须以系统论为指导，对企业网络营销活动的各种要素进行整合和优化，使“六流”皆备，相得益彰。

（2）创新性原则：在个性化消费需求日益明显的网络营销环境中，通过创新，创造与顾客的个性化需求相适应的产品特色和服务特色，是提高效用和价值的关键。

（3）操作性原则：网络营销策划的第一个结果是形成网络营销方案，网络营销方案必须具有可操作性，否则毫无价值可言。

（4）经济性原则：成功的网络营销策划，应当是在策划和方案实施成本既定的情况下取得最大的经济收益，或花费最小的策划和方案实施成本取得目标经济收益。

三、网络营销方案设计的基本步骤

① 明确企业任务和远景。

② 确定企业的网络营销目标。

③ SWOT 分析：企业自身的竞争优势（Strength）、竞争劣势（Weakness）、机会

(Opportunity)和威胁（Threat）。

④ 网络营销定位。

⑤ 网络营销平台的设计。

⑥ 网络营销组合策略。

⑦ 形成营销方案。

任务实施

一、营销方案制定的资讯计划

（1）运用浏览器完成以下网站浏览，了解营销策划相关知识，构建方案框架。

http://weq1127.blog.163.com 如风营销策划

http://www.emkt.com.cn 中国营销传播网

http://www.ibodao.com 博导前程网络营销网站

http://www.alibado.com/promotion/kczt/ 阿里学院

（2）上网收集相关资料，把握市场最新消息并查看营销方案相关范文，制定网络营销策划的计划纲要，如图 9-20 所示。

二、营销方案制定的决策

（1）团队进行合理分工，选择制定方案的营销方法，分块完成方案，如图 9-21 所示。

（2）齐心协力完成营销方案的制定（以学生自己开的淘宝店铺为例，以下内容作为参考）。

sweety 日系铺子网络营销策划方案

一、对淘宝网的整体分析
二、对自身淘宝店铺的分析
（1）优势
（2）劣势
三、货源的选择和获得渠道
（1）货源的选择
（2）获得渠道
四、市场定位
（1）价格定位
（2）销售人群的定位
五、分析对策
（1）装修好门面
（2）提高店铺信誉
（3）提高宝贝的搜索排名
（4）价格战略
（5）论坛、博客、问答等的推广
六、总结

图 9-20　制定网络营销策划方案的初步计划纲要

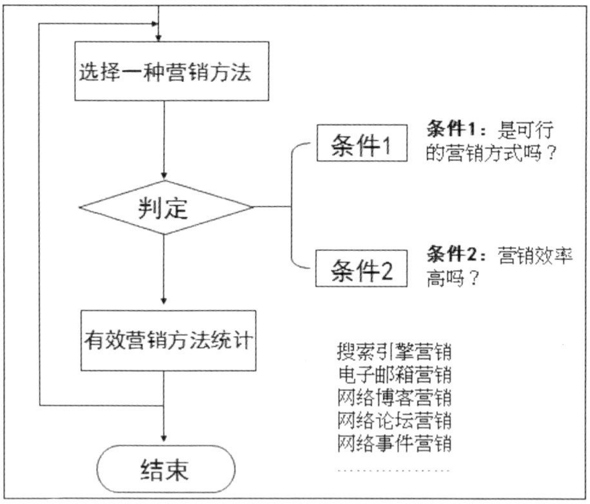

图 9-21 营销方法的选择

知识拓展

sweety 日系铺子网络营销策划方案

一、对淘宝网的整体分析

淘宝作为国内第一个网上购物网站，这里的人气是毋庸置疑的，而且淘宝拥有自己专属的聊天工具和支付系统，安全系数高，这为淘宝买家提供了保障，使得淘宝的人气更加旺盛，并且随着淘宝新规的发布、消保的实行，使得淘宝卖家的信誉度更高，对买家有了更多的保障。

因此，对于卖家来说，凭借淘宝中的人气和免费开店，免费装修，及淘宝对新手的一些帮助措施来讲，淘宝网很适合我们这些网店新手。

二、对自身淘宝店铺的分析

1. 优势

淘宝网对于 1 钻以下的淘宝卖家，都会给与旺铺扶植版作为店铺的模板，这样更加有利于淘宝买家在搜索商品时找到自己，店铺排名也比较靠前，所以相对于其他的普通店铺来说，我们的店铺更加具有优势。

2. 劣势

首先，自身店铺的信誉度不高，这是所有新开店铺的人的烦恼。一般来说，对于信誉度不高的店铺买家都不太相信，这样就会流失好多生意。

其次，店主是学生，所以店铺不可能像网上一些全职卖家一样时刻在线，我们只能利用课余时间，从这方面来说我们的销售量肯定比不过一些同等级卖家。

三、货源的选择和获得渠道

1. 货源的选择

网上热销的产品有服装类、鞋类、电子类、美容护肤类等，其中服装类占据第一，而且在服装类中，女装所占比例最大，销售最好的也是女装，所以对于货源的选择，我们选择销售女装。

2. 获得渠道

（1）阿里巴巴。阿里巴巴是属于 B2B 类的，对于兼职学生来说，没有能力一次性去批发很多东西，因为要承受一定的存货压力，同时还有物流的风险；虽然阿里巴巴安全性比较高，但它是属于 B2B 类的电子商务平台，并不适合我们。

（2）淘宝分销平台。这个平台很适合的学生，因为它不需要自己负担存货压力和运输风险，且信誉度高，是淘宝的另一个平台；同时也可以获取一定的利润，只要符合了条件便可进行申请，申请通过后，即可在分销平台中下载宝贝，这样宝贝就直接到店铺中未上架的商品中了，而且也不需要你自己去制作模版、填写宝贝信息，更加的方便快捷。

四、市场定位

市场定位的重要性不言而喻，一个准确的市场定位，往往能够成为产品销售的又一大助力，找对销售方向，才能使产品的销售更上一层楼。

1. 价格定位

本店铺的女装定价都在中低档范围之内，这样销售面更加广阔，也更加有利于产品的销售。

2. 销售人群的定位

网购网民主要以年轻人为主体，这类人的消费能力比较高，又更加倾向于打扮自己，正是对衣服等消费需求非常巨大的时候，因此市场非常广阔，这也是我选择以年轻类服饰为主要销售商品的原因之一，还有就是淘宝中销售的最好的也是年轻一类的服装。

五、营销策略

1. 装修好门面

可以添加自定义模块，在上面插入一些广告，如店铺的一些热销产品、节日促销活动等，这一块是最能吸引人的地方。

2. 提高店铺信誉

当务之急是提高自己店铺的信誉，这样才能留住更多顾客的脚步。

3. 提高宝贝的搜索排名

一般在淘宝中新上架和即将下架的宝贝排名都是比较靠前的，可以抓住这一点来提高宝贝的排名。

4. 价格战略

虽然是在淘宝平台中找的代销，利润不大，但因为是开店初期，也只能尽量以较少的利润获得较多的交易量，来提高自己店铺的信誉。

5. 论坛、百度、微博及 QQ 空间等的推广

首先，要关注淘宝论坛，因为这个论坛比较专业，用户大多为淘宝买家或卖家，我们可以以买家的身份将自己店铺中的衣服分享到论坛中来提高论坛的知名度。其次，利用百度。除了在百度知道中提问和回答问题外，我们也可以在百度文库中发表一些关于店铺的文章，这样当别人查找资料时也会顺便浏览店铺，这种方式可以带来隐形客源。第三，我们还可以在微博（如新浪微博、腾讯微博）或 QQ 空间中宣传自己的店铺来增加销量。

六、总结

以上对淘宝店铺的营销策划，其实也是对自己店铺的一种自我检讨，通过这一系列的调查，发现最多的是自身的不足之处。要想做好一个淘宝店铺绝非易事，相信有付出，我们的店铺便会越来越好。

小贴士

淘宝经典营销策划案例（必读）

http://wenku.baidu.com/view/9ca20d5377232f60ddcca1cb.html（如图 9-22 所示）

图 9-22　七格格 TOP 潮店营销方案页面

任务评价

学习成果评价表

评价内容	评价方式			评价等级
	自评	小组评议	教师评议	
准备情况（预习、资料的收集）				A. 准备好；　B. 准备一般； C. 没有准备
知识技能掌握情况				A. 真正理解并掌握； B. 初步理解； C. 参与有关活动
任务完成情况（包括成果的展示）				A. 好 ；B. 一般；　C. 未完成

续表

评 价 内 容	评价方式			评 价 等 级
	自评	小组评议	教师评议	
认真的学习态度（听讲、讨论、课堂发言、操作活动）				A. 认真；B. 一般；C. 不认真
善于与同学合作				A. 能； B. 一般； C. 不足
思维的条理性（表达意见有条理，解决问题过程清楚）				A. 强； B. 一般； C. 不足
思维的创造性（提出和别人不同的问题，或用不同的方法解决问题）				A. 强； B. 一般； C. 不足
信息技术素养				A. 强； B. 一般； C. 不足
小 计				
总 评				
被评价人自我反思				

说明： 1. 评价内容前四项 A 为 15 分，B 为 12 分，C 为 8 分；后四项 A 为 10 分，B 为 8 分，C 为 6 分。

2. 总评=自评×30%＋ 组评×30%＋ 师评×40% 。

3. 85 分以上为优秀，75～85 为良好，60～75 分为合格，60 分以下尚需努力。

知识拓展

网络营销方案格式的基本框架

（1）封面：策划人、班级、专业、指导教师。

（2）摘要：对营销策划项目所做的一个简单而概括的说明。

（3）目录：方便读者对营销策划书的阅读，能够使读者全面地了解全书的概貌和方便的查找相关内容。

（4）正文：策划方案内容应包括：

① 市场分析。制定营销计划的第一步是对决定有效营销策略所需重要信息的回顾和总结。包括企业目标和任务、市场现状与策略、主要竞争对手、外部环境分析、内部环境分析。

② 营销策略。营销策略包括所服务的目标市场和针对每一个目标市场所涉及的营销组合的详细描述。包括目标和效果、市场描述、营销组合、市场定位。

③ 行动计划。营销计划的最后一个部分是指完成营销策略所需要的具体活动有哪些，并评估最终的营销策略。包括活动开展、人员安排、经费预算等。

（5）结束语。

小贴士

关于网络方案格式可参考图 9-23 和图 9-24 的内容。

营销策划书的一般结构（可根据实际情况作详略取舍）

策划书的结构		要素
封面		策划书的脸
前言		前景交代
目录		一目了然
摘要		要点提示
正文	市场状况分析	刺划的依据和基础
	SWOT 分析	提出问题
	营销方案目标	明确任务
	营销战略与营销组合	对症下药
	各种费用预算	预算准确
	行动方案控制	容易实施
结束语		前后呼应
附录		提高可信度

图 9-23　营销策划书的一般结构（正文部分为营销方案）

结构		基本内容
封面		策划书名称、策划机构及策划人员姓名、委托机构、策划的完稿日期、策划执行时间段、策划人联系方式、保额级别及编号
主体	摘要	策划书的主要内容概括
	目录	策划内容标题及页码
	前言	策划的背景、策划的目的及意义、策划的宗旨
	策划目标	营销职能目标、财务目标
	环境分析	企业内外部环境分析：宏观环境分析、微观环境分析、内部环境分析
	营销战略	市场细分、目标市场、市场定位
	营销组合策略	4P 策略（产品策略、价格策略、渠道策略、促销策略）
	行动方案	活动项目、活动方式、人员分工、时间、地点等的具体安排
	费用预算	营销过程中的总费用、阶段费用、项目费用等
	实施进度计划	策划活动项目及其实施的起止时间
	策划方案控制	实施方案、控制方法、风险预测、应急方案
	结束语	重复主要观点、突出策划内容要点，同时表示感谢
	封底	与封面相对应，起美化装饰、保护策划书主体作用
	附录	备用方案、市调问卷、市调报告、参考文献等数据资料

图 9-24　完整的企业网络营销方案格式、内容

拓展实训

修改并完善自己或同学店铺的营销方案，按照网络营销方案的格式形成规范的《网络营销策划书》。

任务 9.3 网络营销效果评测

任务要求

在本次任务中，要求学生对网络视频营销效果进行监测和评估。通过本次训练，使学生了解网络视频营销效果监测环境，掌握网络视频营销效果监测方法，学会网络视频营销的评估，以此拓展到对自己淘宝小店的营销方案实施状况进行效果评测。

知识准备

一、网络营销效果评测的含义和作用

1. 含义

网络营销评测就是借助一定的定量化和定性化的指标，对开展网络营销网站的各个方面（包括网站的访问量、个人信息政策、顾客服务和产品价格等）进行评价，以期总结和改善企业网络营销活动。

2. 作用

（1）帮助企业更好地开展网络营销。
（2）提高企业的服务水平及知名度。

二、网络营销效果测评的内容

1. 网站流量

网站流量是一组直观而且具有说服力的数据，同时现有的工具完全可以提供相关方面的客观数据。网站流量的提升意味着机会的增多，是营销效果的最直观表现，一直以来基于网站流量的效果评测占据着主流。

2. 销售转化率

销售转化率就是销售量与广告浏览量（或访客）的比值，商家最关心的还是销售转化率。这种方式相对来说商家比较有利，但是不适合于非销售导向的公司机构网站。例如，一个网站的目的是提高网站知名度，推广品牌的，那这种网络营销效果测评方法显然是不合理的。

3. 文章内容被转载数量

这种方法多见于话题营销、网络炒作等。为了达到预期的营销效果，网络营销策划机构会精心撰写高质量的软文，这些软文会被众多人赞赏并且大量转载。在软文发布后的约定时间内，可以通过搜索引擎搜索文章被转载的次数，作为衡量网络营销活动的依据。

4. 博客订阅数量

博客营销越来越被企业重视，作为意见领袖，话语权以及权威性主宰舆论的方向，虽然不能直接带来销售，但可以维护客户关系，提升品牌形象。博客的订阅数量，直接体现该博客被关注的程度及受众的数量。而这一数据的获得也十分容易，可以作为博客营销的效果测评依据之一。

5. 用户参与的程度和频率

有些企业的营销活动以聚集用户数、鼓励网民参与某项活动为目标，因此计算用户的参与程度和频率显得极为重要。参与程度主要涉及用户参与的时间长度、注册会员的数量等；频率主要是用户的回访周期频度等。

6. 搜索引擎相关关键词排名位置

关键词排名对于搜索引擎营销来说是一个极为重要的指标。关键词的排名位置的数据很容易获得，而且很直观，是营销效果最有力的表现。

三、网络营销效果评测的一般模式

（1）确定营销目标：即根据网站的具体目标制定网站可测量目标。

（2）计算网站目标的价值：即网站目标达成时对网站的价值。

（3）记录网站目标达成次数：利用网站流量分析系统记录网站目标达成的次数。

（4）计算网站目标达成的成本：最容易的是使用竞价排名 PPC（Pay Per Click，点击付费广告）。

任务实施

一、确定视频营销片子

视频可以是自己的，也可以是别人的，甚至还可以是网上某公司的。如果是自己的，该视频必须在网上播放过并有效果，如图 9-25 所示。

二、监测视频营销片子播放后引起的反应

查找播放视频营销片子后的效果数据，包括：

（1）在近一个月里播放的次数，如图 9-26 所示。

（2）网友自发转载播放次数是多少，如图 9-27 所示。

图 9-25　视频营销片子《少了爱情也甜蜜》

（3）各大媒体网站上转载播放的次数，如图 9-27 所示。

（4）回帖率有多少，如图 9-28～图 9-30 所示。

（5）总播放数达到多少次，如图 9-27 所示。

图 9-26　相关视频排名情况图

图 9-27　优酷视频数据统计图

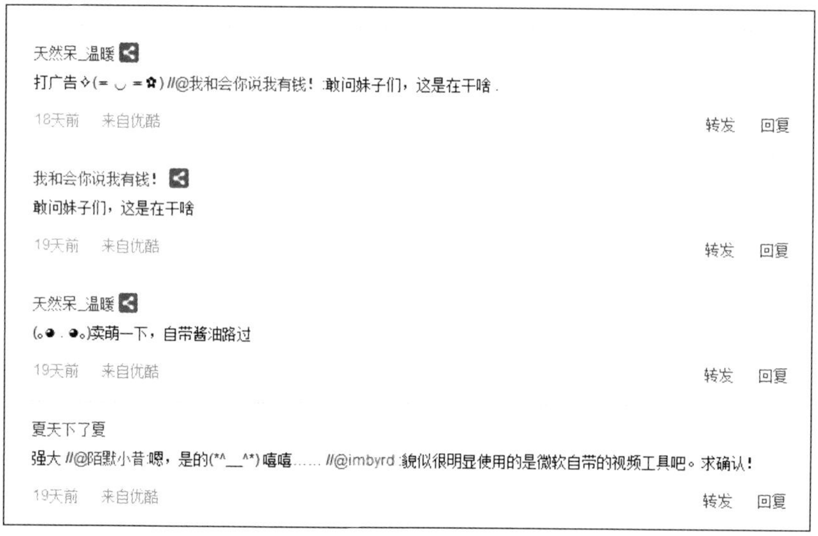

图 9-28　网友留言互动截图

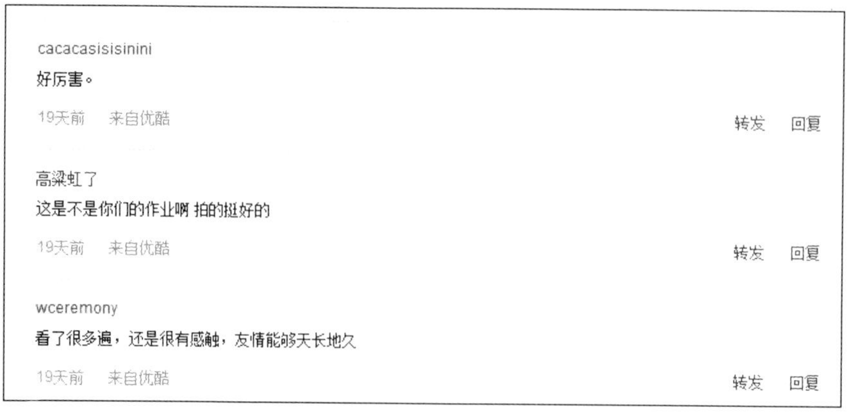

图 9-29　朋友评论截图

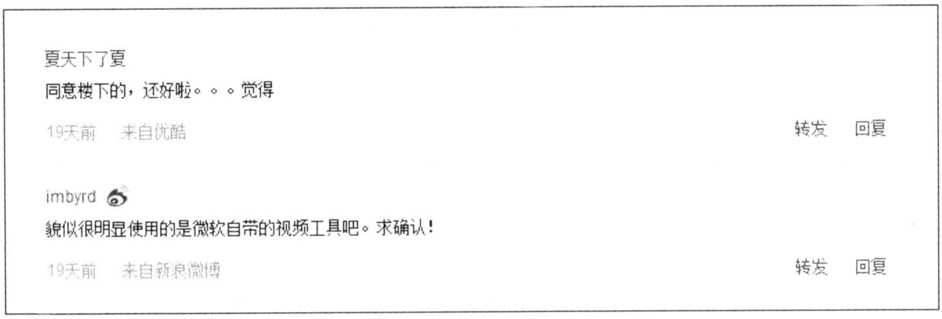

图 9-30　部分网友留言截图

三、对视频营销片子进行评测

1. 统计数据（可以使用表格方式，可以使用图形方式，也可以使用文字方式）

（1）观看总人数。
（2）观看人层次，包括文化程度、职业、年龄、性别等。
（3）多少网站转载播放。
（4）多少网友转载播放。

2. 对视频营销片子的评估

（1）多少人持肯定意见，多少人持反对意见，多少人持中间意见。
（2）播放后的经济效益，包括销售产品利润，片子制作成本等，可以从网站上查找。
（3）企业或产品的排位，前后进行比较。

四、撰写监测与评估报告

我们的视频在相关排名中是第一。效果分析：转发记录 132 条；1083 次顶；收藏 1；评论 20，取得了一定的效果。

主题：少了爱情也甜蜜（八宝糖）。

广告语：有你，有我，有八宝糖。

剧情：女主角坐在长椅上等男朋友，许久之后还不见男朋友的身影。手机铃声响起，女主角接起电话，想责怪男友的不守时。没想到，男友竟有分手的意思。女主角一狠心爽快答应。挂完电话后，伤心地坐着抹眼泪，这时地上滚过来一粒八宝糖，是室友为安慰女主角特意安排的。故事由此开始……

过程：视频完工后，首先在优酷上进行了投放，同时在小组成员的 QQ 空间、新浪微博、人人网及各个 QQ 群中进行传播，增加视频的点击率。结果，许多同学及网友都观看了我们的视频并留言评论。

我们在投放视频时也尽量写一些热门的、吸引人的词汇作为我们的标签，增加视频的曝光率。

我们组的受众人群主要是青少年，且以女生为主，围绕的是友情这一话题，受众人群相对比较广泛。从视频点击率看这一话题还是比较能引起关注的，视频的转播条数，最多的是通过 QQ 空间平台。这类人群相对集中在学生这一阶段，而我们的商品满足的消费需求也正是学生，从这一点看，我们的视频营销策略还是成功的。

任务评价

学习成果评价表

评价内容	评价方式			评价等级
	自评	小组评议	教师评议	
准备情况（预习、资料的收集）				A. 准备好；　B. 准备一般；C. 没有准备
知识技能掌握情况				A. 真正理解并掌握；B. 初步理解；C. 参与有关活动
任务完成情况（包括成果的展示）				A. 好 ；B. 一般；　C. 未完成
认真的学习态度（听讲、讨论、课堂发言、操作活动）				A. 认真；B. 一般；C. 不认真
善于与同学合作				A. 能；　B. 一般；　C. 不足
思维的条理性（表达意见有条理，解决问题过程清楚）				A. 强；　B. 一般；　C. 不足
思维的创造性（提出和别人不同的问题，或用不同的方法解决问题）				A. 强；　B. 一般；　C. 不足
信息技术素养				A. 强；　B. 一般；　C. 不足
小　计				
总　评				
被评价人自我反思				

说明：1. 评价内容前四项 A 为 15 分，B 为 12 分，C 为 8 分；后四项 A 为 10 分，B 为 8 分，C 为 6 分。
2. 总评=自评×30%＋组评×30%＋师评×40% 。
3. 85 分以上为优秀，75～85 为良好，60～75 分为合格，60 分以下尚需努力。

知识拓展

营销总结分析报告模板

一、经营报表

1. 订单数量；
2. 订单平均金额；
3. 成交订单数量；
4. 成交商品数量；

5.成交商品总金额。

二、经营思路、营销活动与客户服务报告

（1）网店的立意与思路。

（2）挑选商品的思路，成交订单分析。

（3）营销活动的实施对象、过程及效果。

（4）网店市场推广活动的实施对象、过程及效果。

（5）营销活动中所遇到的困难以及解决困难的过程。

（6）客户服务的理念以及实施的过程、效果。

（7）客户的反馈意见和建议。

三、对现有的网店管理平台的建设性意见及建议

1. 流程的优化；
2. 功能的完善；
3. 规则的制定；
4. 服务的人性化；
5. 市场的推广及对外合作；
6. 新管理模式的探讨。

四、附件及其他有关内容

拓展实训

根据上一任务中制定的淘宝小店营销方案，对个人网上店铺的策划、建设、运营进行分析总结，并提交营销效果评测报告（内容必须包含网站设计评估、网站推广效果评估、交易情况评估等）。

要求：两周内提交文档。